Anita Becker & Claudia Herr

Hunsrück

Wandern für die Seele

20 Wohlfühlwege

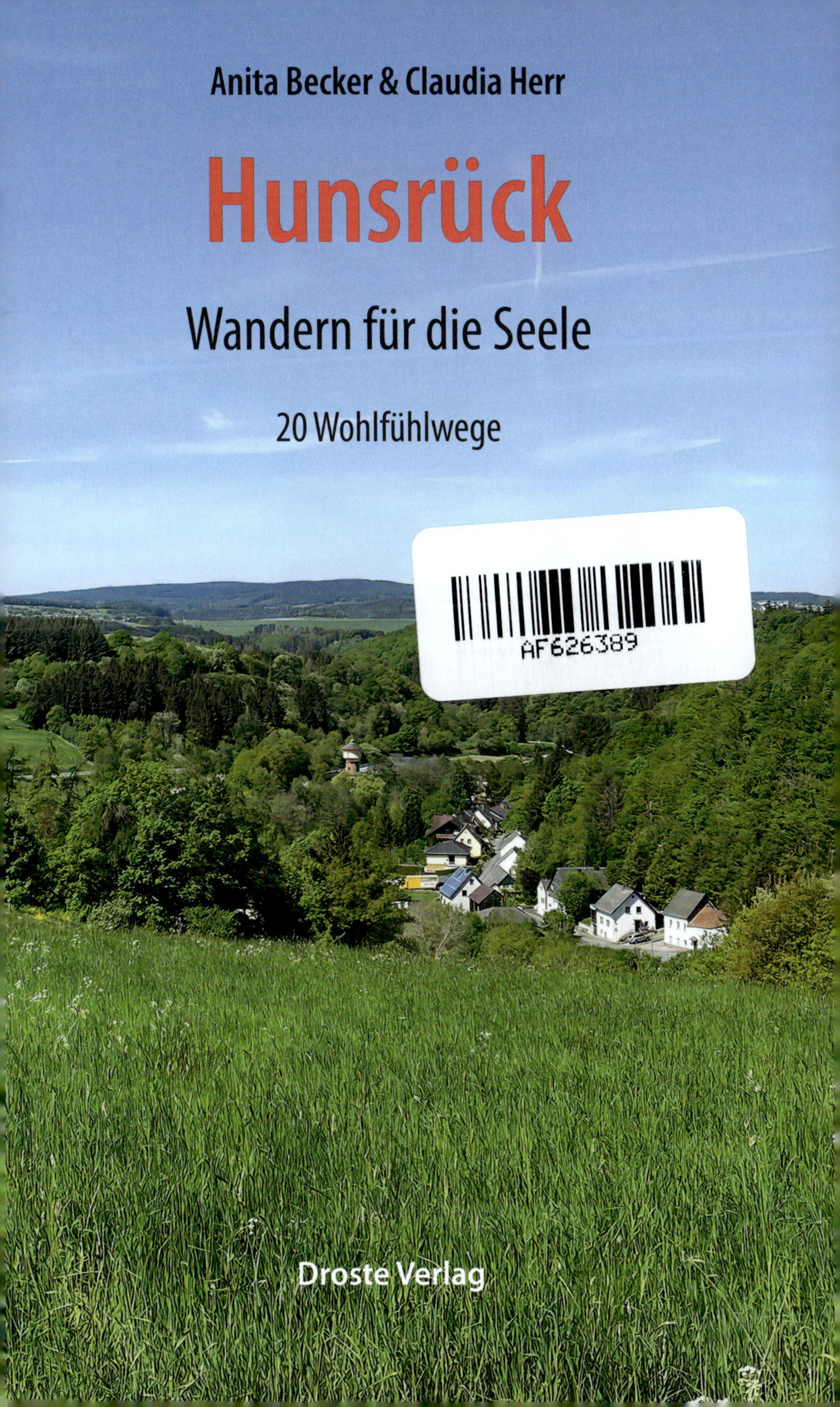

Droste Verlag

ALLE WANDERUNGEN AUF EINEN BLICK

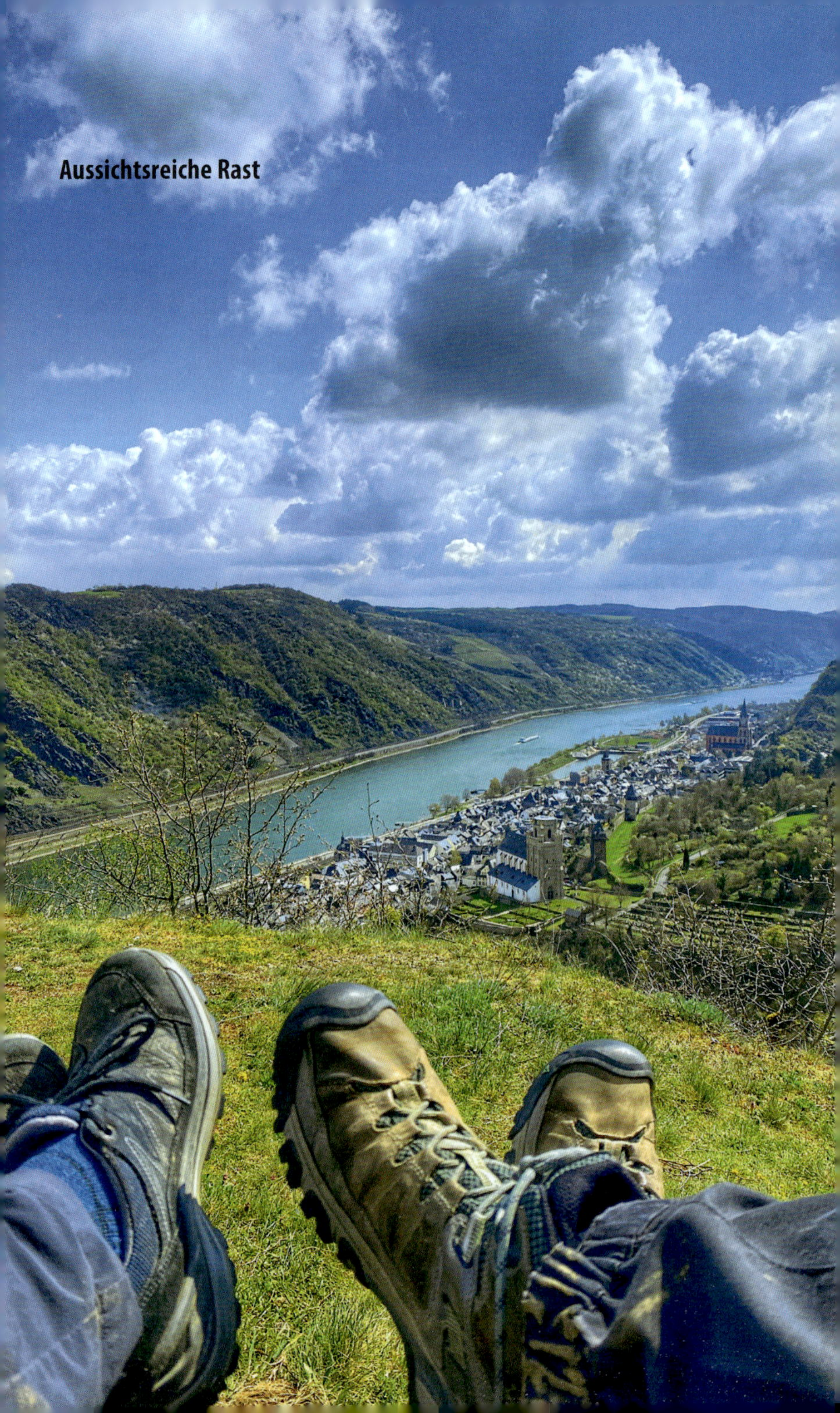
Aussichtsreiche Rast

Liebe Wanderfreudige,

der Hunsrück: ein Mittelgebirge in Deutschland – aber, wo ist der eigentlich? Eine Eselsbrücke besagt: „Mosel, Nahe, Saar und Rhein schließen rings den Hunsrück ein." Der Hunsrück wird also von bekannten Flüssen umspült; als Wandergebiet ist er zu Unrecht weniger bekannt.

Der Hunsrück ist ein Ort der Sagen und Mythen ebenso wie der Geschichte. Spuren römischer Besiedlung finden wir, Hildegard von Bingen wirkte hier, der Schinderhannes trieb sein Unwesen, der Quetschehannes beschenkte die Kinder. Der Bau der Hunsrückhöhenstraße wurde in der Kult-Trilogie „Heimat" verfilmt.

Die 20 Seelenwanderungen spiegeln die Vielfalt der Natur und der Erlebnisse: alte Orte mit Fachwerkskunst, Kirchen, frühere Bergwerke und Mühlen, Edelsteinschleifereien und Köhlerhütten, Aussichten, wildromantische Bachtäler, mystische Bäche und große Flüsse, tiefgrüne einsame Wälder, geschäftiges Treiben in den Ortschaften und vieles mehr. Dabei haben wir nicht nur bekannte, zertifizierte Wanderwege gewählt, sondern auch alte und einsame. Sie alle haben eines gemeinsam: Sie zeigen die Schönheit und Unberührtheit der Natur, und sie erzählen uns Geschichten, die bis weit in die Zeit unserer Vorfahren führen.

Wir wünschen Ihnen viel Freude in unserer Wahlheimat Hunsrück.

Ihre Anita Becker & Claudia Herr

NATUR-INFO

KULTUR-INFO

TOUREN-/EVENT-INFO

GENUSS-INFO

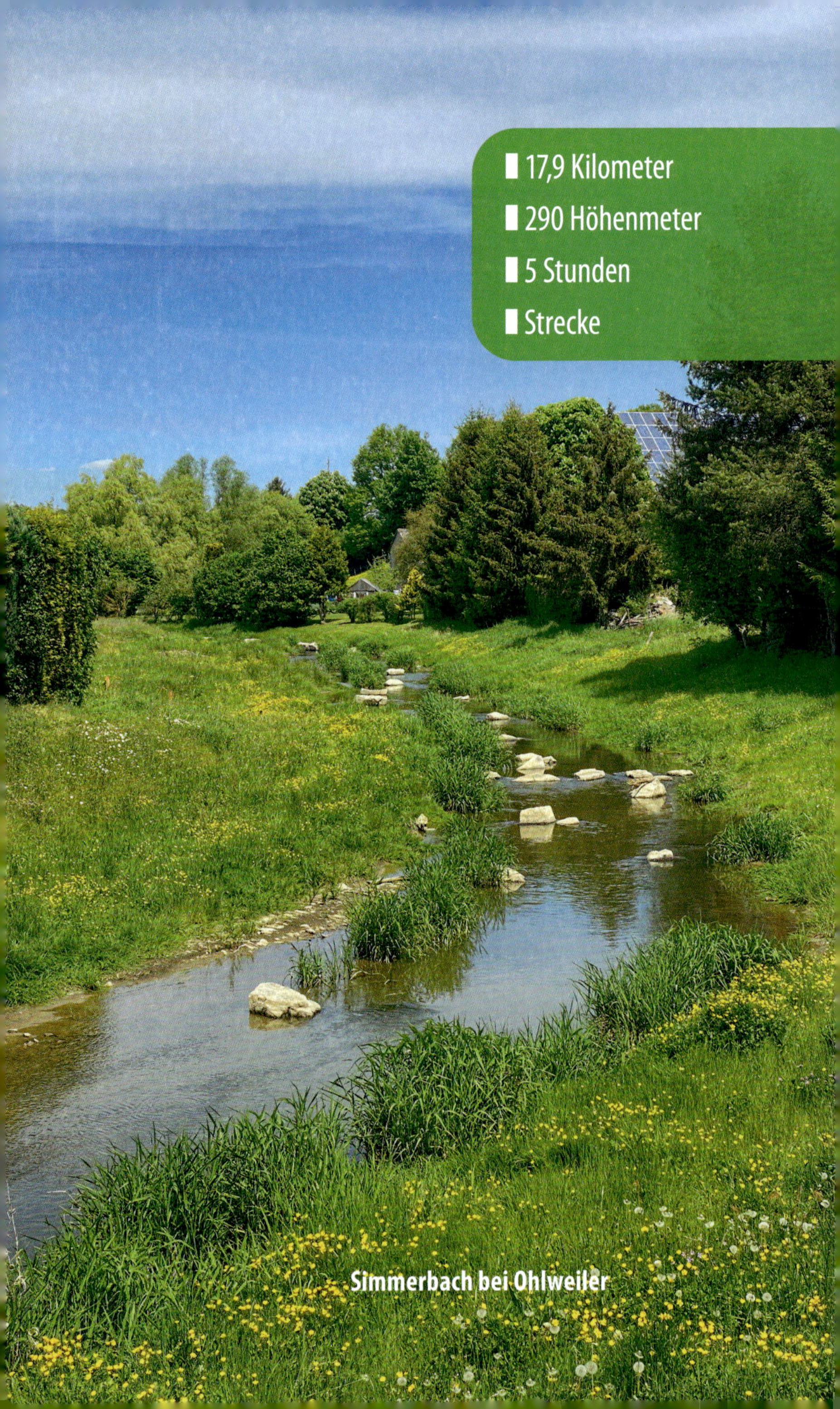

- 17,9 Kilometer
- 290 Höhenmeter
- 5 Stunden
- Strecke

Simmerbach bei Ohlweiler

Schinderhannespfad

Entlang des Simmerbachs

Eine Auszeit in der Natur finden wir auf diesem Weg. Mit seinem glucksenden Wasser und beruhigenden Passagen ist der mit einem roten Haus auf blaugrünem Grund markierte und darüber in weiß beschriftete **Schinderhannespfad** ein Kraftpaket für die Seele. Wir starten in Simmern am Parkplatz unterhalb des **Hotel Restaurants Bergschlößchen ①**. Am Parkplatz gehen wir auf einem schmalen Pfad hinunter auf den **Schinderhannes-Radweg ②**, auf den wir nach links abbiegen. Es ist die zweite Etappe dieses Weges.

Nach wenigen Metern sehen wir das erste Mal unseren Begleiter für diese Wanderung, den **Simmerbach ③**. Wir gehen über eine Brücke und stapfen direkt dahinter links hinunter. Über einen Baumstamm, in den Stufen gesägt wurden, kommen wir auf das Niveau des Bachs, biegen nach links ab und unterqueren die eben passierte Brücke. Wir wandeln nun auf einem schmalen Pfad den Simmerbach entlang, der zu unserer Rechten je nach Jahreszeit laut rauscht oder sanft fließt. Zwei weitere Brücken der B50 unterwandern wir und verlassen danach das Stadtgebiet Simmern nach rechts auf einem anfangs noch geteerten Weg. Auf der rechten Seite entdecken wir eine Kurzumtriebsplantage mit Pappeln, dahinter erblicken wir eine große, weiß und gelb blühende Wiese.

Der Weg ist eben, wir laben uns an der Sonne und den guten Gerüchen. Bei nächster Gelegenheit biegen wir rechts ab, wandern Richtung Bach und bestaunen den Platz, den er in diesen Wiesen hat und auf denen sich auch einige Gänse heimisch fühlen. Am Simmer-

!

*Der **Schinderhannes-Radweg** ist ein 38 Kilometer langer Radweg, der über die Trasse der ehemaligen Hunsrückbahn von Simmern nach Emmelshausen verläuft. Er ist wie geschaffen zum genussvollen Dahinrollen und Erleben der markanten Hunsrücklandschaft.*

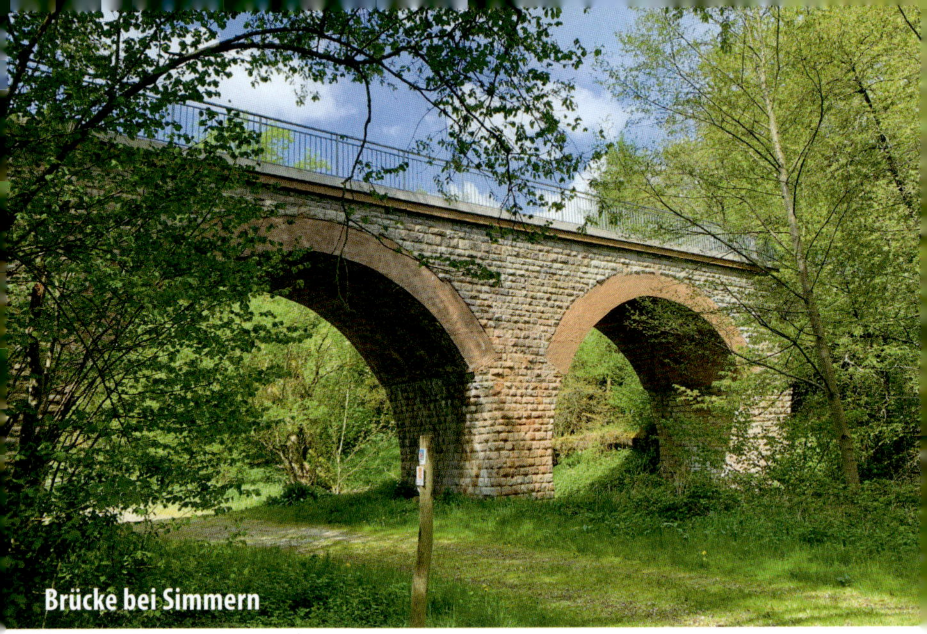

Brücke bei Simmern

bach angelangt, macht unser Weg eine Linkskurve, und es zeigt sich rechts von uns bei Hochwasser ein Wassergraben, dem wir nun bis zur **Ohlweiler Mühle** folgen.

Direkt hinter der Mühle führt uns ein Pfad rechts hinunter zum Graben. Über einen Steg schreiten wir über ihn hinweg und wandern Richtung Ohlweiler. Wir überqueren den Bach, an dem zwei Kormorane nach Fischen suchen, halten uns dahinter zweimal links, gehen zwischen Pferdeweiden entlang und stoßen schließlich auf die **Hauptstraße** des Ortes. Nach links gehen wir am **Backes,** das ist hunsrückisch für historisches Backhaus, vorbei, überqueren erneut den Simmerbach und biegen beim Startportal der **Traumschleife Domblick** ④ rechts ab. Hier finden wir einen hölzernen Wegweiser, eine Sinnesbank und Informationstafeln, unter anderem zur Renaturierung des Simmerbachs, der vor allem wieder verbreitert wurde. Wir folgen nun dem zunächst asphaltierten Weg aus dem Ort hinaus und genießen rechts von uns den Anblick der großen Wiesen: wohltuendes Grün, so weit das Auge reicht. 600 Meter weiter, in einer lang gestreckten Linkskurve, dürfen wir den Abzweig nach links in den Wald nicht verpassen.

Für die Seele

Energie tanken in der Auenlandschaft des Simmerbachs: Etwas Ausgleichenderes gibt es kaum für unsere Augen und Ohren.

Bisher verleitete uns der Schinderhannespfad zum Träumen, damit ist es aber nun erst mal vorbei. Achtsam begehen wir den schmalen Singletrail über Wurzeln, sehen wundervoll grün bemooste Baumstämme und erwarten in den nächsten Sekunden die Elfen, die daraus hervorschlüpfen. Nach etwa 150 Metern biegen wir auf einen etwas breiteren Waldweg rechts ab und folgen ihm durch Eichen und Buchen hindurch. Wenig später gesellen sich Nadelbäume zu uns, die alle zusammen das Bild eines wilden Waldes abgeben. Kaum dass wir den Bergrücken erreicht haben, verlassen wir ihn auch schon wieder und gelangen über

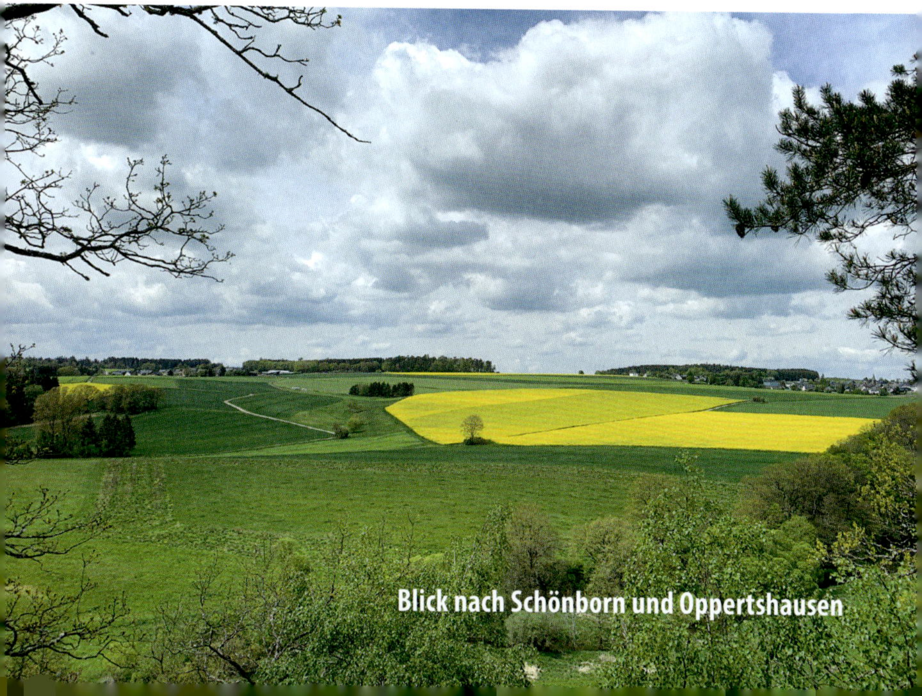

Blick nach Schönborn und Oppertshausen

Wurzeln, Schiefer und schließlich mithilfe eines Geländers auf unseren zuvor schon begangenen Weg auf Höhe des Baches. Spätestens hier stellen wir fest, dass uns der Trubel der Ortschaften komplett verlassen hat. Es ist still und wir hören nichts als die Natur, ein Eichelhäher schimpft aufgrund unserer Anwesenheit.

Der breitere Weg schlängelt sich dahin, bis wir etwa 50 Meter, nachdem wir einen kleinen Zufluss zum Simmerbach gequert haben, erneut nach links in den Wald abbiegen. Über einen Wurzelweg werden wir hinauf und hinab geführt und gelangen nach einer seilgesicherten Bergauf-Passage bald zu einer **wundervollen Aussicht** über weite Wiesen und hinüber zu den etwas entfernt liegenden Orten Schönborn und Oppertshausen. Von einer **Sinnesbank** ❺ können wir dieses Highlight in aller Seelenruhe genießen.

Hinter dem Rastplatz, der sich unweit der Sinnesbank befindet, wandern wir nach rechts auf einem Wiesenweg leicht bergauf, verlassen ihn kurz danach nach rechts ins Gebüsch und befinden uns auf einem schmalen Weg, der uns nach 400 Metern in den Ort **Belgweiler** führt. Wir treffen auf die **Hauptstraße,** gehen kurz auf ihr nach rechts, um am Ende einer Linkskurve erst scharf nach rechts und wenige Meter weiter an einem Rastplatz scharf nach links abzubiegen. Wir befinden uns nun oberhalb des Simmerbachs.

Nach circa 250 Metern über die Wiese gelangen wir wieder in den Ort, biegen auf die **Hauptstraße** nach rechts ab und bestaunen einen schönen **Dorfplatz** mit Sitzmöglichkeiten, einem Brunnen, der in den Sommermonaten eine Gelegenheit zur Erfrischung bietet, einem Glockenturm und einer Informationstafel zum Ort. Wir halten uns auf der Durchgangsstraße rechts, überqueren die Brücke über den Simmerbach, biegen kurz dahinter nach links ab, um über einen zauberhaften Wiesenweg zu flanieren. Etwa 500 Meter weiter tauchen wir wieder in einen Wald ein und gehen in ihm bergauf. Ein Bächlein plätschert hinab, und nach-

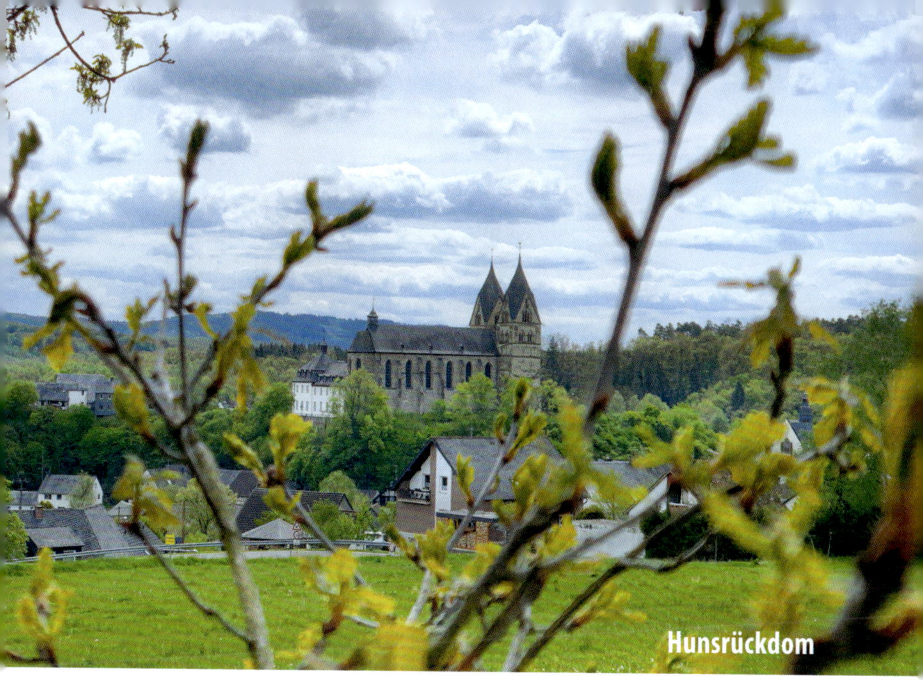

dem wir die Anhöhe hinaufgestapft sind, entdecken wir den imposanten **Hunsrückdom St. Christophorus** ❻. Wer ihn zum ersten Mal sieht, wird hier wohl länger verweilen wollen. Das ist auch gut möglich, denn es befinden sich hier eine Sinnesbank, ein Pavillon und weitere Sitzgelegenheiten.

Nach den schönen Minuten des Nichtstuns wenden wir uns wieder dem Weg zu, wandern nach rechts, überqueren die Straße und gehen bergan geradeaus weiter. An der nächsten Kreuzung biegen wir scharf links ab und gleich dahinter wieder rechts. Es geht nun einige Hundert Meter auf dem **Hunsrückdom-Rundweg** oberhalb des Ortes entlang und immer wieder erhaschen wir Panoramaausblicke nach links auf den Ort und den Hunsrückdom.

Schließlich verlassen wir den idyllischen Panoramaweg nach rechts und gehen vom Ort weg. Eine Jägerhütte lassen wir rechts liegen und bewegen uns auf Forstwegen, dann auf Asphalt abermals hinab zum Simmerbach, den wir erneut überqueren. Es geht nun wieder leicht bergauf. Oben angelangt, gehen wir in einer scharfen Linkskurve auf einem geschotterten Weg

Um 1160 entstand die ursprünglich romanische, wohl dreischiffige Basilika. 1631 wurde sie völlig zerstört. Die heutige Kirche ist von 1718 bis 1722 wieder errichtet worden. Die romanische Doppelturmfassade führte zu der Bezeichnung ***Hunsrückdom****.*

geradeaus weiter. Alte und krumme Bäume säumen unseren Weg, links schlängelt sich ein Bächlein ohne Namen durch die Wildnis. An einem Hochsitz und Rastplatz angekommen, folgen wir einem Linksknick, überqueren den Bach ohne Namen und sind mal wieder an einem Ort angelangt, wo die Seele baumeln kann. Um uns herum entdecken wir grüne Wiesen, ein Reh springt etwas entfernt von uns in den Wald und wir genießen die absolute Stille.

Etwa 300 Meter hinter einer Kläranlage biegen wir nach links ab und stapfen etwa 10 Minuten durch einen wilden Wald hinauf zum Ort **Neuhof.** In diesem angelangt, biegen wir nach rechts, erblicken einige alte Bauernhäuser und verlassen den Ort nach wenigen Metern auf einem Feldweg. Hier oben haben wir eine unglaubliche Weitsicht und genießen die Blicke zum **Idarkopf** und in die wundervoll grünen Hunsrückwälder. Auf diesem Wiesenweg wandeln wir etwas mehr als 1 Kilometer, entdecken eine Sinnesbank, von der man zum Idarkopf schauen kann, und gelangen, der Beschilderung des Schinderhannespfades folgend, nach ei-

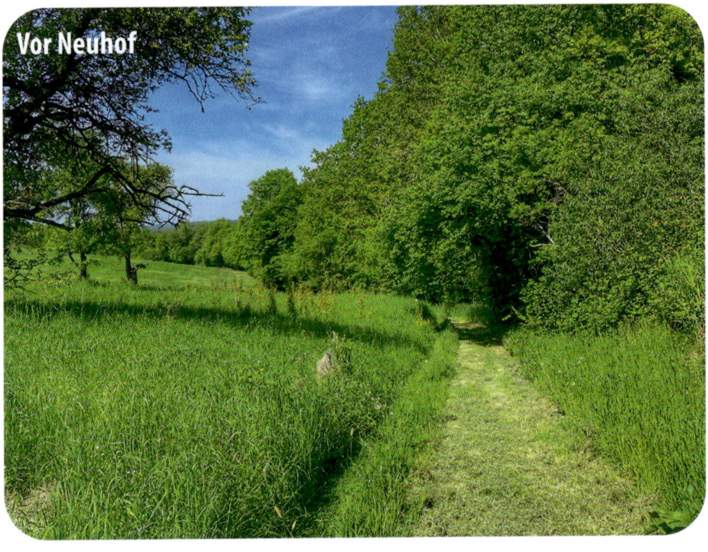
Vor Neuhof

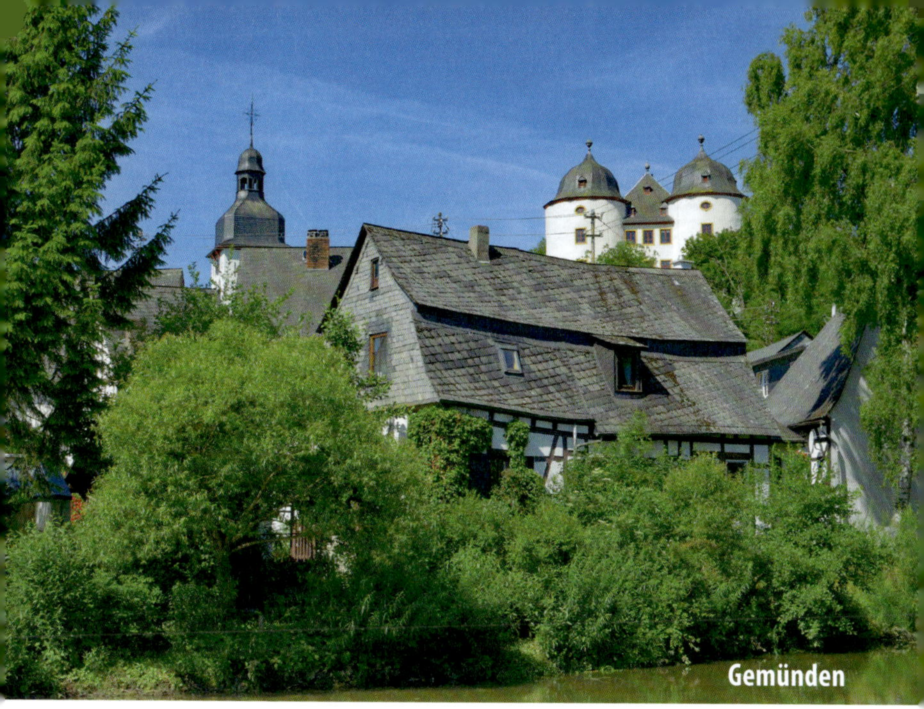

nigen Abbiegungen schließlich zur alten **Römerstraße 7,** der wir etwa 500 Meter folgen, um dann nach rechts auf einen weiteren Wiesenweg abzubiegen.

Wir wandern auf ihm leicht bergab auf ein Wäldchen zu und schließlich an diesem vorbei, um in der Ecke des Waldrandes nach links abzubiegen. Eine dicke Eiche stellt sich uns in den Weg – nachdem wir sie bewundernd umrundet haben, gehen wir weiter durch den Wald hindurch und erreichen schließlich in den Hang gehauene Stufen, die uns wieder in Richtung des Simmerbachs hinab führen. Durch die Bäume erblicken wir die Hausdächer des Ortes **Panzweiler,** der auf der gegenüberliegenden Seite des Bachs gelegen ist.

Bis zur Straße nach Panzweiler gehen wir nun bergab auf einem Wiesenweg weiter, überqueren die Straße und tauchen bald danach noch einmal in den Wald ein. Der Simmerbach befindet sich jetzt wieder ganz in unserer Nähe und begleitet uns in einer weiten Schleife bis an den Ortsanfang Gemünden. Auf dem Weg dahin entdecken wir links von uns wuchtige Felsformationen, wandern vorbei an einer kleinen Rosselhalde aus Schiefer und einige Bänke am Weg laden zum Verweilen ein.

Wir erreichen den Ort **Gemünden** an der **Panzweiler Straße,** hatten auf den letzten Metern vor dem Ort rechts einen schönen Blick auf das in Privatbesitz befindliche **Schloss 8.** Hier wenden wir uns rechts und werden in Gemünden mit einem Mix aus uralten und neuen Häusern empfangen. Wir nutzen die Brücke über den Lametbach und erreichen die **Hauptstraße** an der Ecke des traditionsreichen **Gasthofs Gemündener Hof 9,** wo wir gemütlich auf den Bus zurück nach Simmern warten können. Die Bushaltestelle liegt 100 Meter vom Gasthof entfernt direkt hinter der Brücke über den Simmerbach.

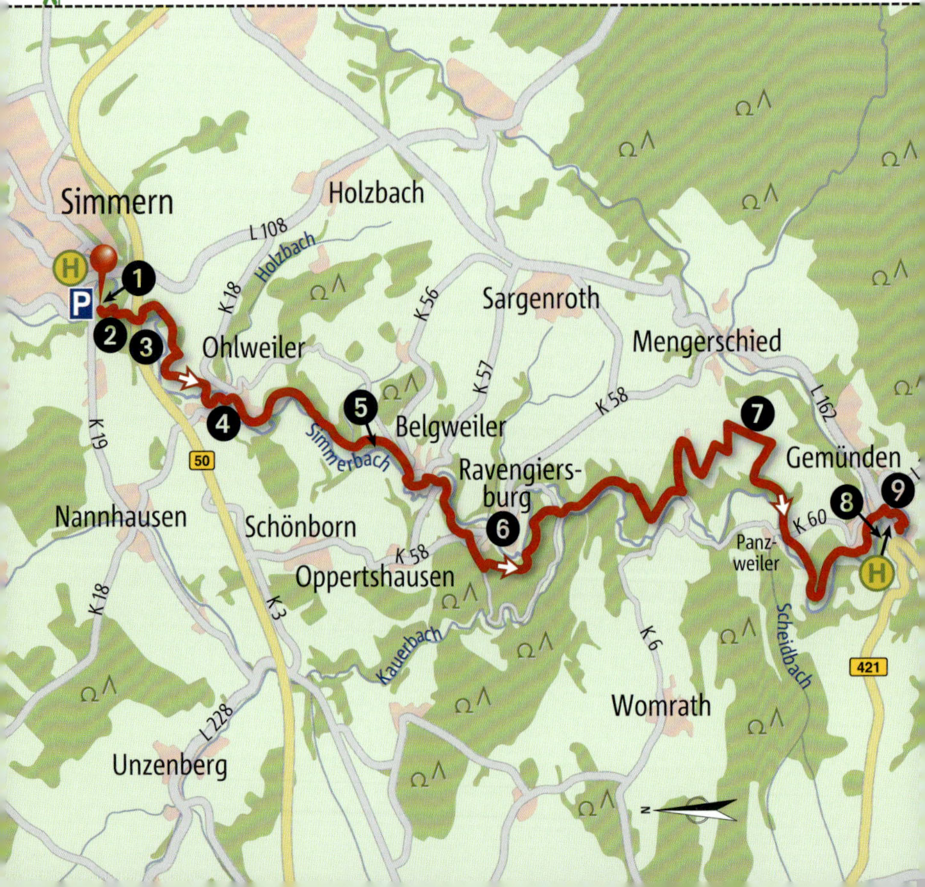

Entspannung ★★★★☆
Genuss ★★★☆☆
Romantik ★★★★☆

WIE & WANN:
Breite Wege und schmale Pfade, nahe und in den Ortschaften Asphalt. Ganzjährig möglich.

HIN & WEG:
Auto: Parkplatz am Hotel Bergschlößchen, Nannhausener Straße 4, 55469 Simmern (GPS: 49.97925, 7.51194)
ÖPNV: Bus 602 von Koblenz bis Haltestelle Kirchberger Straße, Simmern, dort in Fahrtrichtung die Kirchberger Straße weiter, am Kreisverkehr geradeaus in Nannhausener Straße (ca. 750 Meter Fußweg); Rückkehr zum Ausgangspunkt: Bus 602 von Haltestelle Am Römer, Gemünden, bis Kirchberger Straße, Simmern

ESSEN & ENTSPANNEN:
Hotel Restaurant Bergschlößchen ❶ Nannhausener Straße 4, 55469 Simmern, Tel. (0 67 61) 90 00, www.hotel-bergschloesschen.de
Gasthof Gemündener Hof ❾ Hauptstraße 56, 55490 Gemünden, Tel. (0 67 65) 91 90, www.gemuendener-hof.de

ENTDECKEN & ERLEBEN:
Schinderhannes-Radweg ❷
Simmerbach ❸
Startportal Traumschleife Domblick ❹
Aussicht mit einer Sinnesbank ❺
Hunsrückdom St. Christophorus ❻
Römerstraße ❼
Schloss Gemünden ❽

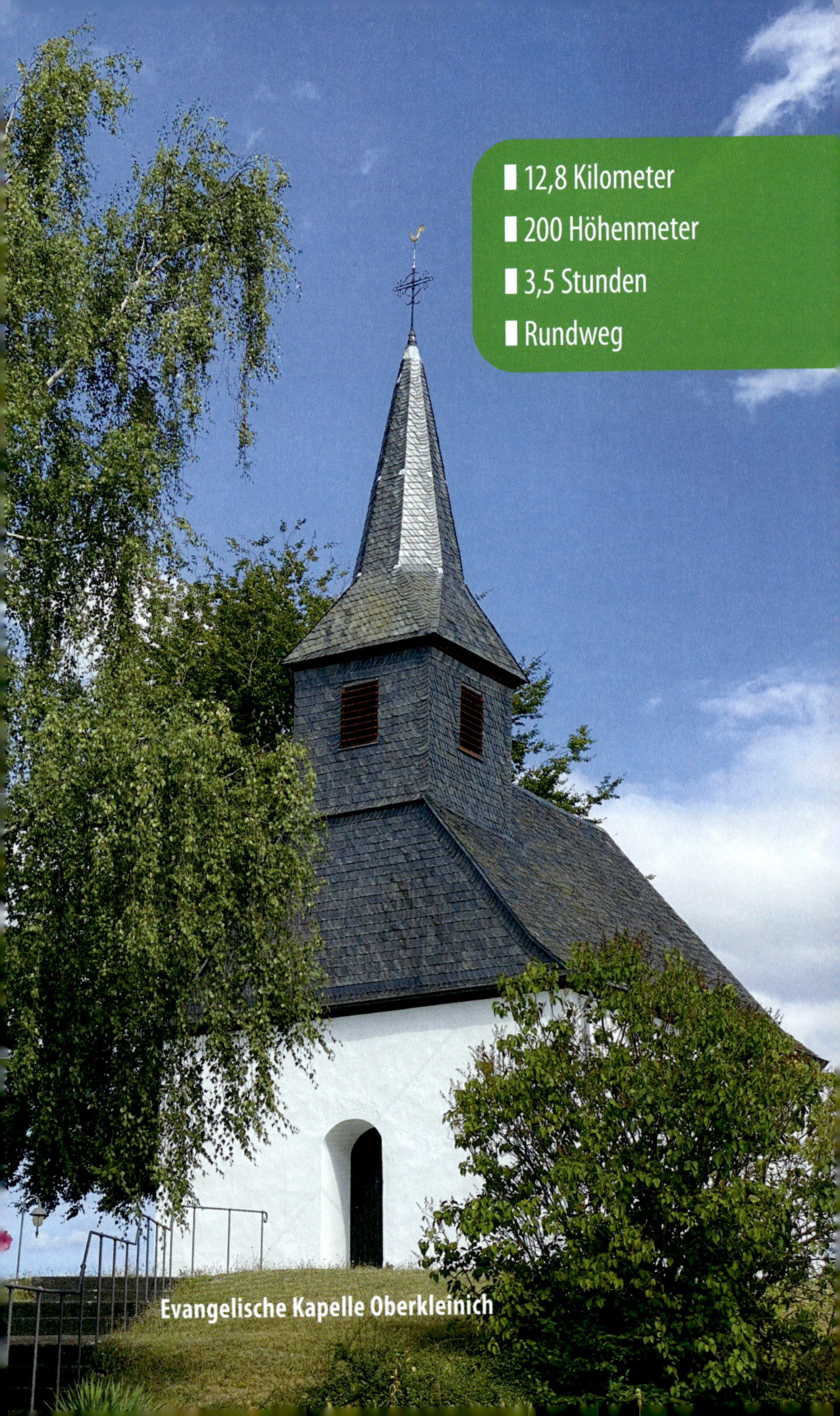

- 12,8 Kilometer
- 200 Höhenmeter
- 3,5 Stunden
- Rundweg

Evangelische Kapelle Oberkleinich

Von alten Zeiten

Unterwegs im Kirchspiel Kleinich

Auf dieser Tour werden wir nicht nur Ruhe finden, sondern auch Einblicke in die spannende Geschichte dieser Region bekommen. Unser Wegzeichen ist ein rotes Herz mit gelben Trauben für die Ferienregion Bernkastel, darunter steht: Hochgerichtsweg.

Wir starten am Parkplatz beim **Feuerwehrhaus in Kleinich** und gehen direkt aus dem Ort hinaus. Ein asphaltierter Weg führt uns zwischen reich bestückten Apfel- und Quittenbäumen hindurch. Rechts bieten sich unserem Auge beeindruckende Aussichten über die Felder hinweg Richtung Mosel und Eifel. Nach knapp 700 Metern erreichen wir eine **überdimensionierte Bank ❶.** Sitzend scheinen die Aussichten noch schöner. Der Weg wandelt sich zu einem Wiesenweg, den wir geradeaus weitergehen. Rechts von uns ist es waldig; die Füße genießen die weiche Wiese unter den Sohlen. Über Holzstufen stapfen wir hinunter zum **Kautenbach,** überqueren ihn und gehen auf der anderen Seite wieder hinauf. Kurz vor der Kreisstraße K 106 biegen wir scharf nach rechts ab in Richtung des Ortes **Götzeroth.**

Etwa 300 Meter weiter erreichen wir den Ort mit seiner gemischten Bebauung aus alten und modernen Häusern und folgen der K 106 bei den Bushaltestellen in einem Linksknick. 50 Meter dahinter, an einer großen Kastanie, biegen wir nach rechts ab und verlassen das Örtchen auch schon wieder. Leicht bergauf führt uns der Weg an einer Pferdekoppel vorbei. Beim Wäldchen biegen wir links ab, überqueren die K 106 und erreichen nach weiteren 400 Metern einen Wald, in den

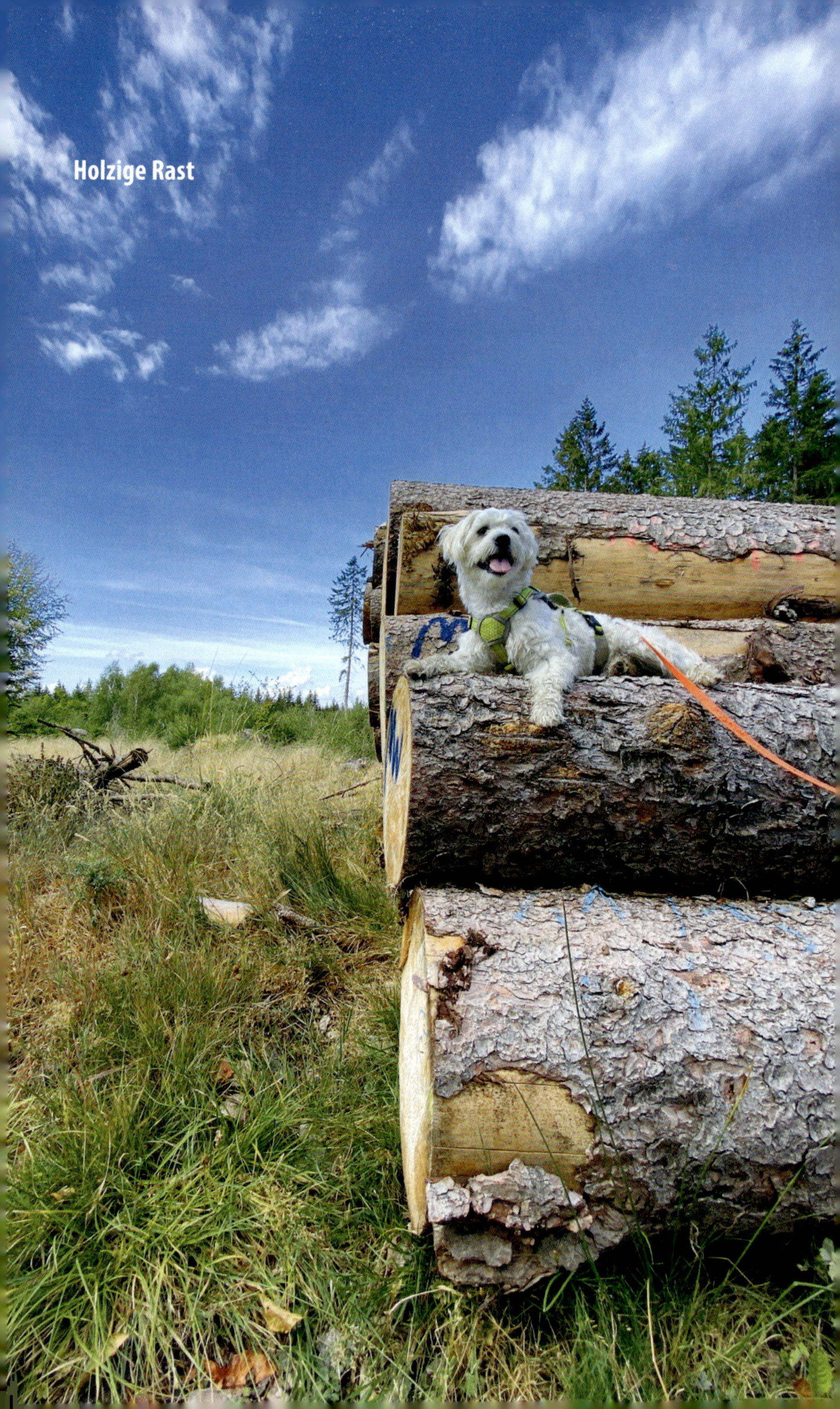

Holzige Rast

Für die Seele

Wir lassen die Eindrücke der spannenden Geschichte vom Moselhunsrück auf uns wirken und tanken Energie in den ruhigen Waldabschnitten.

wir nun eintreten. Nach 300 Metern auf dem geschotterten Waldweg gehen wir an einer Gabelung links, noch tiefer in den Wald hinein. Die Sonne hat es hier schwer, durch das Blätterdach zu gelangen.

Einen halben Kilometer weiter gönnen wir uns einen Abstecher nach links zum **Wilhelmsbrunnen** ❷, an dem Rastbänke im Schatten und das Wasser des Brunnens eine gute Grundlage für eine erfrischende Pause bilden. Zurück auf dem **Hochgerichtsweg** lohnt es, die Nase in den Wind zu halten: Hier riecht es vor allem im September ganz wunderbar nach Wald. Es ist einer von diesen Wäldern, die uns mit ihren Gerüchen, ihrem weichen Boden und ihrem ganzen Dasein zum Bleiben auffordern.

Wir überqueren die **Alte Poststraße** ❸ und gehen weiter leicht bergauf, vorbei am Ginster, der am Wegesrand wächst. Nach etwa 200 Metern biegen wir an einer T-Kreuzung auf einen breiteren Waldweg nach rechts ab und gelangen auf ihm bald auf eine offene Fläche, auf der viele Bäume abgeholzt wurden. Mal rechts, mal links führt uns die Ausschilderung durch den Wald. Bald geht es nicht mehr bergauf; wir schreiten auf einer Ebene dahin und queren in dem Moment, in dem wir den Wald verlassen, die **Ausoniusstraße** ❹, eine ehemalige Römerstraße, und den Jakobsweg Mainz–Bingen–Trier. Dies ist ein geschichtsträchtiges Gebiet, auf dem viele wichtige Wanderwege verlaufen.

Wir sind nun an einer Außenfläche des unweit von hier befindlichen **Archäologieparks BELGINUM** ❺ angelangt. Er befindet sich etwa 500 Meter entfernt

*Die **Ausoniusstraße** ist etwa 118 Kilometer lang und führt von Bingen über den Hunsrück nach Trier. Seinen Namen hat der Weg vom römischen Dichter Decimus Magnus Ausonius, der die Gegend um 365 n. Chr. bereiste und in seinem Gedicht „Mosella" verarbeitet hat.*

auf dem Gelände der römischen Siedlung Belginum. Ein zusätzlicher Besuch lohnt sich. Man findet dort viele weitere Einblicke in die keltisch-römische Geschichte dieser Region.

Auf Wiesenwegen durchwandern wir nun das **Gräberfeld Hochgerichtsheide ⑥**, auf die B 50 zu. Es mutet merkwürdig an, auf einem solchen Gräberfeld der spätrömischen Zeit entlangzuwandeln, das wohl im späten Mittelalter dem Kleinicher Hochgericht als Hinrichtungsstätte diente. Unsere Gedanken fliegen weit weg und wir stellen uns vor, welche Dramen hier vor Jahrhunderten stattgefunden haben mögen.

Fast an der **Hunsrückhöhenstraße** angelangt, beschreibt unsere Tour eine scharfe Linkskurve. Geschichtsinteressierte können hier auf Informationstafeln mehr zur Vergangenheit lesen oder sich mittels Augmented Reality ein Bild der Gräber von früher machen. Nachdem wir die Freifläche der Gräber wieder verlassen haben, gehen wir rechts auf der Ausoniusstraße in den Wald hinein. Nach 100 Metern kreuzen wir einen Forstweg, hinter dem sich unser Weg mit geringem Linksknick leicht bergauf, immer tiefer in den Wald hineinzieht. Wir überqueren einen weiteren Forstweg, erfreuen uns selbst aber am herrlich weichen Waldboden, nunmehr begleitet von schimmernd blühender Heide. Heidelbeersträucher entdecken wir und erreichen alsbald die **Halsterhöhe ⑦**. Mit 601 Metern über Normalnull befinden wir uns hier an der höchsten Stelle der Tour. Eine Holzbank lädt zur Rast ein. Wir biegen an der nächsten Kreuzung nach links und wandern weiter leicht bergab. Insgesamt sind auf diesem Weg nur sehr moderate Anstiege und Abstiege zu bewältigen.

400 Meter weiter erreichen wir wieder die **Alte Poststraße**. An der Ecke erwartet uns eine **Schutzhütte ⑧**, deren Sitzgelegenheiten uns zum Verweilen einladen. Das fällt nicht schwer, denn die Ruhe tankt unsere Akkus wieder auf. Uns umgibt die **Hochgerichtsheide**;

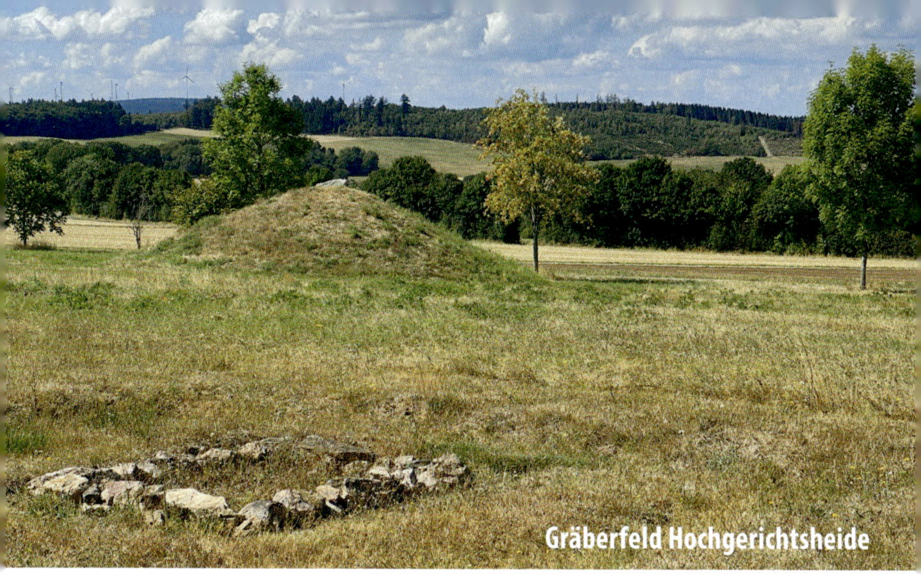

Gräberfeld Hochgerichtsheide

der Wald gehörte früher also auch zu dem Gebiet, in dem über Recht und Unrecht gerichtet wurde. Jetzt ist davon zum Glück nichts mehr zu spüren. An der Schutzhütte biegen wir rechts ab und folgen der **Alten Poststraße,** einer ehemaligen Fernpostroute zwischen Innsbruck und Brüssel, die von der Familie Thurn und Taxis Anfang des 16. Jahrhunderts eingerichtet wurde. In fünfeinhalb Tagen gelangte seinerzeit ein Brief von Brüssel nach Innsbruck und umgekehrt.

Etwas mehr als 1 Kilometer bewegen wir uns auf diesem geschichtsträchtigen Weg, queren einen weiteren Forstweg, bevor wir nach links abbiegen, immer treulich dem Hochgerichtsweg folgend. Kurze Zeit später sehen wir geradeaus vor uns das **Jagdhaus Horrido,** wandern aber schon etwa 100 Meter davor rechts abwärts. Unser Weg lockt nun mit vielen Aussichten über den Ort Oberkleinich hinweg bis weit in den Hunsrück. Kurz vor dem Ort überschreiten wir den **Kleinicher Bach,** entdecken eine Holzbank mit Aussicht und folgen schließlich der Straße nach links in den Ort.

Wir spazieren ein Stück durch das verschlafene Oberkleinich, gehen an der kleinen **Evangelischen Kapelle Oberkleinich** vorbei und biegen dahinter nach links ab. Hier entdecken wir auf der rechten Seite die Kulturscheune des Heimatvereins Kirchspiel Kleinich. Wir

Auszeittour 2

verlassen den Ort auf einem asphaltierten Weg, umgeben von großen Wiesen mit kleinen Waldoasen. Abermals überqueren wir den Kleinicher Bach, passieren linker Hand einen Funkmast und biegen 150 Meter dahinter nach rechts auf einen Wiesenweg ein, der uns in einen Wald hineinführt. Noch einmal genießen wir die großen Bäume um uns herum, erblicken **vom Heimatverein gestiftete Bänke 9**, die zum Verweilen einladen, und gelangen schließlich über einen Feldweg zum Ort Kleinich zurück, wo wir links auf die **Ortsstraße** einschwenken und das **Büro der Evangelischen Kirchengemeinde** passieren. An der nächsten T-Kreuzung wenden wir uns erneut links, erreichen bald unseren Ausgangspunkt und schauen auf eine sehr entspannende Tour zurück.

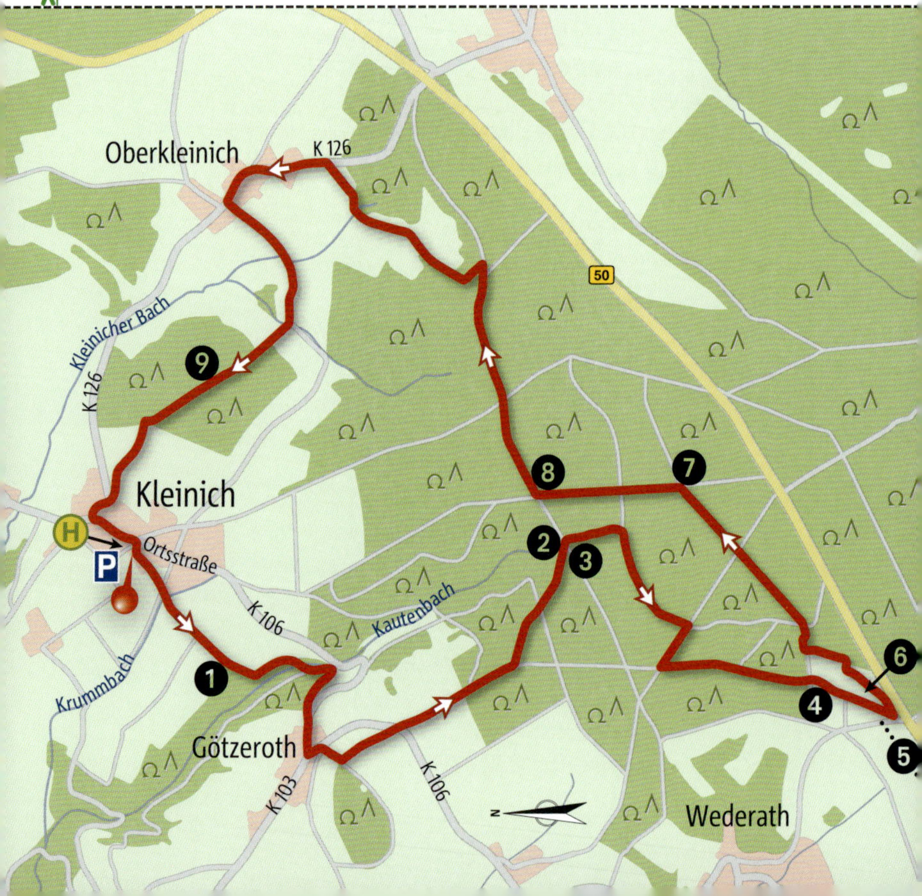

Entspannung ★★★★☆
Genuss ★★★☆☆
Romantik ★★★☆☆

WIE & WANN:
Breite Wald- und Wiesenwege, bei den Ortschaften asphaltierte Wege.
Ganzjährig möglich.

HIN & WEG:
Auto: Parkplatz am Feuerwehrhaus Kleinich, Ortsstraße, 54483 Kleinich
(GPS: 49.891503, 7.184635)
ÖPNV: Bus 311 von Bernkastel-Kues bis Haltestelle Ortsstraße, Kleinich

ESSEN & ENTSPANNEN:
Keine Einkehrmöglichkeit an der Strecke. Bitte Rucksackverpflegung mitnehmen.

ENTDECKEN & ERLEBEN:
Überdimensionierte Bank ❶
Wilhelmsbrunnen ❷
Alte Poststraße ❸
Ausoniusstraße ❹
Archäologiepark BELGINUM ❺ Keltenstraße 2, 54497 Morbach,
Tel. (0 65 33) 95 76 30, www.belginum.de
Gräberfeld Hochgerichtsheide ❻
Halsterhöhe ❼
Schutzhütte ❽
Bänke des Heimatvereins ❾

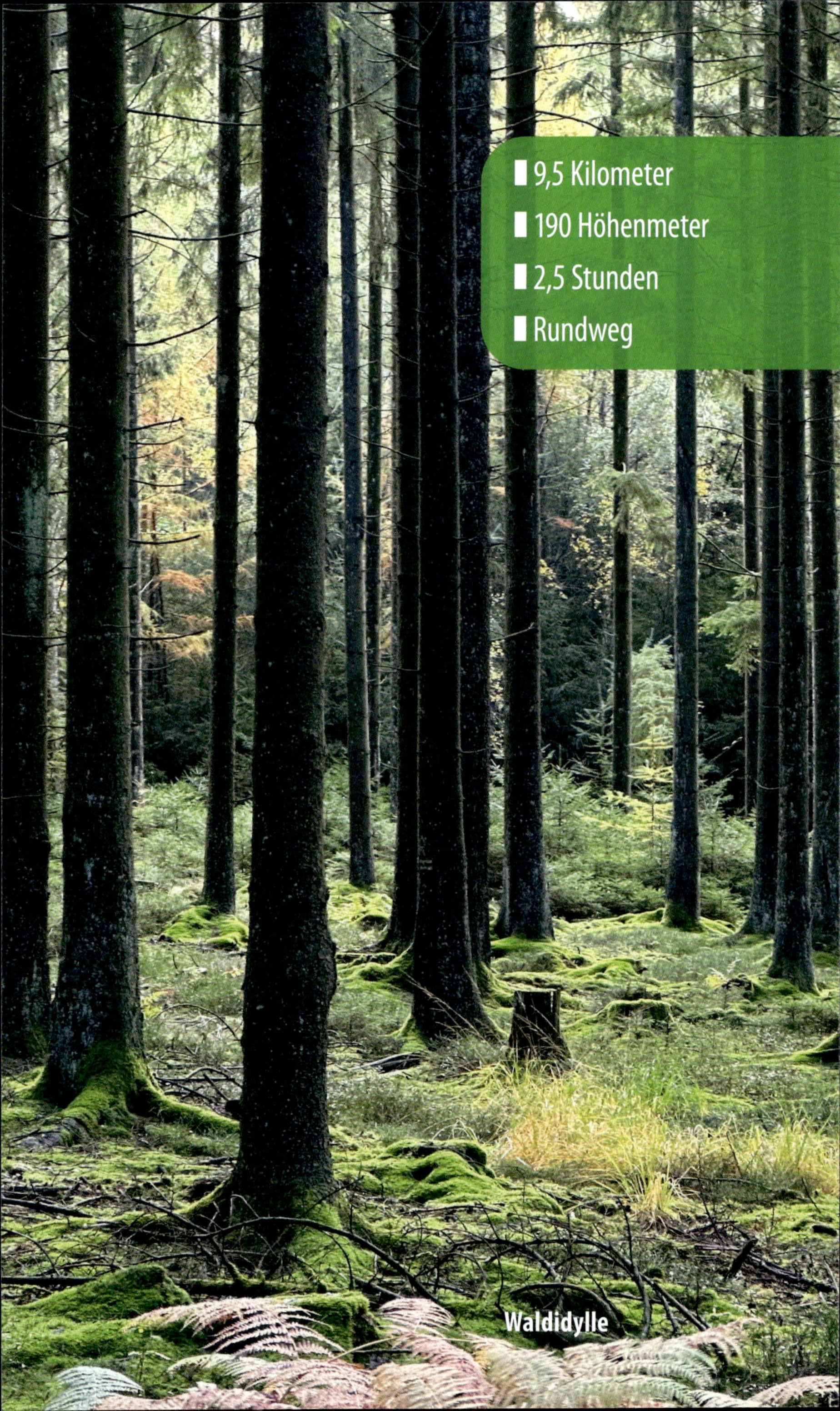

- 9,5 Kilometer
- 190 Höhenmeter
- 2,5 Stunden
- Rundweg

Waldidylle

Kindliche Freude

Libellentour im Osburger Hochwald

Dieser Wanderweg führt durch den **Osburger Hochwald,** einem Höhenzug im Hunsrück, der uns zeigt, wie beruhigend unsere Natur sein kann. Wir starten auf dem Parkplatz am **Forsthaus Sternfeld** und gehen rechts an dem Haus vorbei auf unseren Weg: Der **Ruwer-Themenweg 5,** der mit **RuT5** ausgeschildert ist, wird uns auf der ganzen Wanderung führen. Es lohnt sich, das ausliegende Prospekt mitzunehmen.

*Die insgesamt sechs familienfreundlich angelegten **Ruwer-Themenwege** gehören zum Gewässerprojekt Ruwer und Nebenbäche. Auf einer Länge von 186 Kilometern Fließgewässer wurden Bachauen und Tallagen naturnah wiederhergestellt und für Wanderer erschlossen.*

Unser RuT5 führt uns zur Kinderstube der Libellen, die hier optimale Bedingungen vorfinden. Die Bachläufe können sich nahezu frei bewegen und entwickeln. Ältere, gewerbliche Nadelwälder werden nach und nach in die standortgerechten Bachauen-, Bruch- und Moorwälder umgewandelt und Hindernisse für die Tierwelt, wie Verrohrungen, werden abgebaut.

Zunächst geht es an Obstbäumen und Bienenstöcken einen geteerten Weg entlang. An einer Weggabelung halten wir uns rechts. Nach etwa 500 Metern haben wir schon die Geräusche der Straße hinter uns gelassen und wandern tiefer in den hohen Wald hinein. Wir gehen durch eine Rechtskurve und entdecken Mäuse, die vor uns über den Weg flitzen. Unsere Ohren vernehmen ein leises Plätschern, das vom **Misselbach** ❶ her klingt, den wir bald überqueren. Nach-

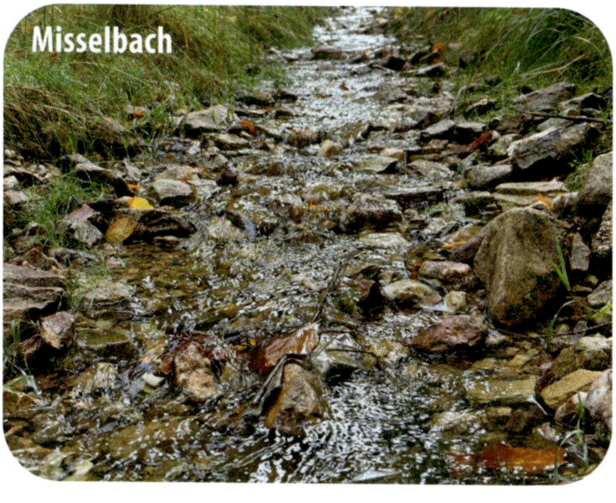

dem wir die Kurve durchlaufen haben, wandelt sich der Weg in einen natürlichen Waldweg, übersät von bunten Blättern.

Der Misselbach begleitet uns eine Weile zu unserer Rechten. Wir entdecken ihn in seinem Bett aus Gräsern, Farne stehen an seinen Ufern, große Bäume beschützen ihn von oben. Etwa 1 Kilometer hinter der Brücke über den Misselbach gabelt sich der Weg. Unser RuT5 führt uns um ein verfallenes Haus herum, über einen Zufluss zum Misselbach hinüber und weiter bergab nach rechts. An einem weiteren Häuschen gehen wir vorbei und passieren nach etwa 300 Metern einen Holzpfahl, der mit einer weißen „1" auf blauem Grund bemalt ist. Dies deutet darauf hin, dass wir im Prospekt, welches zu Beginn auslag, eine Erklärung finden. Insgesamt gibt es sechs solcher Hinweispfosten. Dieser **erste Hinweispfosten** ❷ informiert uns über die seltene Libellenart **Zweigestreifte Quelljungfer,** die wir von Juni bis August hier antreffen können.

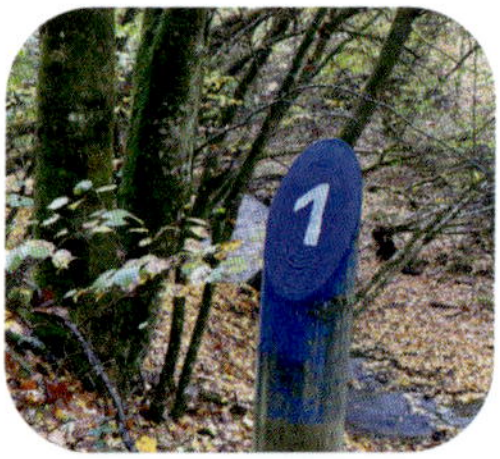

Im weiteren Verlauf wird unser Weg, der seit den Häuschen wieder asphaltiert ist, etwas heller und un-

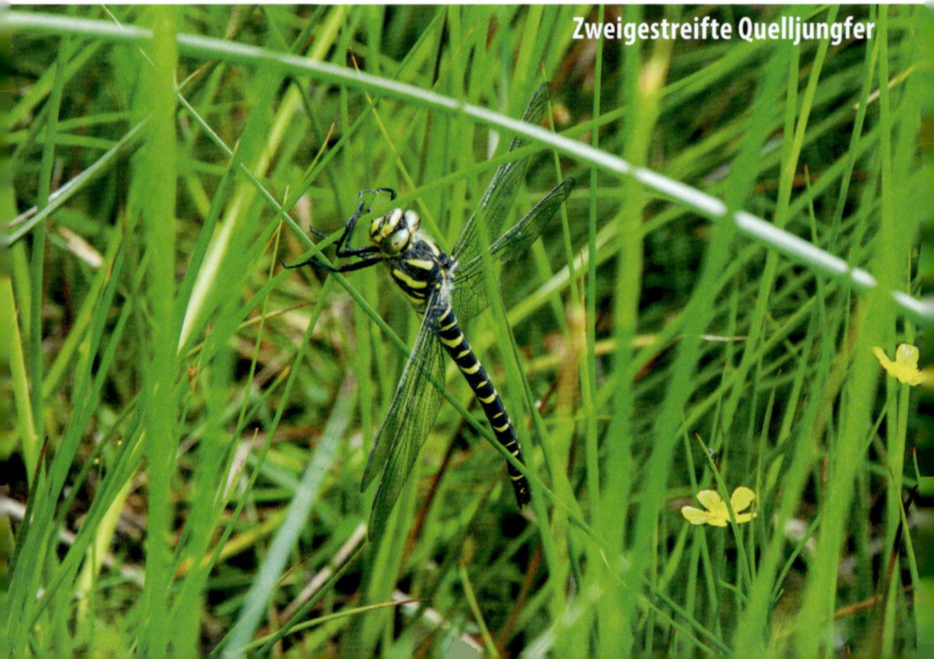

Zweigestreifte Quelljungfer

Für die Seele

Wir sitzen im Schatten auf der Bank am Pionierweiher, schauen aufs ruhige Wasser, genießen die Stille und entdecken Libellen, die über das Wasser tanzen.

ser Bach etwas lauter. Bevor wir den Misselbach etwa 500 Meter weiter verlassen, entdecken wir rechts Wiesen, in denen im Frühjahr das Gefleckte Knabenkraut sprießt. Auch eine Grillhütte passieren wir. Aufmerksame Ohren vernehmen nun nicht nur die Geräusche des uns bekannten Misselbaches rechts, auch von links gluckert und plätschert es erheblich, irgendwo verborgen hinter der dichten Vegetation am Wegesrand.

Der Misselbach läuft weiter bergab in Richtung der Riveristalsperre, die sich nur unweit entfernt befindet. Wir aber biegen nach links ab und gehen nun ein erstes Mal etwas bergauf. An dieser Stelle des Weges hat bis in die 1990er-Jahre das Ausflugsziel Misselbachhof gestanden. Aus Wasserschutzgründen wurde es allerdings abgerissen. Rechts von uns hat sich nun der **Eschbach** zu uns gesellt, der uns über kleine Wasserfälle entgegenrauscht. Eine **steinerne Brücke** ❸ führt nach rechts; wir nutzen sie kurz, um uns an der Wildheit des Baches zu erfreuen oder um die Bank zu nutzen, die neben der Informationstafel auf uns wartet, und um in aller Ruhe diese wundervollen Geräusche einzufangen.

Weiter geht es auf unserem unbefestigten Weg geradeaus. Wir lassen dabei den Eschbach vorerst nicht aus den Augen. Er ist ein quirliger Mittelgebirgsbach mit klarem, kühlem Wasser, der über kleine Wasserfälle hinwegplätschert. Wir tauchen ein in eine Bachidylle zwischen Farnen, eingebettet in kleine und große Buchen und Birken. Nach einiger Zeit überqueren wir den Bach, um auf der anderen Seite nach links weiter

*Der fast vollständig bewaldete Höhenzug des **Osburger Hochwalds** liegt im Hunsrück zwischen Idarwald und Schwarzwälder Hochwald. Er ist durch mehrere, teilweise tief eingeschnittene Kerbtäler zerschnitten und wird geprägt von Nadel- und Mischwald.*

an ihm entlangzuwandern. Es lohnt sich, es uns nachzutun, einen Abstecher hinab zu ihm zu machen und sich von der Wassermagie verzaubern zu lassen. Klar und rein plätschert er daher, eine Auszeit am sympathischen **Eschbach** 4 kann nicht verkehrt sein. Hier und da gibt es Abbiegungen nach rechts, wir bleiben aber auf unserem RuT5 durch den **Osburger Hochwald.** Eine Reihe kleiner Bäche sehen wir von rechts hinabplätschern und überqueren bald den **Altweiherbach.**

Wir gehen nun leicht bergauf auf einem breiten Waldweg, nicht ohne die verschiedenen Farben zu bewundern, die die Sonne durch das Blätterdach zaubert. Es ist eine unglaublich friedliche Stimmung hier, die kleinen Bäche purzeln zum größeren, Moose und Farne reihen sich ans Ufer, es riecht frisch und gesund. Nur die Elfen fehlen, die sich wohl unter den großen Farnblättern verstecken.

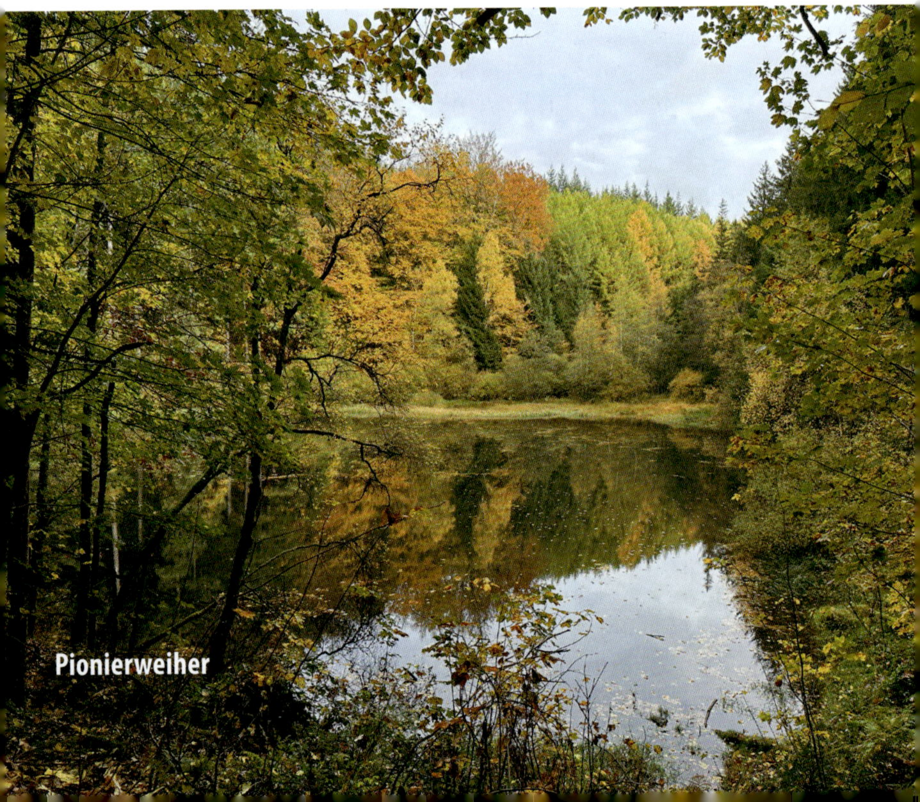

Pionierweiher

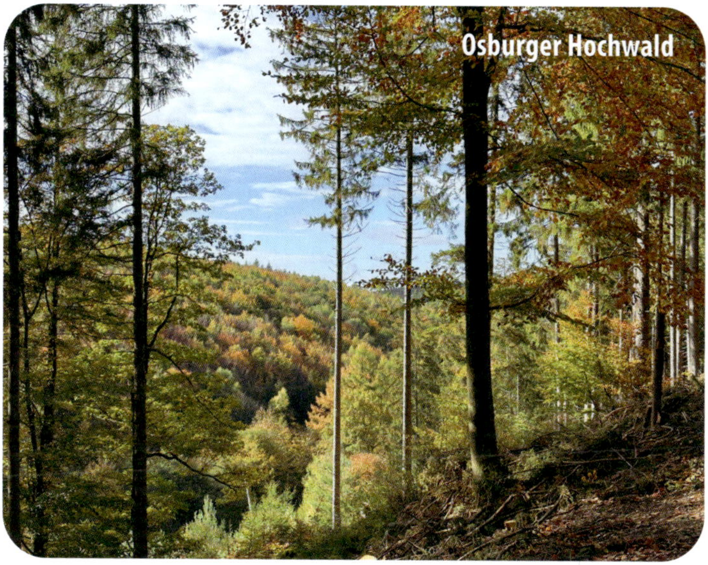

Der Eschbach führt uns so zum **Pionierweiher** ⑤, der ein wahrer Magnet für die Tierwelt ist. Fast das ganze Jahr über können wir hier kleine Mitbewohner beobachten: Frösche, Molche, Taumelkäfer oder Wasserläufer. Nun haben wir auch die Kinderstube der Libellen erreicht! Hier gibt es alles, was sie brauchen. Nach ausgiebigem Staunen begeben wir uns auf den letzten Abschnitt der Wanderung.

*Der **Pionierweiher** wird seit mehr als 25 Jahren nicht mehr beangelt. Mindestens fünf Libellenarten haben hier ihre Heimat gefunden, da ihre Eier und Larven ungehindert aufwachsen können. Auch Plätze zum Aufwärmen und Nahrung finden sie im Überfluss.*

Nach einer Linkskurve überschreiten wir noch einmal den Eschbach und wandern auf einem naturnahen Pfad in einem abwechslungsreichen Wald. Wir queren eine Forststraße und erreichen nach einer Linkskurve einen wunderschönen Waldabschnitt. Die Füße freuen sich über den weichen Waldboden, die Augen freuen sich über den Wohlfühlwald um uns herum und die Nase erfreut sich an einem angenehm süßlichen Duft. Etwa 600 Meter später erreichen wir einen asphaltierten Weg, dem wir nach rechts folgen. Zufrieden entdecken wir mal wieder einen Bach neben uns: Es ist der ganz junge Misselbach, den wir etwas begleiten dürfen. Kurz darauf erreichen wir den **Hinweispfosten 6 ⑥,** den letzten auf dem Weg. Im Prospekt lesen wir über die Trinkwasserversorgung und den Bachflohkrebs. Auf dem letzten Kilometer können wir auf einem Höhenweg den verführerischen Wald gegenüber sehen, im Sommer tiefgrün, im Herbst bunt wie ein Strauß Blumen. Trotz der nahen Straße ist der Geruch hier wundervoll natürlich.

Parallel zu dieser Straße wandern wir auf dem bekannten Asphaltweg zurück zu unserem Ausgangspunkt am Forsthaus. Im **Gasthaus zur Post ⑦** im nahen Farschweiler können wir entspannt auf eine Wanderung zurückschauen, die nicht anspruchsvoll, aber voller Naturerlebnisse war.

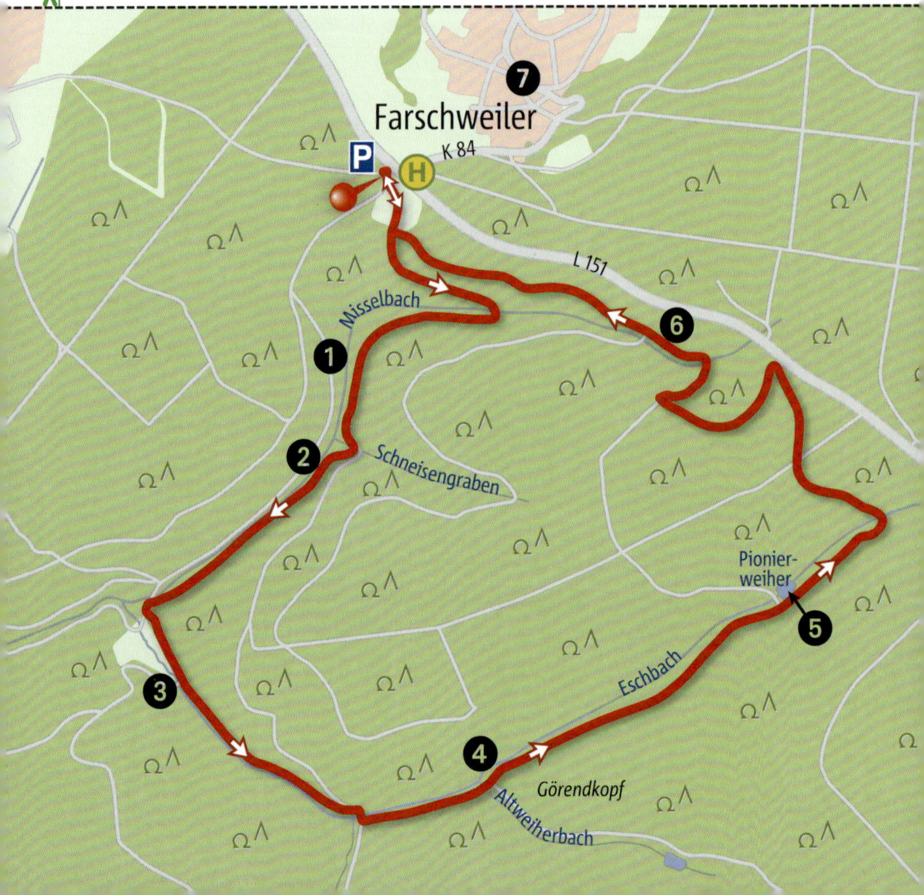

Entspannung ★★★★☆
Genuss ★★★☆☆
Romantik ★★★☆☆

WIE & WANN:
Gut ausgebaute Waldwege, Asphalt, keine schmalen Pfade. Beste Wanderzeit: März bis November.

HIN & WEG:
Auto: Parkplatz Am Forsthaus Sternfeld, 54317 Osburg (GPS: 49.71190, 6.82096)
ÖPNV: Bus 20, 200 von Trier oder Hermeskeil bis Haltestelle Forsthaus Sternfeld, Farschweiler

ESSEN & ENTSPANNEN:
Gasthaus zur Post ❼ Hauptstraße 41, 54317 Farschweiler, Tel. (0 65 00) 91 03 36

ENTDECKEN & ERLEBEN:
Misselbach ❶
Hinweispfosten 1 ❷
Steinerne Brücke ❸
Eschbach ❹
Pionierweiher ❺
Hinweispfosten 6 ❻

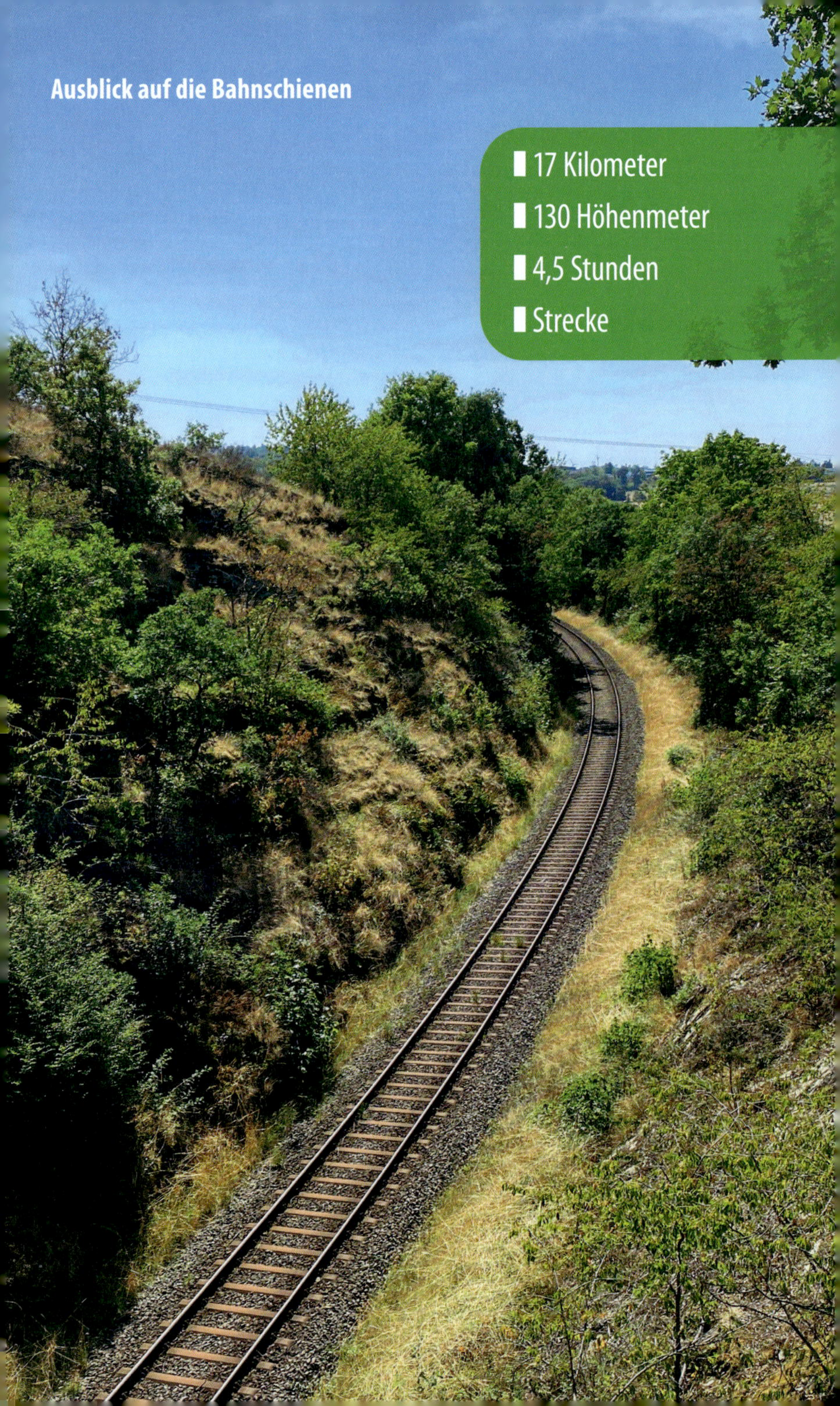

Ausblick auf die Bahnschienen

- 17 Kilometer
- 130 Höhenmeter
- 4,5 Stunden
- Strecke

Bahnnostalgie

Entlang der Hunsrückbahn

Wir starten am **Bahnhof Emmelshausen** auf diesen spannenden und geschichtlich interessanten 17 Kilometer langen Wanderweg. Unser Wegweiser ist ein weißes Schild, auf dem ein schwarzer Kreis zu entdecken ist, darin ein stilisiertes Viadukt, auf dem eine Bahn fährt. Darunter steht in schwarzen Lettern: **hunsrück**bahn wanderweg.

Direkt neben dem Gleiszugang liegt das **Hunsrückbahn-Museum** ❶. Von hier gehen wir auf der Bahnhofstraße ostwärts und kommen an der **Skulptur Der Knochenflicker** ❷ vorbei. Wir queren die Bopparder Straße und biegen kurz vor dem Bahnübergang von ihr nach rechts ab. Links von uns die Schienen der Bahn, wandern wir auf einem zunächst geschotterten Weg. Nach 300 Metern biegen wir nach rechts in den Wald hinein und entdecken die **Ringkapelle** ❸. Sie wurde 1966/67 errichtet und verdankt ihren Namen den Erbauern, der Familie Ring. Der Beschilderung unserer Tour folgend, biegen wir an der Kapelle und kurz dahinter nochmals links ab. Schmetterlinge wie der Russische Bär begleiten uns. Wir genießen ihre Anwesenheit und folgen dem Hunsrückbahnwanderweg, der nun eine Rechtskurve beschreibt. Nach 400 Metern auf der Forststraße unterqueren wir die **Hunsrückhöhenstraße** und folgen danach weiter unserem Weg. Hohe Bäume verschiedenster Arten ragen neben uns nahezu in den Himmel.

!

*Bereits 1908 nahm die **Hunsrückbahn** zwischen Boppard und Emmelshausen den Betrieb auf und gilt bis heute als ingenieurtechnisches Meisterwerk. Durch fünf Tunnel und über zwei Viadukte führt die steilste im Regelbetrieb betriebene Bahnstrecke Deutschlands.*

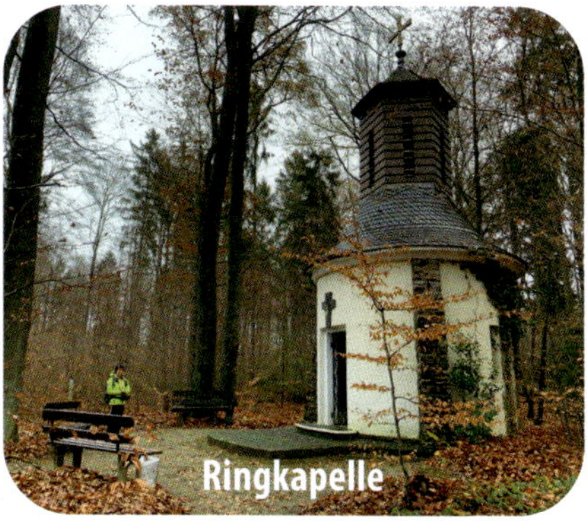

Ringkapelle

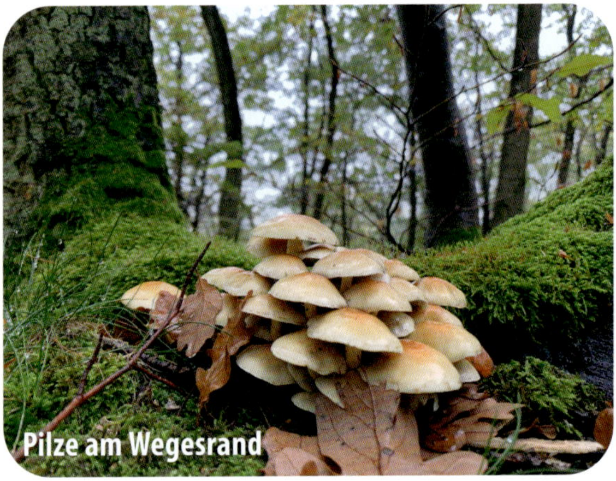

Pilze am Wegesrand

Nach weiteren 400 Metern biegen wir an einer T-Kreuzung nach links ab. Ein guter Geruch nach Tannennadeln und Moos empfängt uns. Neben uns gedeihen Heidelbeeren, die je nach Jahreszeit zum Naschen verführen, und auch Springkraut können wir entdecken. Leicht bergab wandeln wir auf einem Waldweg, halten uns bei den folgenden Abbiegungen immer links und erreichen nach 500 Metern eine Unterführung der Hunsrückbahn. Mit uns unterquert der **Ehrbach** die Gleise. Im weiteren Verlauf erfreut dieser Bach viele Wanderer in der bekannten Ehrbachklamm. Wir aber biegen nach der Unterführung sofort nach rechts ab und schreiten einen schmalen Waldweg hinauf. Schattig ist es hier und viele Vögel unterhalten uns mit ihrem Konzert. Oben angelangt, gehen wir auf einem Wiesenpfad entlang der Gleise. Etwa 800 Meter später erreichen wir den **Bahnhof Ehr.** An den drei Bahnhöfen entlang der Strecke gibt es die Möglichkeit, die Tour abzukürzen und mit dem Zug nach Emmelshausen oder Boppard zu fahren.

Am Bahnhof gehen wir vorbei, zunächst über einen Wiesenweg, später auf einem Weg mit felsigem Untergrund, und überqueren nach weiteren 400 Metern die K 110. Wie an einigen anderen Stellen können wir hier, an der **Unterführung Ehrerheide ④,** die Huns-

Für die Seele

Wir sitzen auf dem Boden hoch über der Bahnstrecke, schauen auf den Talberg-Tunnel und warten gespannt auf die aus dem Tunnel fahrende Bahn nach Boppard.

rückbahn manchmal bei ihrer Fahrt beobachten. Den Infotafeln können wir die Zeiten entnehmen. Ein schmaler Pfad führt uns danach hinab in eine Wildnis. Kurz bevor der Weg nach 150 Metern eine Linkskurve beschreibt, entdecken wir rechts einen zugewachsenen Tunnel, über den die Bahnschienen führen. Nach links flanieren wir unter einer Buchenallee bis zu einem Wegekreuz, an dem wir nach rechts abbiegen. An der folgenden Kreuzung gehen wir auf einem Forstweg geradeaus den Wald hinauf und entdecken etwa 150 Meter weiter eine alte Unterführung, vor der wir links abbiegen.

Auf einem schmalen Waldweg wandern wir hinab zum **Holzbach,** den wir auf einem Steg queren, und schließlich hinauf zur K 112, die wir zur Unterquerung der **Brücke Mermicherhof** **5** nutzen, deren Enge deutlich von älteren Straßenverhältnissen zeugt. Am anderen Ende gehen wir links über einen Holzsteg in den Wald hinein. Nach 400 Metern treten wir aus dem

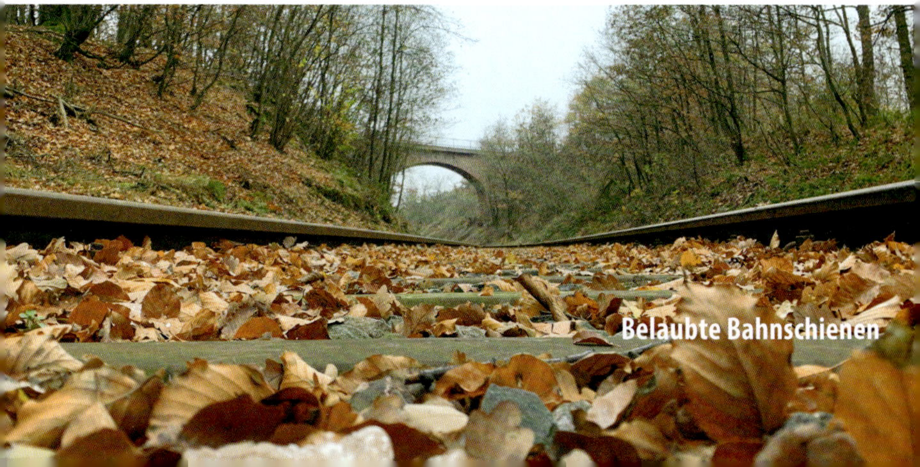

Belaubte Bahnschienen

Wald heraus und entdecken eine schöne Raststelle, die wir gern nutzen. Auch hier kann mit etwas Glück ein Blick auf den Triebwagen der Hunsrückbahn erhascht werden.

Wir biegen nach rechts auf eine Asphaltstraße ab: Es ist die **Alte Hunsrückhöhenstraße ⑥.** Auf ihr wandern wir entlang und schweifen in die Geschichte ab, die in der Heimattrilogie von Edgar Reitz thematisiert wurde: der Bau der Hunsrückhöhenstraße 1938/39. Nach etwa 500 Metern halten wir uns links und können am nächsten Trainspotting-Punkt auf die Bahn warten. Einen Fahrplan gibt es auch hier.

Zwischen neuer Hunsrückhöhenstraße (B 327) und den Schienen links sowie der alten Hunsrückhöhenstraße rechts wandern wir weiter. Es riecht süßlich nach irgendwelchen Blüten, wir genießen den schattigen, schmalen Pfad; die Berührung mit dem Boden ist sanft, aber wir müssen auf die herauslugenden Wurzeln achten. Nach 800 Metern betreten wir die **Rheingoldstraße,** wenden uns links und überqueren sofort die L 210. Dahinter empfängt uns der **Bahnhof Boppard Fleckertshöhe.** Wir sind in diesem Bereich der Tour diversen Zivilisationsgeräuschen ausgesetzt, gehen wir doch auf einem asphaltierten Weg zwischen A 61 und B 327 an den Schienen entlang um das Gewerbegebiet Hel-

Blick in die Hubertusschlucht

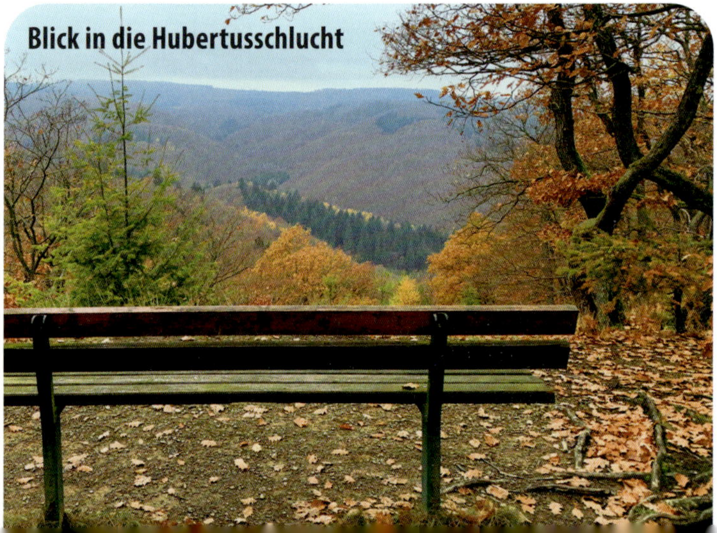

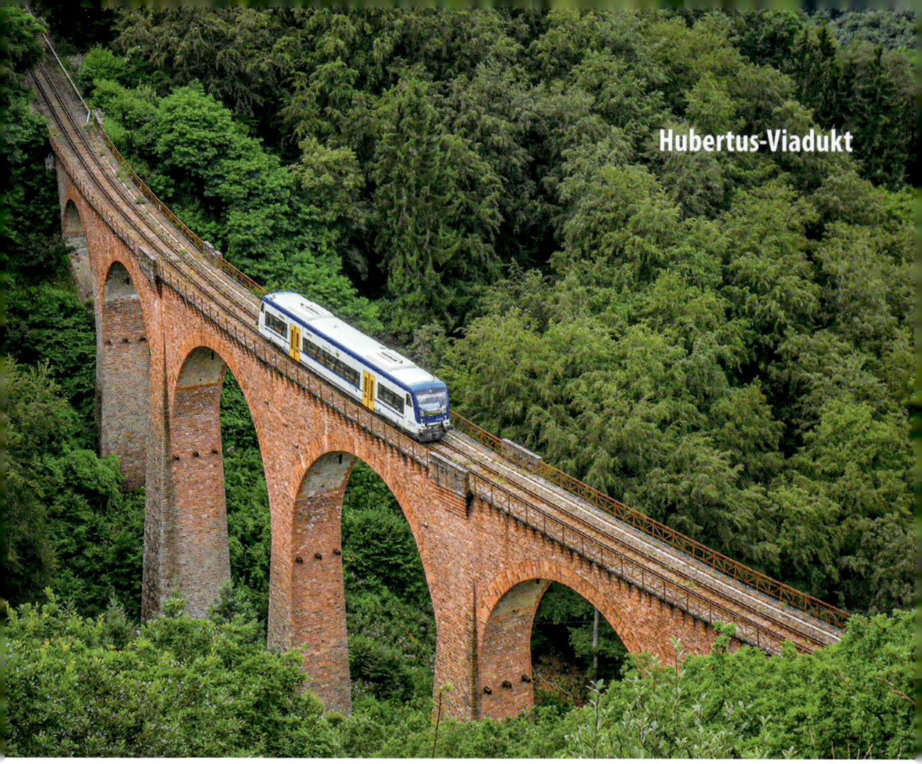

lerwald herum. Hier sind alle in Eile – nur wir nicht. Wir genießen dennoch jeden Meter unseres spannenden Weges.

So lassen wir uns treiben, und nach etwa 2,8 Kilometern erreichen wir den vorletzten Bahnhof: **Boppard Buchholz.** Wir laufen über den Parkplatz, überqueren die A 61 und lassen die Zivilisation für eine Weile hinter uns. Es ist ein unfassbarer Kontrast, eben noch Hektik und Lärm, hier im Wald nun Gelassenheit und Ruhe. Es tut gut: Wir sind im Herzen der Natur.

300 Meter hinter der Autobahn biegen wir an einer T-Kreuzung nach rechts ab und überqueren die Schienen. Wir wandern daraufhin in den Wald auf einem etwas breiteren Weg und folgen unserer Ausschilderung, die uns durch den **Bestattungswald Drei Eichen Boppard** führt. Nun überqueren wir die L 209 bei einem Parkplatz und der **Soldatengedenkstätte Drei Eichen** und bewegen uns etwa 700 Meter auf einer breiteren Forststraße weiter durch den Wald. An einer Gabelung

*Der **Hubertus-Viadukt,** das imposanteste und aufwendigste Bauwerk der Hunsrückbahn, entstand 1907. Die Steinbrücke hat sechs Rundbogenarkaden, ist 58 Meter hoch, 150 Meter lang und wurde aus massiven Rotsandsteinquadern aus der Neckargegend errichtet.*

biegen wir nach rechts und stoßen an der nächsten Kreuzung, an der wir nach links abbiegen, auf die **Traumschleife Elfenlay,** die uns nun ein Stück weit begleitet. Durch einen Eichenwald gelangen wir zu einer Bank mit Aussicht in die **Hubertusschlucht.** Nahezu verspielt verläuft unser Weg nun durch den Wald, mal hinauf, mal hinab, wir folgen der Beschilderung über eine Kreuzung geradeaus, biegen an der nächsten Gabelung links ab und erreichen nach einem steilen Abstieg die wohl imposanteste Aussicht auf die Hunsrückbahn. An der **Liesenfeld Hütte** ❼ schauen wir auf den **Hubertus-Viadukt** ❽. Wenn es jetzt noch zeitlich passt und eine Bahn gerade darüberfährt, dann ist das ein Moment des Glücks.

Von der Hütte kommend biegen wir rechts ab auf einen breiten, mit Wurzeln und Steinen bestückten Weg. Nach 300 Metern queren wir an einer Spitzkehre den Mistlochgraben. Neben uns Buchen und Eichen, wandern wir nach etwa 500 Metern unter dem mächtigen Hubertus-Viadukt hindurch: Rötlich schimmern die Steine in der Sonne, die Füße des historischen Baus sind wirklich mächtig.

Wir folgen den Schildern an einer Gabelung geradeaus. Links neben uns plätschert leise das Wasser im Mistlochgraben, Mäuse rascheln im Laub und die Vögel singen ihre schönsten Melodien. Nach 400 Metern biegen wir nach rechts ab und wandern auf einem steinigen Weg bergauf; rechts von uns entdecken wir bemooste Schieferbruchstücke und wirr verlaufende Wurzeln im Hang. An senkrechten Schieferwänden marschieren wir vorbei und dürfen nach 400 Metern die Abbiegung nach rechts nicht verpassen. Wir betreten einen schmalen Pfad und gewinnen durch Serpentinen schnell an Höhe. Auf dem Weg bleibt uns manchmal nicht nur wegen des Anstiegs die Luft weg: Auch die Ausblicke sind grandios. Eine Bank lädt an der Aussicht auf den **Rauher-Berg-Tunnel** zum Verweilen ein, kurze Zeit später können wir den **Talberg-Tun-**

nel einsehen. Es ist schwer vorstellbar, wie die Strecke von Deutschlands steilster, im Regelbetrieb betriebenen Bahn Anfang des 20. Jahrhunderts gebaut wurde.

Nach diesen Eindrücken gehen wir rechts hinter der Bank weiter und gelangen nach etwa 30 Metern auf einen breiteren Weg, biegen an der nächsten Gabelung nach links und wandern oberhalb der Bahnschienen entlang, die links unter uns verlaufen. Nach 700 Metern gehen wir an einer Gabelung geradeaus, um nach weiteren 600 Metern dem rechten Weg zu folgen. Dieser lässt uns nun noch mal einige Meter bergauf stapfen, und über große Felsen hinweg erreichen wir schließlich den **Kurt-Alich-Blick** ⑨. Von hier ist die Sicht auf Vater Rhein immer ein besonderes Erlebnis.

Nach links gelangen wir über einen schmalen Pfad nach etwa 300 Metern auf einen breiteren Weg und

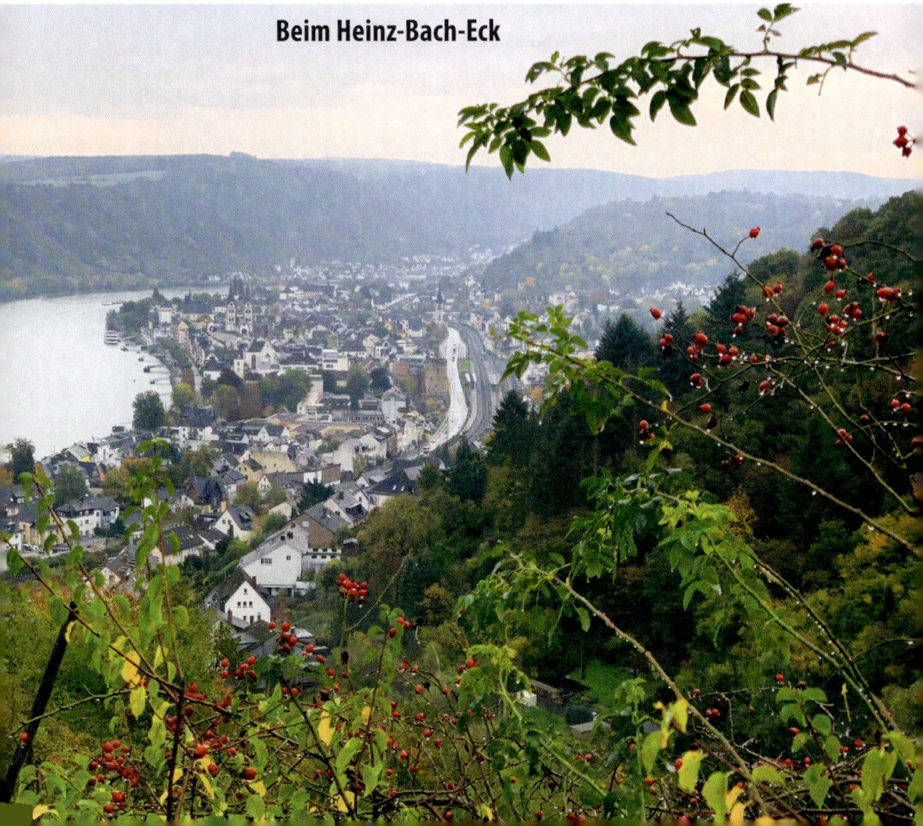

Beim Heinz-Bach-Eck

biegen links auf ihn ein. Das **Heinz-Bach-Eck** ⑩ mit einem wieder verführerischen Blick auf Boppard und den Rhein erreichen wir 400 Meter dahinter. Nach links und kurze Zeit später rechts abbiegend, gehen wir über einen schmalen, zum Teil rutschigen und unwegsamen Pfad hinab in Richtung Boppard. Vorbei an **Somborns Ruh** ⑪ wandeln wir weiter serpentinartig abwärts, um kurze Zeit später etwas oberhalb der Schienen am letzten Trainspotting-Punkt, der „Einfahrt in die Steilstrecke", anzukommen. Die Ausschilderung bringt uns nun im Ort zurück zum **Hauptbahnhof Boppard,** von wo wir mit der nächsten Bahn den Rückweg nach Emmelshausen antreten können.

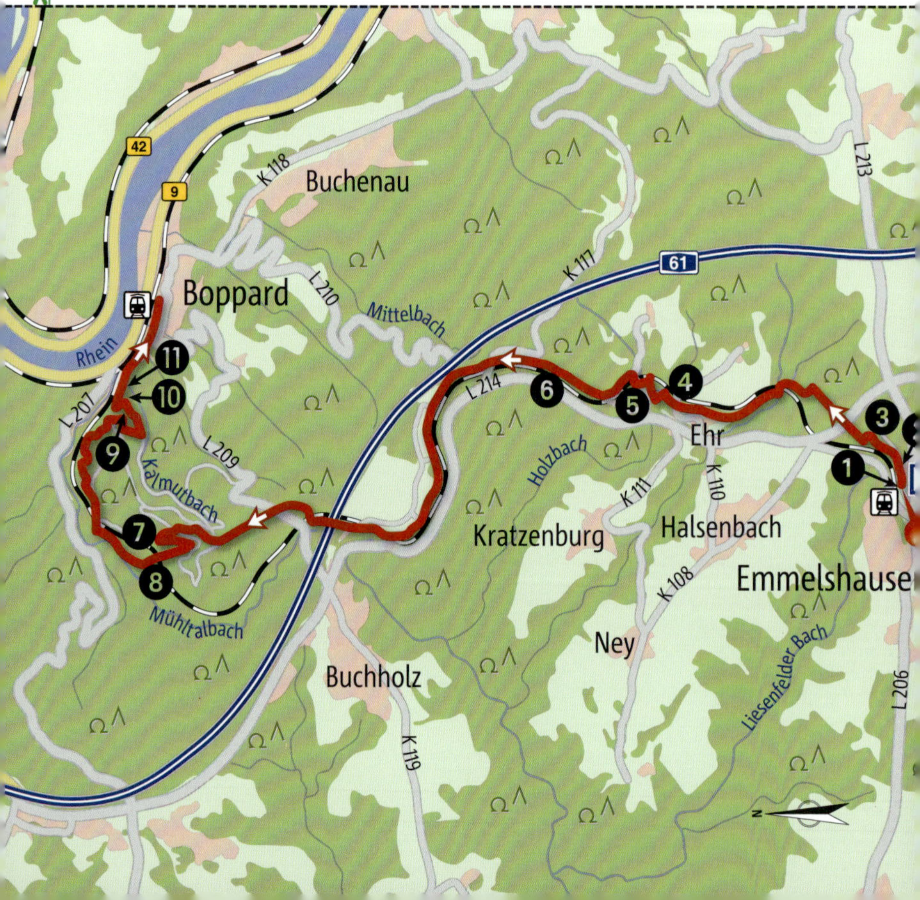

Entspannung ★★★☆☆

Genuss ★★★☆☆

Romantik ★★★☆☆

WIE & WANN:
Schmale Pfade, Forstwege und asphaltierte Wege wechseln sich ab.
Beste Wanderzeit: Ganzjährig begehbar.

HIN & WEG:
Auto: Parkplatz am Bahnhof Emmelshausen, Bopparder Straße 13, 56281 Emmelshausen (GPS: 50.157541, 7.561303), alternativ Parkplatz Am Markt, 56281 Emmelshausen (GPS: 50.156740, 7.559055), über Am Markt und Bahnhofstraße zum Bahnhof (ca. 150 Meter Fußweg)
ÖPNV: IC 2571, RB 26 von Frankfurt am Main oder Mainz bis Boppard Hauptbahnhof, Transfer zwischen Boppard Hauptbahnhof und Emmelshausen Bahnhof mit der Hunsrückbahn

ESSEN & ENTSPANNEN:
Keine Einkehrmöglichkeit an der Strecke. Bitte Rucksackverpflegung mitnehmen.

ENTDECKEN & ERLEBEN:
Hunsrückbahn-Museum ❶ Bahnhofstraße 5, 56281 Emmelshausen, www.museum.lochris.de
Skulptur Der Knochenflicker ❷
Ringkapelle ❸
Unterführung Ehrerheide ❹
Brücke Mermicherhof ❺
Alte Hunsrückhöhenstraße ❻
Liesenfeld Hütte ❼
Hubertus-Viadukt ❽
Kurt-Alich-Blick ❾
Heinz-Bach-Eck ❿
Somborns Ruh ⓫

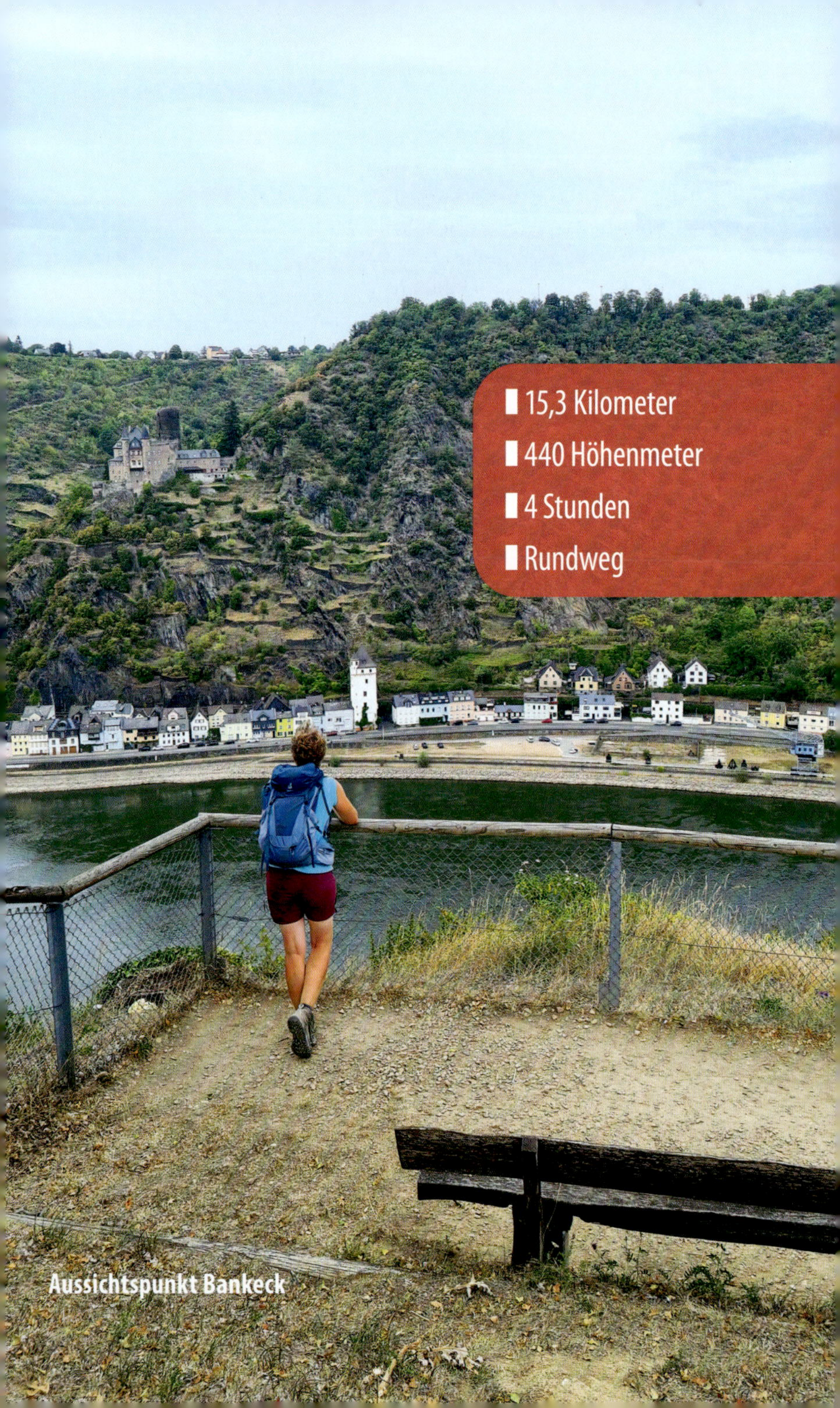

- 15,3 Kilometer
- 440 Höhenmeter
- 4 Stunden
- Rundweg

Aussichtspunkt Bankeck

Die **Traumschleife Mittelrhein** ist eine der schönsten der mehr als 100 Traumschleifen im Hunsrück. Die Aussichten ins UNESCO-Weltkulturerbe Oberes Mittelrheintal vereinen sich mit den umliegenden Wegen zu einem wundervollen Wanderensemble, in das man sich nur verlieben kann! Außerdem ist die Traum-

R(h)eine Freude

Die Traumschleife Mittelrhein

schleife gut ausgeschildert und führt uns verlässlich durch die ganze Tour.

Wir starten am Parkplatz **Spitzer Stein** und stapfen einen Schotterweg hinauf zum gleichnamigen, neu erbauten **Aussichtsturm ①**. Eine Besteigung bietet sich für schwindelfreie Wanderer an. Oben erwartet uns eine atemberaubende Aussicht und wir können einen **Flügeltelegrafen** nach dem System von Claude Chappe (1763–1805) ausprobieren. Wieder unten angelangt, wenden wir uns rechts und gehen an der markanten Felsformation auf weichem Boden, gespickt mit Felsstücken, auf einem schmalen Berggrat entlang.

Nach etwa 300 Metern biegen wir im Wald links ab, wenige Meter, bevor unser Weg an einer T-Kreuzung endet, und wandeln weiter auf weichem Waldboden bergab. Ruhig ist es hier, sehr ruhig. Es raschelt neben uns im Gebüsch, sehen können wir jedoch keine Tiere; dazu sind sie viel zu flink. Wir überqueren eine Forststraße und gehen auf einem etwas breiteren Weg weiter durch den Wald. Etwa 120 Meter hinter der Forststraße verlassen wir den Weg nach rechts und wandern zwischen Bäumen entlang. Weiter unten er-

*Ein **Flügeltelegraf** ist eine Kommunikationstechnik aus der Zeit der französischen Revolution. Mittels schwenkbarer Arme wurden Buchstabensymbole gesendet. Die Masten standen 9 bis 12 Kilometer auseinander, sodass die Zeichen gut erkannt wurden.*

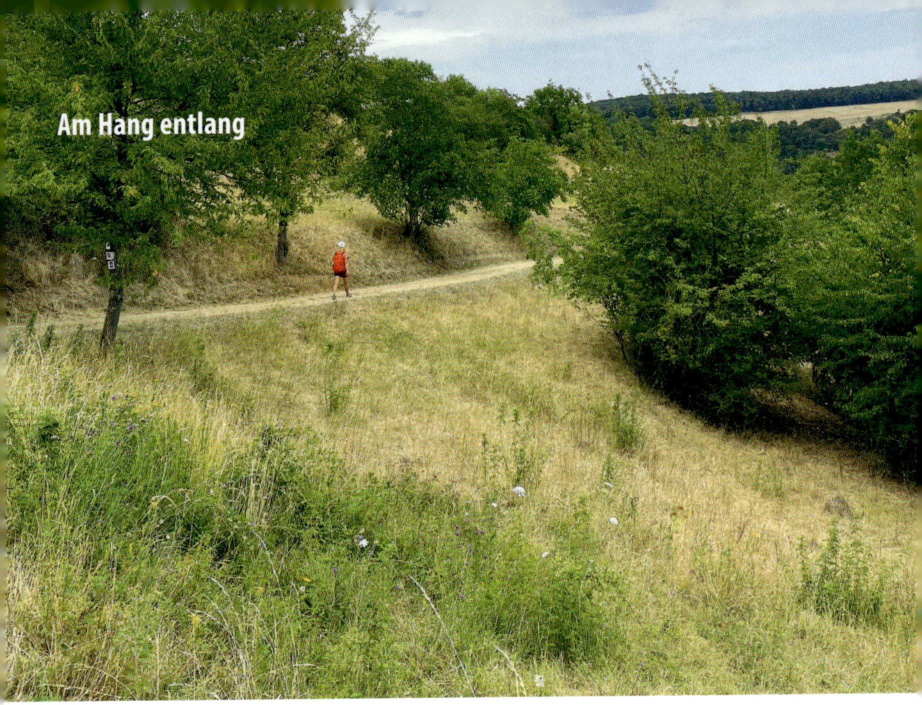

Am Hang entlang

wartet uns eine **markante Felsformation,** eine blaue Bank und der lustig plätschernde Lützelbach, der ganz in der Nähe aus der Erde entspringt. Alsbald erreichen wir den Waldrand, treten aus ihm heraus, queren dabei den Lützelbach, wenden uns hinter ihm links und laufen nicht weit vom rechten Ufer des Baches über Wiesen- und Feldwege weiter in Richtung des Ortes **Niederburg.** Nach 450 Metern stoßen wir auf einen Asphaltweg, wenden uns links und erreichen ein kleines **Freizeitgelände ❷.** Eine Sinnesbank lädt zum Verweilen ein und die Kneippbecken für Hund und Mensch versprechen eine Abkühlung bei warmen Temperaturen.

Wir lassen das liebevoll eingerichtete Gelände rechts liegen, queren wieder den Lützelbach und biegen dahinter rechts ab. Es geht weiter bergab, den Lützelbach nun zu unserer Rechten. Ein wundervoller Abschnitt folgt nach dem Queren eines asphaltierten Weges. Wiesen mit jungen Pferden, Sträucher, Bäume rechts und links von uns, Vögelchen zwitschern herum, der Weg ist mit Gras bedeckt. Es sieht aus wie ein

Wohnzimmer, so schön eingerichtet, dass es jeder Bewohner gemütlich hat.

Wir gelangen an eine Straße, queren sie aber nicht, sondern folgen dem Weg links etwas bergauf. Kurze Zeit später kommen wir am alten **Steinbruch von Niederburg** vorbei. Informationstafeln erklären uns, wie

Für die Seele

Hoch über dem Rhein am Rastplatz Maria Ruh schauen wir auf die Loreley, beobachten die Schiffe und verschwinden mit der Loreley-Sage in andere Zeiten.

so oft an diesem Weg, Dinge aus der Vergangenheit. Es geht weiter einige Meter bergauf, wir kommen tatsächlich ins Schnaufen und genießen, oben angelangt, einen schönen Blick in den Hunsrück. Den Steinbruch haben wir jetzt halb umrundet, lassen uns von der Traumschleife Mittelrhein nach links auf einen Feldweg leiten und dann ist es so weit: Wir sehen zum ersten Mal hinab auf den sagenumwobenen Vater Rhein.

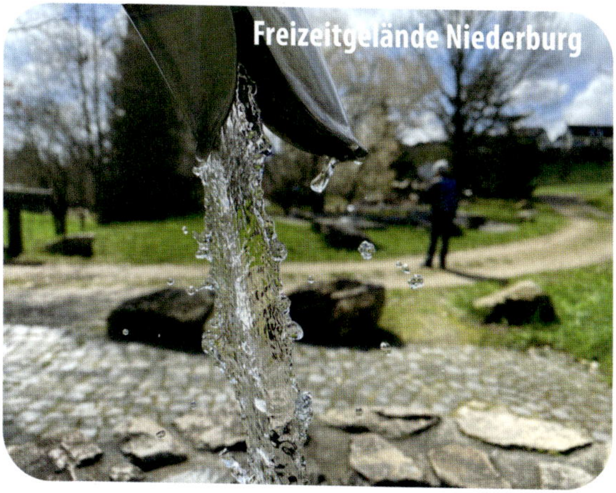
Freizeitgelände Niederburg

Unten im Mittelrheintal fließt er recht breit daher, die Orte quetschen sich an den Hang. Die Sinnesbank, die sich uns hier anbietet, nutzen wir sehr gern und schauen uns die Aussicht genau an. Wir entdecken die Schönburg über Oberwesel, die Burg Gutenfels oberhalb von Kaub auf der anderen Rheinseite und erwischen uns schon wieder dabei, wie wir die Gedanken in die Geschichte reisen lassen.

Nach der Rast folgen wir den Schildern der Traumschleife Mittelrhein, die uns über einige Abbiegungen immer weiter Richtung Rhein führen. Nach knapp 4 Kilometern gelangen wir an einen weiteren Aussichtspunkt, wir sind mittlerweile auf dem Klippelberg oberhalb von Oberwesel angelangt. Auf einer Bank lässt sich die „Stadt der Türme“ exzellent beobachten. Kurze Zeit später erreichen wir den **Dreiburgenblick ❸**, von dem aus wir die **Burg Pfalzgrafenstein** mitten im Rhein, die **Burg Gutenfels** und die **Burg Schönburg** alle auf einmal erblicken.

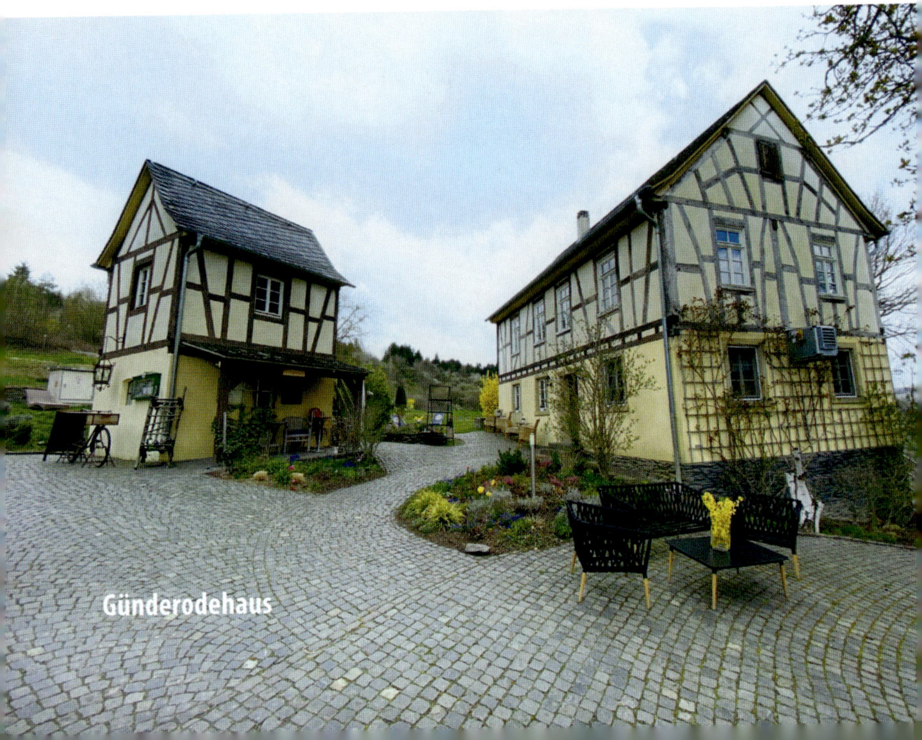

Günderodehaus

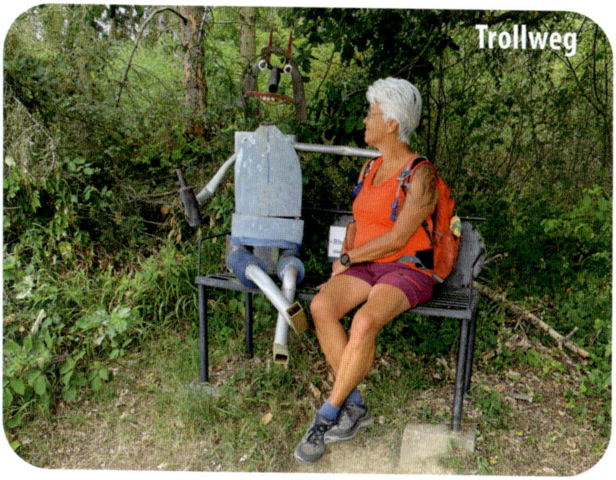

Unser Weg geht nach links weiter, wir kommen an einer schönen Holzbank vorbei, die wir aber ungenutzt lassen. Kurz dahinter machen wir einen Abstecher nach rechts zum **Günderodehaus** ❹. Der Abstecher lohnt sich: Der Blick auf das Mittelrheintal und die historische Stadt Oberwesel ist von hier kaum zu übertreffen.

Wieder zurück auf der Traumschleife gehen wir etwas bergauf und kurz darauf durch den **Skulpturenpark Oberwesel–Urbar** ❺. Lustig anzuschauende Trolle aus verschiedenen Werkstoffen tummeln sich hier am Wegesrand. Nach dem „Troll beim Frühlingserwachen“ überqueren wir die Straße und gehen schnurstracks in einen Wald. Auch hier sehen wir Kunst, dieses Mal aus Stein. Unser Traumschleifenweg leitet uns – nun zusammen mit dem **RheinBurgenWeg,** dem **Ölsberg-** und **Welterbesteig** – durch die Senke des kleinen Meerbachs. Dahinter gelangen wir auf ein offenes Feld, biegen an der großen blumigen Metallskulptur „Buga 2029“ links ab und gelangen zu einer weiteren großen Metallfigur. Eine beachtliche Gestalt! Schauen wir zurück, sehen wir noch einmal nach Oberwesel hinab, bevor sich der Weg um eine Kurve schlängelt, die unten im Tal auch der Rhein macht.

*Das aus Seibersbach stammende **Günderodehaus** wurde für den dritten Teil der Filmtrilogie „Heimat“ von Edgar Reitz saniert und verblieb dank einer Bürgerinitiative an diesem exponierten Ort. Das alte Fachwerkhaus ist heute ein beliebtes Restaurant.*

Der Weg macht Spaß, wir finden uns kurze Zeit später an großen Baumveteranen wieder; imposant stehen sie hier gemeinsam auf der Höhe und trotzen jeglichen Wettereinflüssen. Wir wandern ein Stück im Hinterland, Stufen hinab, Stufen hinauf, und kurze Zeit später entdecken wir sie: die **Loreley** oberhalb von St. Goarshausen, den bekanntesten und sagenhaftesten Felsen des Mittelrheintals. Eine Aussicht ist hier schöner als die andere, aber die vom **Aussichtspunkt beim Loreleyblick Maria Ruh** ❻ ist zweifelsfrei eine der schönsten. Es gibt einen schön angelegten Park und Weitblicke satt. Gastronomie und eine Bühne komplettieren das Ausflugsziel.

Unterhalb dieses Veranstaltungsgeländes wandeln wir auf einem feinen Splittweg weiter. Hinab bis an den Galgenbach führt uns dann ein schmaler Weg. Das Bächlein zwängt sich imposant durch aufgestellte Schieferplatten hindurch. Im weiteren Verlauf dürfen wir durch wilden Wald wandern, über schmale Pfade und Treppen geht es hinauf bis zur **Galgenhöh.** Nachdem wir den Seelenbach überquert haben, laufen wir wieder hinauf, an Feldern entlang und gelangen zum nächsten Aussichtspunkt mit einer offenen Schutzhütte, den **Loreleyblick** ❼**.** Auf Informationstafeln können wir uns in aller Ruhe die Geschichte des berühmten Felsens über dem Rhein durchlesen, das emsige Treiben im Tal verfolgen und einfach genießen.

500 Meter weiter kommen wir an den **Aussichtspunkt Bankeck** ❽**.** Wir erblicken **Burg Katz** und **Burg Maus** auf der gegenüberliegenden Rheinseite und oberhalb von St. Goar die **Burg Rheinfels.** Nachdem wir auch dieses Panorama aufgesogen haben, führt uns der Weg über eine Wiese, wir biegen nach rechts ab und erreichen nach 600 Metern den **Wackenberg** ❾ – diese Aussicht auf den Rhein und die Burgen komplettiert den Reigen der wundervollen Blicke oben am Rhein, bevor es serpentinenartig hinab geht in Richtung St. Goar. Wir treffen auf eine lange Treppe und

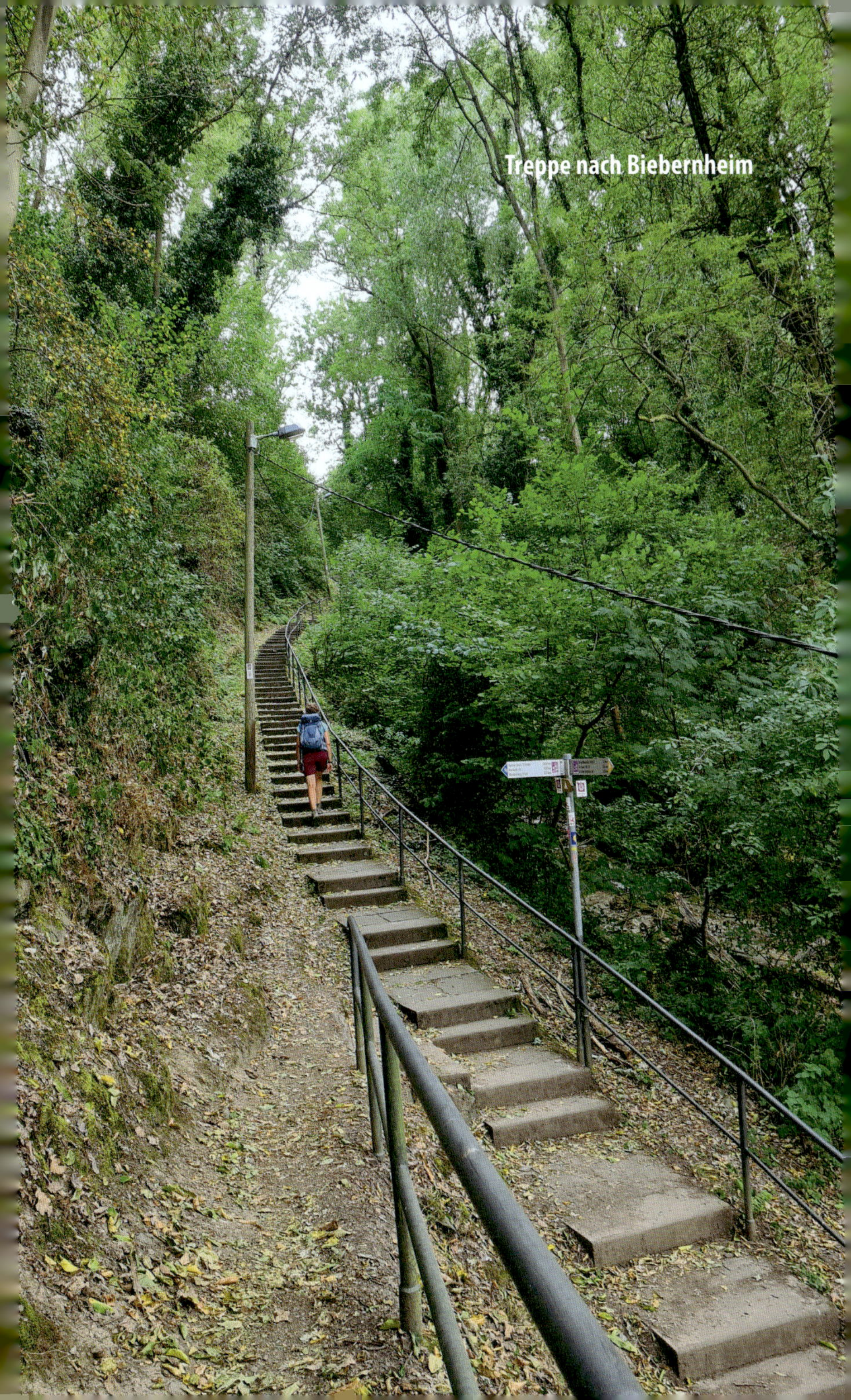

Treppe nach Biebernheim

Panoramatour 5

> *Die Legende des **Quetschehannes,** der vor etwa 125 Jahren Süßigkeiten an Kinder verteilte, wurde eng mit der Quetschekerb verbunden. Dieses Kirchweihfest geht zurück auf frühe Lehnsabgaben, die vornehmlich in Quetschen, das heißt Pflaumen, geleistet wurden.*

biegen links auf sie. Diese führt uns nun über mehr als 160 Stufen bis nach Biebernheim hinauf. Die Traumscheife leitet uns durch den beschaulichen Ort und dann gehen wir oberhalb immer bergan in Richtung Grillhütte und werden vom **Biebernheimer Quetschehannes** ⑩ empfangen. Eine übergroße Metallfigur des Symbols der hiesigen Quetschekerb steht hier oben und schaut hinab auf den Ort und die wundervolle Gegend.

Vorbei an einem Campingplatz, durch das Tal des Seelenbachs und vorbei an der **Thiergartenhütte** gelangen wir schließlich zurück an den Parkplatz.

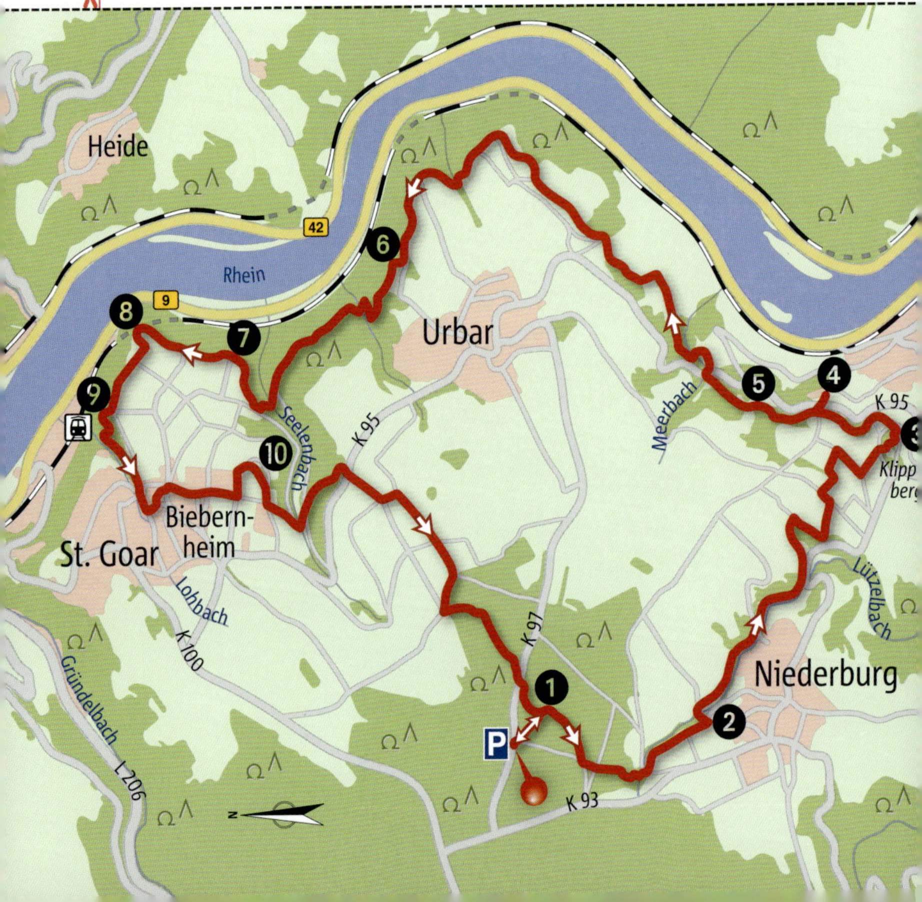

Alles auf einen Blick

WIE & WANN:
Naturwege, schmale Pfade, wenig Asphalt. Ganzjährig begehbar (Traumschleife Mittelrhein: www.saar-hunsrueck-steig.de/traumschleifen/traumschleife_mittelrhein).

Entspannung ✱✱✱✱✱
Genuss ✱✱✱✱✱
Romantik ✱✱✱✱✱

HIN & WEG:
Auto: Parkplatz am Spitzen Stein, K 97, 56329 St. Goar
(GPS: 50.130125, 7.692306)
ÖPNV: RB 26 von Koblenz oder Mainz bis St. Goar Bahnhof, vom Bahnhof links in die Oberstraße, wenige Meter weiter links durch die Unterführung und auf Kurzer Pfad über Serpentinen bis zum Anschluss an die Strecke (ca. 350 Meter Fußweg)

ESSEN & ENTSPANNEN:
Günderodehaus ❹ Siebenjungfrauenblick, 55430 Oberwesel, Tel. (0 67 44) 71 40 11, www.guenderodehaus.de
Loreleyblick Maria Ruh beim Aussichtspunkt ❻ Loreleystraße 20, 55430 Urbar, Tel. (0 67 41) 9 81 15 99, www.maria-ruh.de

ENTDECKEN & ERLEBEN:
Aussichtsturm Spitzer Stein ❶
Freizeitgelände Niederburg ❷
Dreiburgenblick ❸
Skulpturenpark Oberwesel–Urbar ❺
Aussichtspunkt Maria Ruh ❻ siehe ESSEN & ENTSPANNEN
Loreleyblick ❼ **Aussichtspunkt Bankeck ❽**
Wackenberg ❾ **Biebernheimer Quetschehannes ❿**

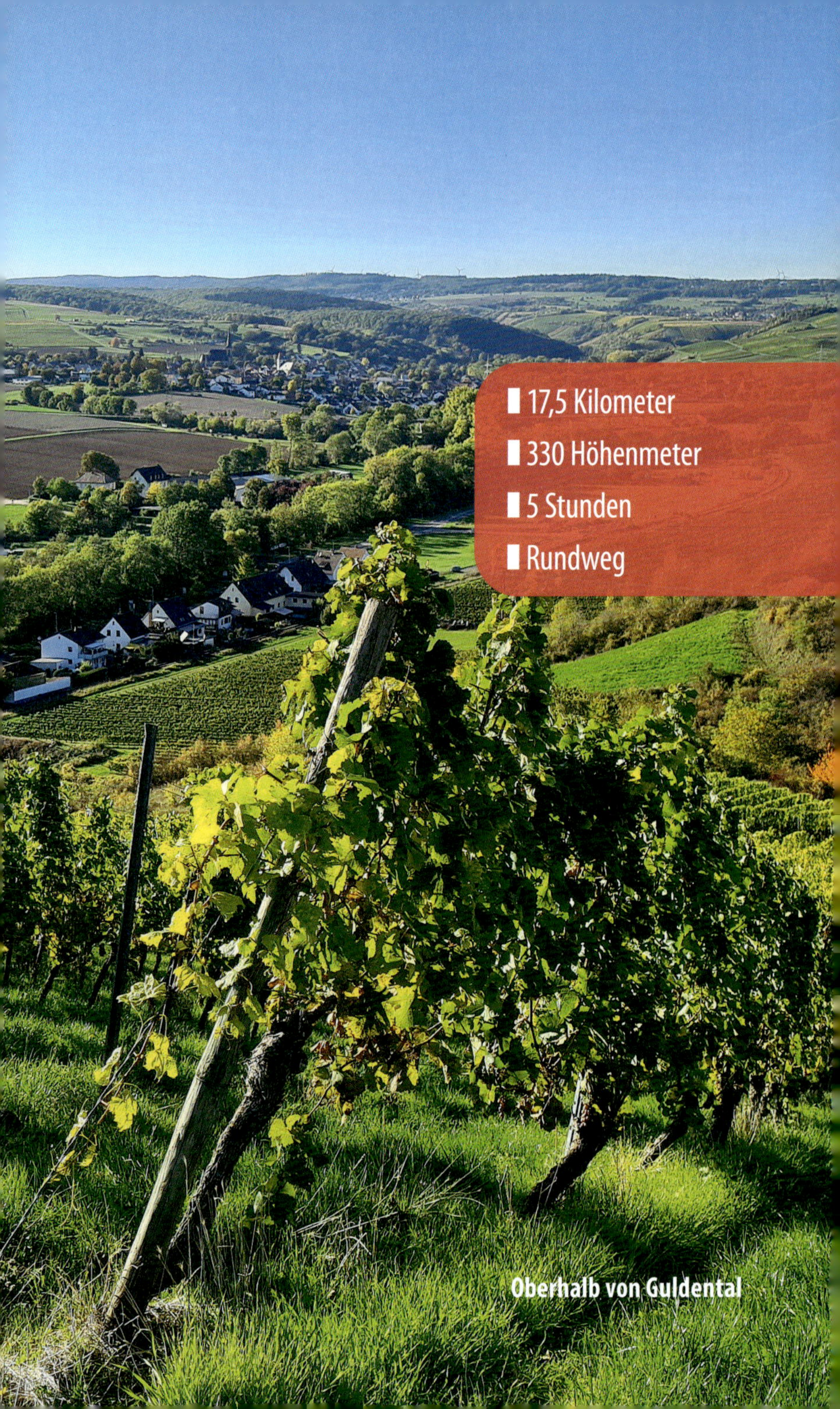

- 17,5 Kilometer
- 330 Höhenmeter
- 5 Stunden
- Rundweg

Oberhalb von Guldental

Bei dieser Wanderung ist der Name Programm. Uns erwartet eine abwechslungsreiche Tour voller Inspirationen. Der Weg öffnet eine Schatztruhe mit landschaftlichen und kulturhistorischen Highlights, die die Region bei Langenlonsheim an der Nahe uns zu bieten hat.

Aussichten satt

Vitaltour Wald, Wein & Horizonte

Start ist an der **Mariannenhütte** am Forsthaus, an der wir einen großen Parkplatz finden. Unsere durchgängig gut markierte **Vitaltour Wald, Wein & Horizonte** führt uns über ein Stück asphaltierten Weg und dann nach rechts auf einen naturgewachsenen Waldweg. Auch treffen wir auf den **Walderlebnispfad Rottentour,** der uns eine Weile begleitet und interessant für alle ist, die sich an unserer schönen Natur erfreuen und mehr darüber wissen möchten. Wir bewegen uns in einem Laubwald, Buchen und Akazien säumen unseren Weg. Ein **Trimm-dich-Pfad** fordert uns zur sportlichen Aktivität auf, wir aber richten unsere Augen auf die vor uns liegende Kreuzung, an der wir geradeaus gehen. Eine wundervolle Wiese befindet sich rechts neben uns, auf der die Insekten über den bunten Blüten schwirren.

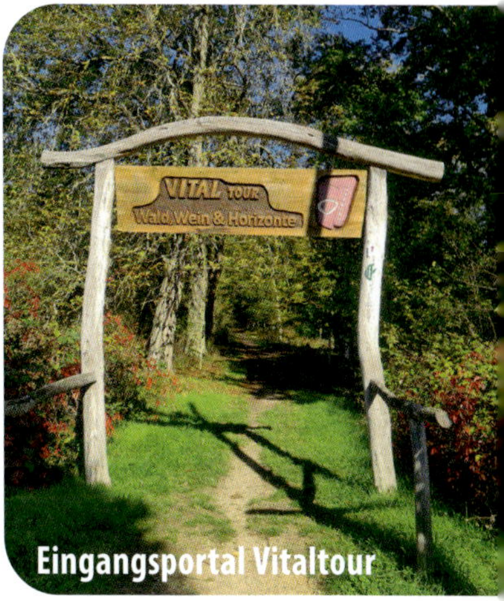

Eingangsportal Vitaltour

Hinter einem Insektenhotel gehen wir an der Gabelung nach rechts. Noch im Wald genießen wir die erste Aussicht auf den Rhein und gelangen bald an den **Rheinblick ❶.** Bei gutem Wetter sehen wir – gemütlich auf einer Bank sitzend – von hier das Niederwalddenkmal auf der anderen Rheinseite und den Großen Feldberg. Nach links schlängelt sich die Vitaltour am Wald entlang, und schon hier haben wir alles, was uns der Weg verspricht. Den Wald links, rechts die im Herbst bunten Weinberge und Ausblicke bis zum Horizont.

Wir betreten den Wald und biegen alsbald nach links ab. Brombeerhecken bilden hier den Vorgarten für große alte Eichenbäume. An einer Kreuzung etwa 300 Meter weiter nehmen wir den Weg geradeaus und gönnen unseren Füßen den weichen Waldweg, der mit vielen Nadeln und kleinen Zapfen ausgelegt ist. Nach etwa 400 Metern führt uns die Tour in einem kleinen Umweg nach rechts auf einen schmalen Waldweg zur Trimm-dich-Station „Treppe". Wir befinden uns im Herzen des Waldes. Hier ist es ruhig und der Wald scheint auf uns aufzupassen. Schließlich gelangen wir wieder auf unseren ursprünglichen Weg, biegen rechts auf ihn ab und wandern aus dem Wald heraus. Unser Blick fällt auf Weinberge und Felder, zwischen denen wir jetzt erst mal entlanggehen.

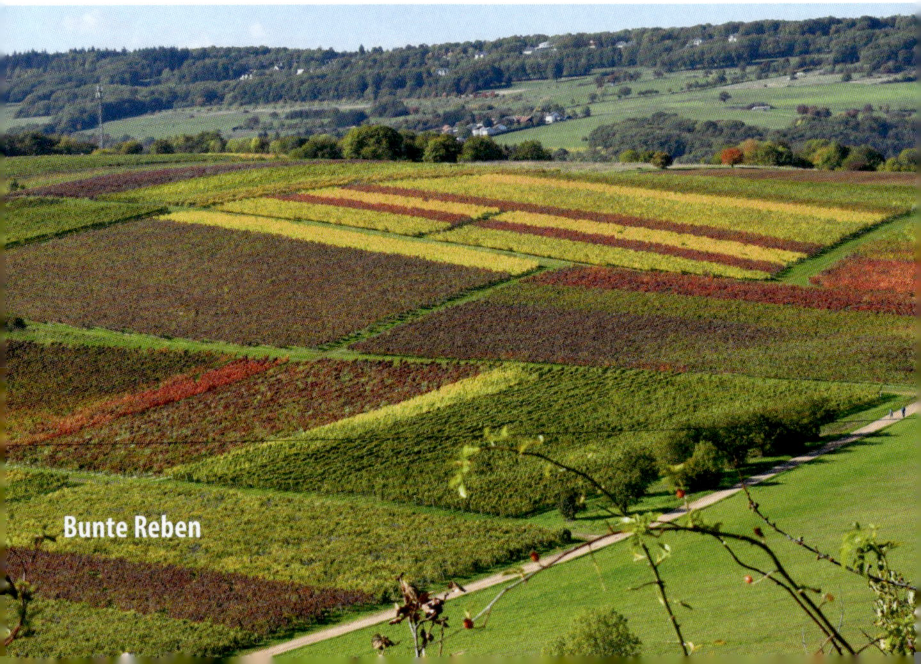

Bunte Reben

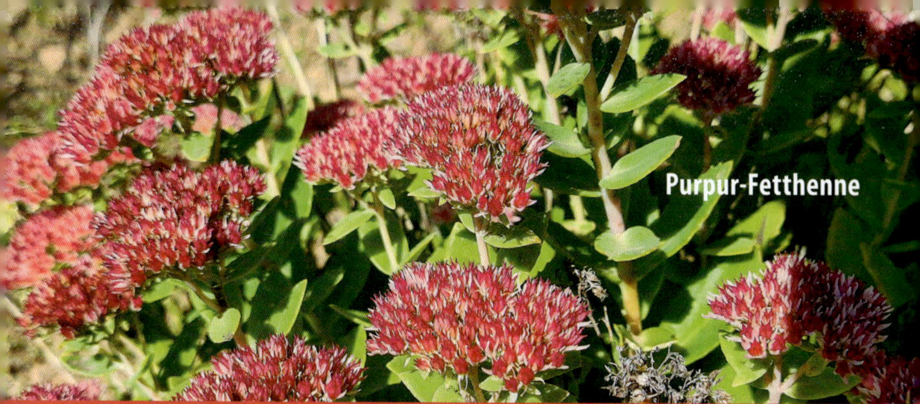

Für die Seele

Wir staunen über die Ausblicke auf die Weinberge, Richtung Rhein und Soonwald und erfreuen uns an dem Wechselspiel der verschiedenen Landschaften.

Nach etwa 300 Metern auf Schotter biegen wir an einer Kreuzung rechts ab, entdecken am Horizont den Donnersberg und die Erhebungen der Pfalz und könnten hier noch lange verweilen. Aber der Weg ruft uns, und wir gehen schnurstracks geradeaus auf ihm weiter. Nach etwa 600 Metern biegen wir nach rechts in den Wald und nehmen den schmalen Pfad rechts neben dem breiteren Weg. Unsere Beine spüren die Ginsterbüsche, unsere Augen entdecken viele unterschiedliche Grüntöne und unsere Ohren erfreuen sich an dem Gezwitscher der Vögel. An der folgenden Wegespinne passieren wir eine Rastmöglichkeit und gehen dahinter geradeaus weiter. Wir stoßen dann auf die **Petry-Eiche ②**, eine große Eiche, die dem früheren Förster Petry gewidmet wurde, der sich um den Wald rund um Langenlonsheim verdient gemacht hat.

Weiter geht es auf dem entzückenden Waldweg, von dem wir nach 200 Metern nach links abbiegen. Auch hier schmeichelt das Grün der Bäume unserer Seele. Im Wald erwartet uns aber noch ganz anderes: Etwa 100, heute noch erkennbare **Hügelgräber ③** schlummern im Langenlonsheimer Wald. Bis hierhin

*Viele **Hügelgräber** stammen aus der Zeit der Kelten (ab ca. 600 v. Chr.), als hier der Stamm der Treverer siedelte. Die Gräber haben Durchmesser von wenigen Metern bis zu den 40 Metern eines Fürstengrabs. Bestattet wurde hier über 1500 Jahre hinweg.*

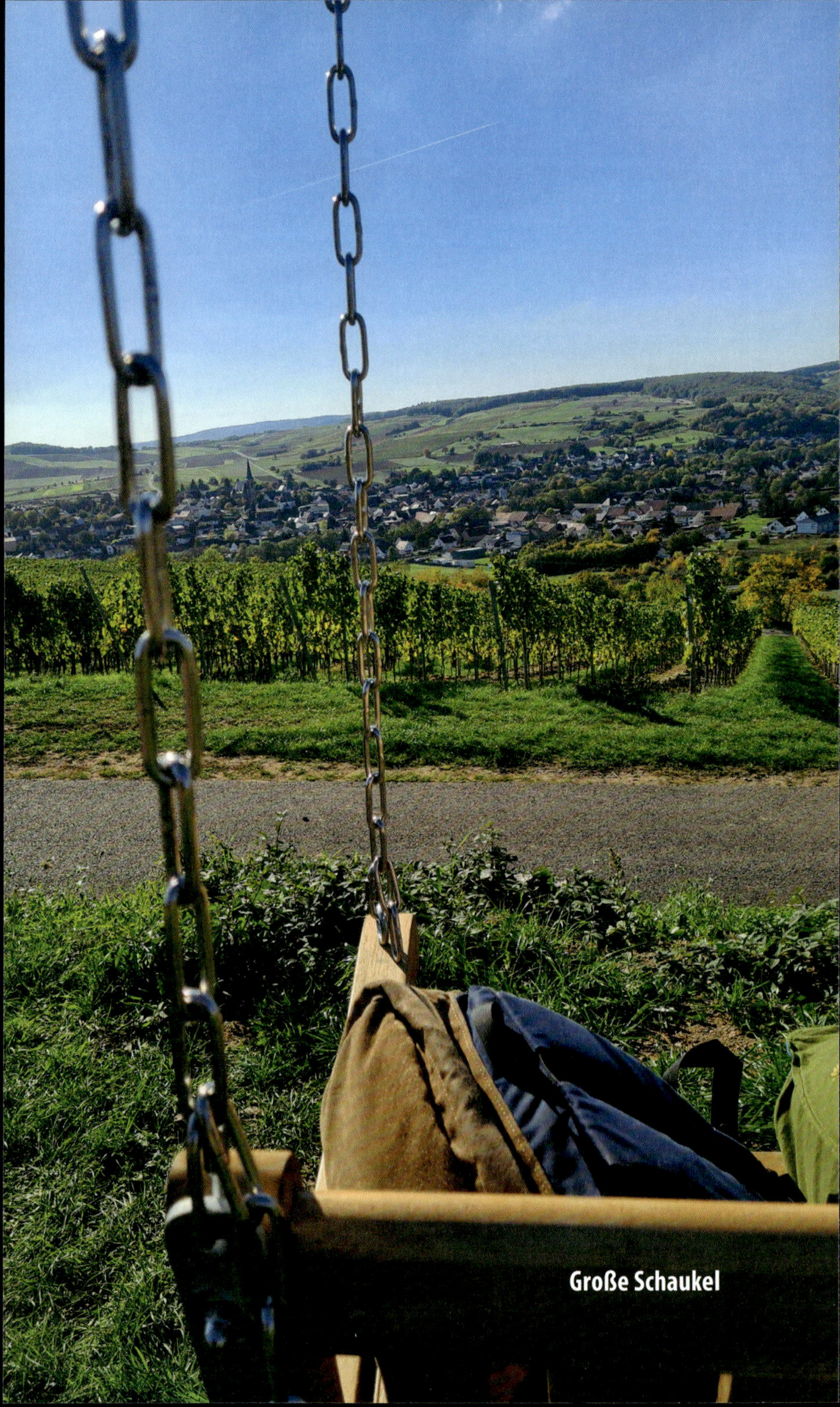

Große Schaukel

ging der Weg kaum merklich bergan, nun haben wir den höchsten Punkt des Rundweges erreicht.

Bald überqueren wir einen geteerten Weg und tauchen danach direkt wieder in den dichten Wald ein. Wir gönnen uns einen Abstecher zur **Proske-Eiche,** wo uns eine Rastmöglichkeit zum Verweilen einlädt, und wandern danach weiter am **Fürstengrab** ❹ entlang, dessen Hügel größer erscheint als die der anderen Hügelgräber. Wenig später biegen wir vom Hauptweg nach links ab und werden durch ein hölzernes Tor in den nächsten märchenhaften Waldabschnitt geführt. Die Blätter der Eichen und Buchen verwandeln das Licht in ein grün-goldenes Umfeld, das wir aufsaugen. An einer Kreuzung gehen wir geradeaus weiter, um schließlich an einem Holztor wieder auf den größeren Waldweg zu gelangen.

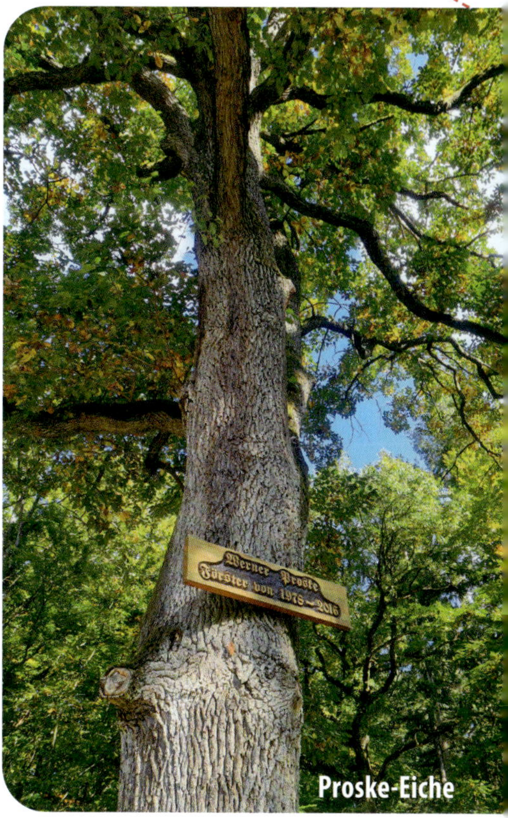

Proske-Eiche

Der Wald endet und die Horizonte kommen wieder ins Spiel: Ausblicke auf Weinberge, die ihresgleichen suchen. Wir biegen nach rechts auf einen typischen Weinbergsweg mit Steinen ab, ideal für die Traktoren der Weinbauern. Wir bestaunen die Weinreben; links unter uns schlängelt sich der Ort Windesheim durchs Tal. Nach kurzer Zeit wandelt sich der Wirtschafts- in einen Waldweg. Eichen und Nadelbäume säumen nun unseren nicht sehr breiten Weg für eine kurze Weile, bis sich uns am Waldrand ein weiterer attraktiver Blick bis in den Soonwald eröffnet. Wir wandeln auf weichem Rasen und entdecken verwaiste Weinberge mit ihren alten knorrigen Knorzen.

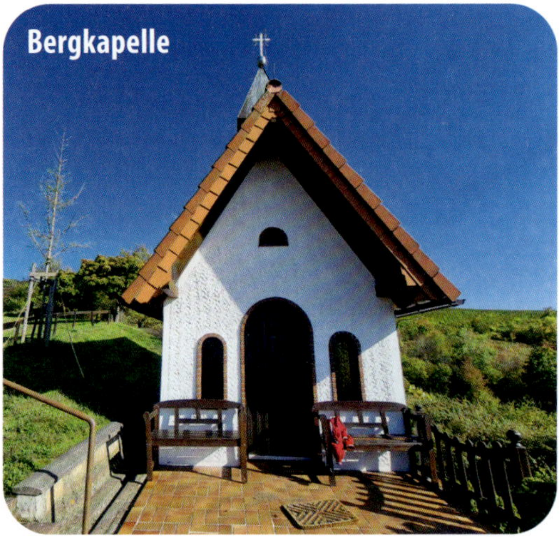

Es geht nun leicht abwärts und wir sehen rechts von uns eine märchenhaft anmutende kleine Kapelle mitten in den Hügeln. An der kleinen **Bergkapelle 5** bietet es sich an, zu rasten und die Weite zu atmen.

Sobald wir uns von dem Ausblick trennen können, führt uns der Wirtschaftsweg wieder bergan. An einer Kreuzung gehen wir geradeaus und entdecken eine **große Schaukel,** auf der wir schon wieder eine erholsame Pause einlegen können. Unser Weg beschreibt dahinter eine Spitzkehre nach links. Nach 200 Metern auf dem Wirtschaftsweg biegen wir nach rechts ab. Nach kurzem, aber steilem Aufstieg kommen wir an der Weinbergslage Römerberg an, wo wir uns erneut nach rechts wenden. Kurze Zeit später folgen wir im Wald dem Abzweig zum **Alten Jüdischen Friedhof Windesheim 6** nach links. Dahinter biegen wir erst nach rechts auf einen Pfad ab und bei der T-Kreuzung wenige Meter weiter nach links. Hier können wir wieder die Ausblicke genießen, bevor wir einen alten Eichenwald betreten. Wenig später kommen wir am **Alten Jüdischen Friedhof Heddesheim-Waldhilbersheim 7** an, der ebenso gepflegt ist wie der vorherige.

An der folgenden Kreuzung gehen wir nach rechts weiter durch den Wald, in dem die Sonne ihre Mühe hat, durch das dichte Blätterdach herunterzublinzeln. Wir treten aus dem Wald heraus, rechts von uns sehen wir wieder Weinberge, und folgen dem Weg, der sich kurvenreich durch die Rebanlagen schlängelt. Es sind neu angelegte darunter und auch alte Weinberge, in denen sich die Natur ihren Platz zurückerobert.

Bei einer alten Kastanie, unter der eine Bank steht, gehen wir links weiter hinab, zuerst über Holzstufen abwärts, dann über einen Wiesenweg, kreuzen einen Wirtschaftsweg und schnaufen danach einen Wiesenweg hinauf, gesäumt von Schlehen und Hagebuttensträuchern. Oben erreichen wir die nächste **Bank mit Aussicht,** die wir nach diesem Anstieg gern nutzen. Weiter geht es auf einem Wiesenweg, gesäumt von Bäumen und Sträuchern. Zwischendurch erhaschen wir immer wieder eine von diesen Aussichten, die wir im Kopf mit nach Hause nehmen werden. Der Weg wird zu einem alten Wirtschaftsweg, der leicht bergab führt. An einem Wegekreuz biegen wir nach links, müssen wieder ein Stück bergauf, ehe wir spitzwinkelig nach rechts auf einen geteerten Wirtschaftsweg abzweigen. Nach 200 Metern biegen wir wieder nach links ab und haben die Möglichkeit, einen kurzen Abstecher nach rechts zu einem Kreuz mit einer wundervollen Aussicht zu machen. Wieder zurück auf dem Weg entdecken wir rechts unter uns das in Weinberge eingebettete Dorf **Guldental.**

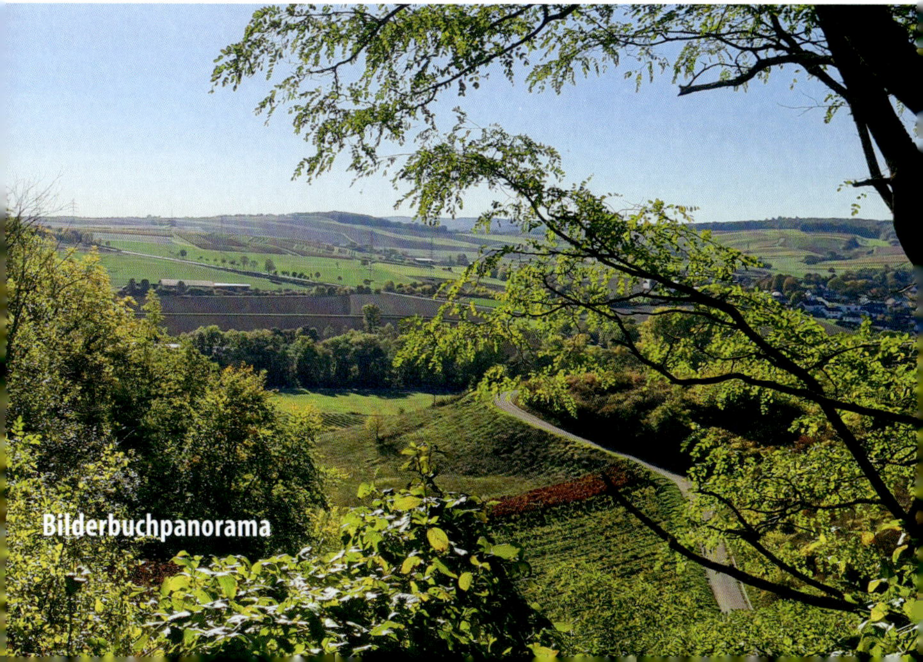
Bilderbuchpanorama

Panoramatour 6

*Das **Naturschutzgebiet Saukopf** zählt zu den bedeutenden Trockenrasenbiotope im Nahetal. Der Name erinnert an die frühere Nutzung als Schweineweide. Neben Steppengrasrasen und gefährdeten Moosen gibt es auch die seltene, wild wachsende Traubenhyazinthe.*

Im weiteren Verlauf windet sich die gut markierte Vitaltour durch die Landschaft und beschert uns einen von Sträuchern umgarnten Wiesenweg und eine Aussicht hinunter zur Nahe, die zu einem kurzen Stopp verführt, ehe wir die **Sonnenberghütte 8** erreichen. Es ist unglaublich, aber auch hier ist die Sicht wunderschön. Nach rechts schreiten wir an der Hütte vorbei, hinab durch die Weinberge. Unten angelangt, erwartet uns erneut ein angenehmer Wiesenweg.

Abwechslungsreich geht es, immer der Vitaltour folgend, durch Weinberge, über Wiesen und durch Wälder, bis wir schließlich, fast am Ende der Tour, am **Naturschutzgebiet Saukopf 9** ankommen. Durch den Wald gelangen wir zu unserem Ausgangspunkt zurück.

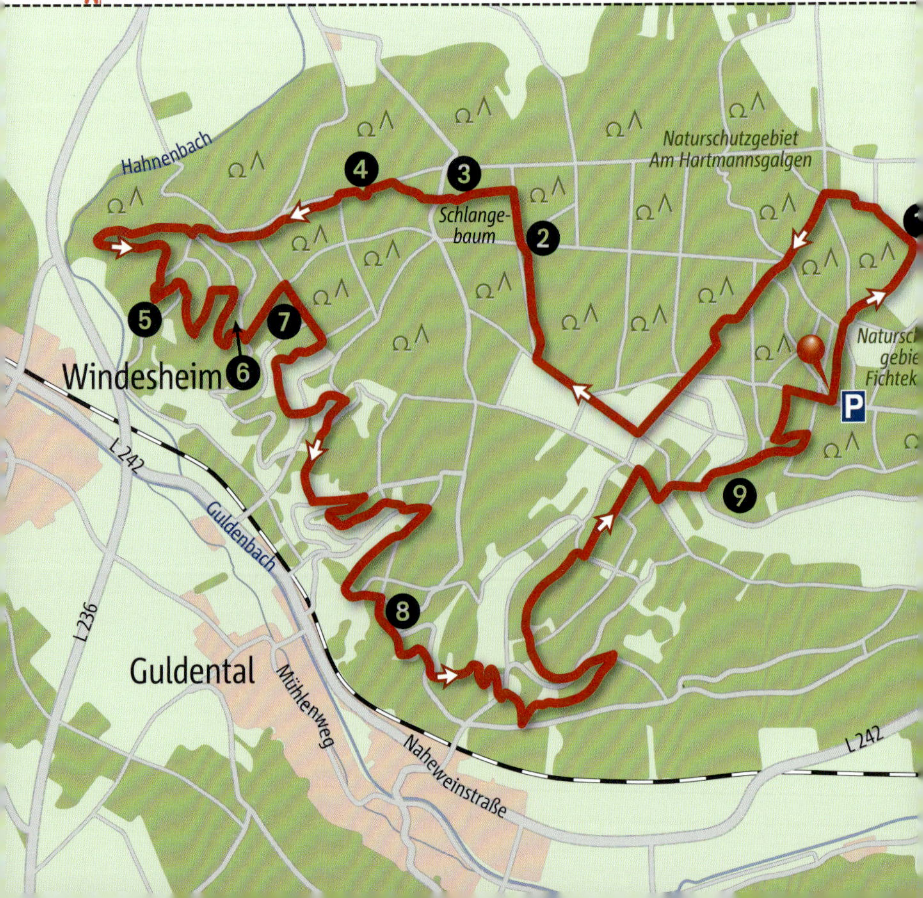

WIE & WANN:
Schmale Waldwege, Weinbergwirtschaftswege, Wiesenwege, wenig Asphalt.
Ganzjährig möglich (Vitaltour Wald, Wein & Horizonte:
www.wanderinstitut.de/premiumwege/rheinland-pfalz/wald-wein-horizonte).

Entspannung ★★★☆☆
Genuss ★★★★☆
Romantik ★★★★☆

HIN & WEG:
Auto: Wanderparkplatz am Forsthaus, 55450 Langenlonsheim (GPS: 49.90632, 7.87237)
ÖPNV: Keine Anbindung an die Strecke

ESSEN & ENTSPANNEN:
Keine Einkehrmöglichkeit an der Strecke. Bitte Rucksackverpflegung mitnehmen.

ENTDECKEN & ERLEBEN:
Rheinblick ❶
Petry-Eiche ❷
Hügelgräber ❸
Fürstengrab ❹
Bergkapelle ❺
Alter Jüdischer Friedhof Windesheim ❻
Alter Jüdischer Friedhof Heddesheim-Waldhilbersheim ❼
Sonnenberghütte ❽
Naturschutzgebiet Saukopf ❾

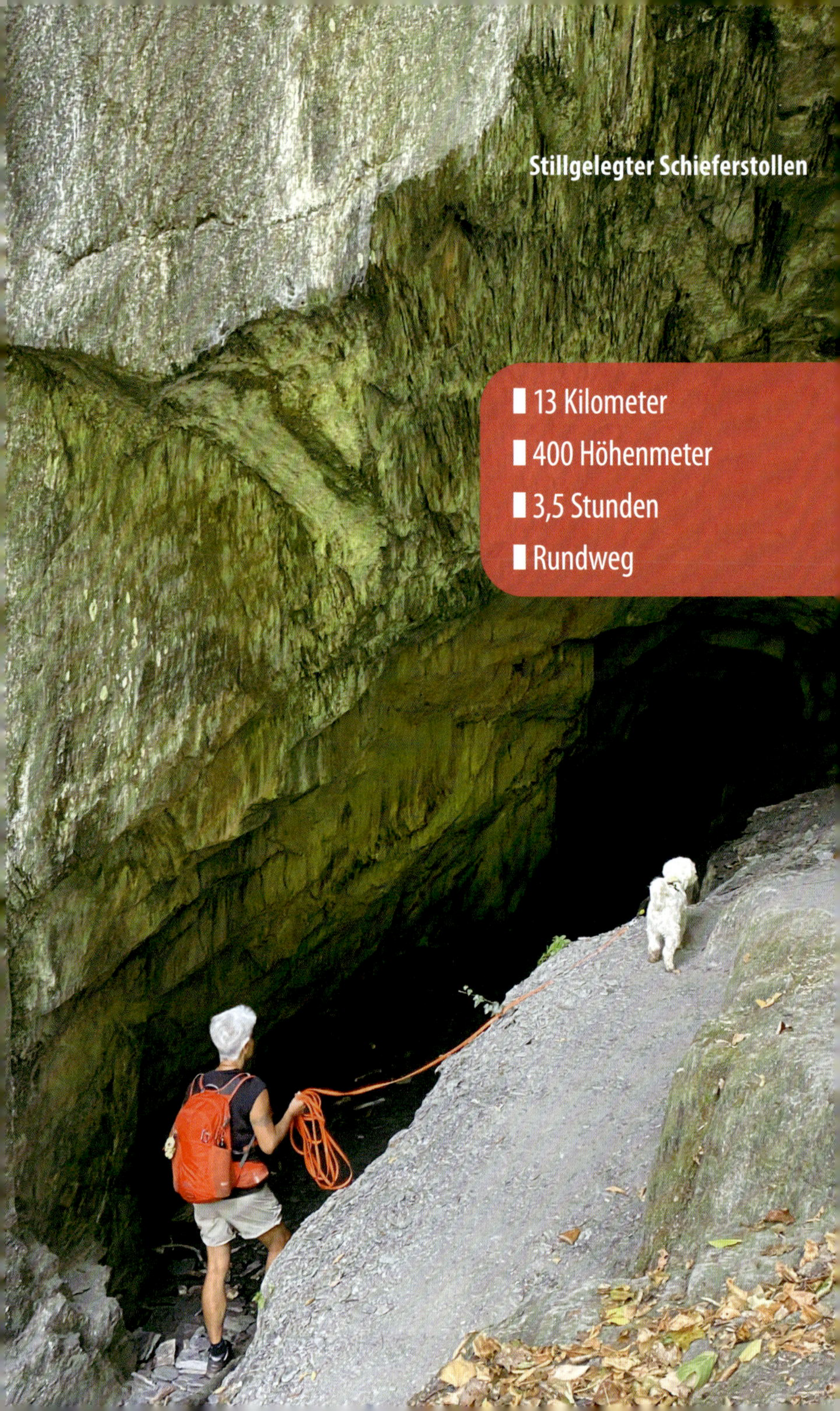

Stillgelegter Schieferstollen

- 13 Kilometer
- 400 Höhenmeter
- 3,5 Stunden
- Rundweg

Der **Rundwanderweg Stahlberg-Schleife** verspricht Natur pur, Einblicke in Höhlen und in die Geschichte der alten Mauern der Ruine Stahlberg. Unser Wegzeichen hat einen roten Grund mit dem weißen Schriftzug „RheinBurgenWeg Rundtour" darauf. Wir starten im idyllischen Malerwinkel des Ortes Bacharach am

Geschichtspfade

Hoch über Bacharach

Rhein in der Gasse **Burg Weg.** Etwa in der Mitte der Gasse steigen wir über Serpentinen hinauf zur **Burg Stahleck ①,** in der sich eine Jugendherberge befindet. Spätestens hier oben sollten wir kurz innehalten und die Aussicht auf Vater Rhein genießen.

Der Rundwanderweg führt uns über eine Straße hinweg und auf einem schmalen Pfad weiter bergauf. Wenig später schauen wir über die Türme der Burg Stahleck hinweg auf den breiten Fluss. Auf dem ersten Kilometer überwinden wir etwa 100 Höhenmeter, ehe wir ein erholsam ebenes Stück vor uns haben. Wir folgen dem mit einem grünem Pfeil markierten **Eselsweg** parallel zum Hang, oberhalb des rechts unter uns liegenden Weinortes **Steeg.** Esel und Steeg passen sehr gut zusammen, denn früher haben die Steeger Weinbauern mit Eseln die Weinberge bewirtschaftet und werden deswegen auch heute noch manchmal so genannt. Folgerichtig finden wir am **Weiherturm ②,** den

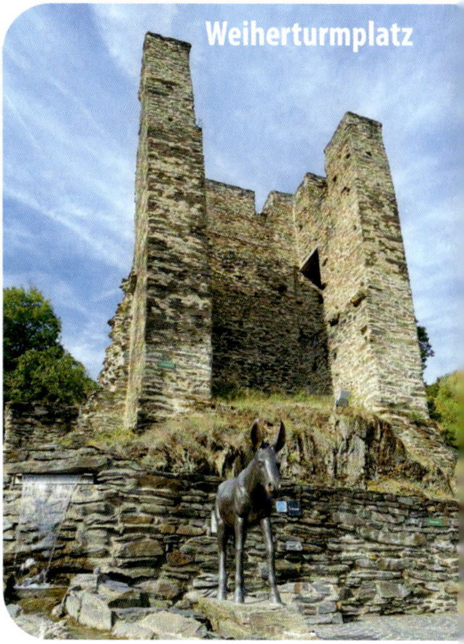
Weiherturmplatz

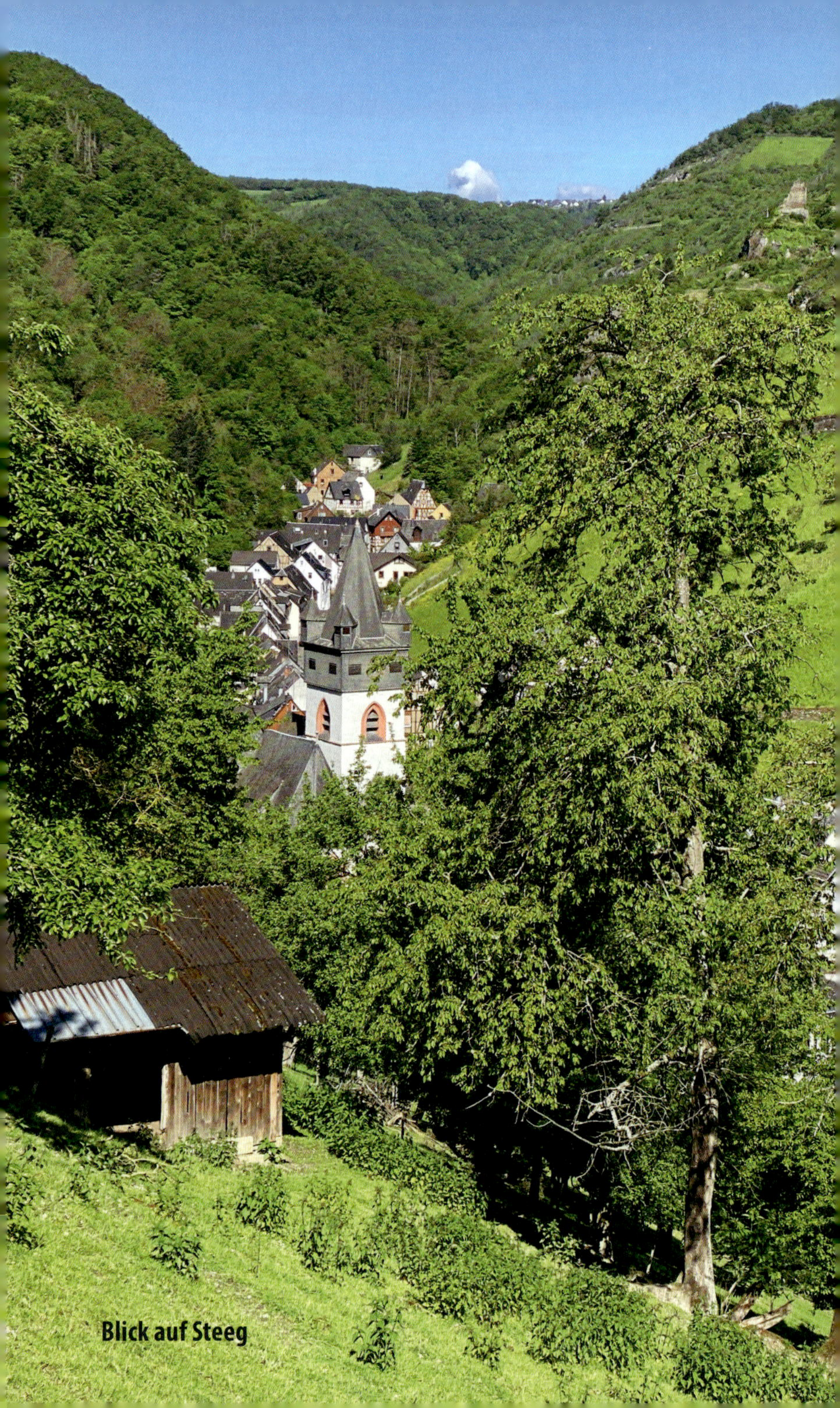

Blick auf Steeg

wir am Dorfende passieren, eine lebensgroße Eselsfigur. Daneben locken ein Trinkwasserbrunnen und ein Picknickplatz. Freunde des Drahtesels finden eine E-Bike-Ladestation.

Auf dem zunächst geschotterten Kuhweg verlassen wir den Ort westwärts. Hinter einer Spitzkehre nach

Für die Seele

Wir nutzen eine der Raststellen auf dem Gelände der versteckt liegenden Burgruine Stahlberg und lassen uns von den alten Mauern aus vergangenen Tagen erzählen.

rechts gehen wir 100 Meter auf Asphalt weiter bergauf an alten Weinbergsmauern entlang. Aufmerksame Beobachter entdecken in den Mauern kleine Bewohner: wärmeliebende Eidechsen. Dann gabelt sich der Weg und wir folgen dem rechten, unbefestigten Teil. Von hier haben wir einen schönen Blick auf Steeg und auf die Türme der Burg Stahleck bis nach Bacharach. Der breitere Weg endet und wir folgen der Ausschilderung nach links auf einem schmalen Pfad bergauf. Bald gelangen wir auf eine Asphaltstraße, verlassen sie aber nach knapp 100 Metern in einer scharfen Linkskurve, in der wir nahezu geradeaus auf dem unbefestigten **Pionierweg** weiterwandern.

Einen halben Kilometer weiter erreichen wir den **Aussichtspunkt Auf'm Kacksberg ③** und sehen zum ersten Mal die Ruine Stahlberg in voller Schönheit. Eine Bank lädt zum ausgiebigen Rasten ein, wobei wir frische Kraft sammeln und gestärkt weitergehen, nun leicht bergab. Nach weiteren knapp 900 Metern auf dem Pionierweg erreichen wir einen stillgelegten **Schieferstollen ④.**

*Bis ins 20. Jahrhundert wurden hier mehrere **Schieferstollen** betrieben. Heute findet man an diesem Ort die deutschlandweit größte Fledermauskolonie des Großen Mausohrs, die in den Höhlen Winterruhe hält, weshalb die Stollen nicht betreten werden dürfen.*

Wir überqueren die **Rheingoldstraße** und wandeln über alte Wirtschaftswege relativ eben daher. Die alten Weinbergsmauern zeugen noch von der Weinbau-Ver-

Bereits in der Römerzeit war dieser Felssporn befestigt und genutzt. Noch vor dem Jahr 1155 wurde die **Burg Stahlberg** errichtet. Bis ins 17. Jahrhundert wurde dort gelebt, ehe sie durch Krieg zerstört wurde und verfiel.

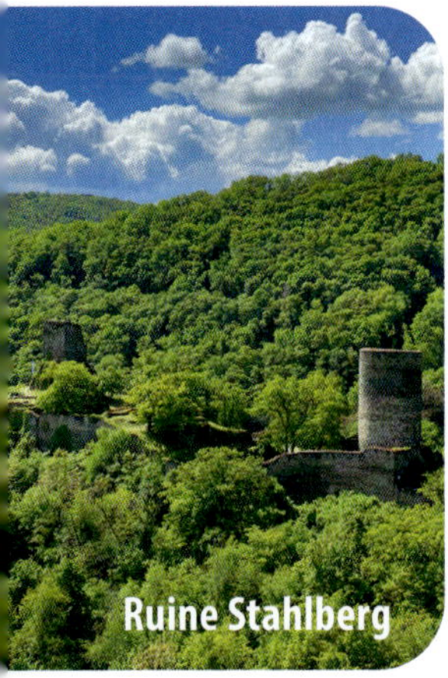

Ruine Stahlberg

gangenheit, doch hat sich die Natur diese Flächen zurückgeholt. Heute wachsen an dieser Stelle viele verschiedene Büsche und Bäume, hier und da entdecken wir noch einen uralten Wingertsknorz im Dickicht.

Einen guten Kilometer hinter einer Spitzkehre sind wir an der **Ruine Stahlberg** ⑤ angelangt und betreten sie über eine schmale Holzbrücke. Seit 2002 ist sie Teil des UNESCO-Welterbes Oberes Mittelrheintal. Teile der Burg sind erhalten, wir durchlaufen staunend das weitläufige Gebiet, entdecken Picknickplätze und lassen uns unter einem großen Baum zum Rasten nieder. Am Ende der Burg, an dem großen eckigen Bergfried, gibt es eine wundervolle Sicht ins Tal. Wir erblicken bewaldete grüne Hänge, das Örtchen Steeg, das sich im Tal dahinschlängelt, selbst die blaue Fahne der Bundesgartenschau 2029 fügt sich fantastisch in die Farbgebung der Natur ein.

Wir verlassen die Ruine, in der wir noch den dortigen Geocache suchen können, und begeben uns auf die letzten Kilometer. Auf einem unbefestigten Weg gelangen wir zügig zu einer Raststelle am Dorweilerbach und biegen nach links ab. Nun geht es wieder etwas bergauf zu einer Hochebene, wo wir nach rechts abbiegen und rechts von uns noch einmal zur Ruine Stahlberg sehen. Links von uns passieren wir alte Weinberge, rechts unten liegt Steeg. Der Rundwanderweg leitet uns durch eine weitere Spitzkehre nach links, hinter der wir mit ehrlicher Freude die Weite genießen, die uns hier oben erwartet. Der **Aussichtspunkt Auf der Wetzkaut** ⑥ könnte tatsächlich einer unserer liebsten werden. So viel Grün, so viel Natur, so viel Ruhe, ein Wandertraum!

Leicht, aber stetig bergauf wandern wir vorbei am **Vierburgenblick,** an dem wir den Rhein wiedersehen, und in einigem Zickzack, aber gut beschildert, bis zur Mönchsrinne. Dort haben wir den höchsten Punkt der Wanderung erreicht. Die Mönchsrinne ist ein kleiner Bach, der schon kurz nach seiner Entstehung in Bacharach in den Münzbach fließt. Viele verschiedene Büsche, Sträucher und alte Bäume bieten vielen Arten eine Heimat und auch wir fühlen die Kraft, die sie uns geben.

Den nächsten **Rastplatz Auf der Windmühle** lassen wir ungenutzt, erinnern wir uns doch daran, dass noch der eindrucksvolle **Heinrich-Heine-Blick** 7 folgt. Nachdem wir uns eine ganze Weile hier oben auf der Hochebene leicht bergab bewegt haben, gelangen wir gute 1,5 Kilometer hinter dem Rastplatz an diesen Aussichtspunkt und können nur staunen. Wir schauen auf den schönen Ort Bacharach, die Burg Stahleck, die Peterskirche, die Wernerkapelle und den Rhein. Hinsetzen und das Leben im Tal beobachten, das sind für uns Momente der Zufriedenheit.

Über den **Orionsteig** 8 stapfen wir schließlich zum Teil steil hinab zurück in den Ort, natürlich nicht ohne die Möglichkeit, auf mehreren Sinnesbänken die noch immer atemberaubende Aussicht zu genießen.

!

*Der Weg vom Heinrich-Heine-Blick bis zum Postenturm wird **Orionsteig** genannt, weil mit dem Wiederbeleben der Weinlage die vom Aussterben bedrohte Schmetterlingsart Fetthennen-Bläuling entdeckt wurde – mit wissenschaftlichem Namen: Scolitantides Orion.*

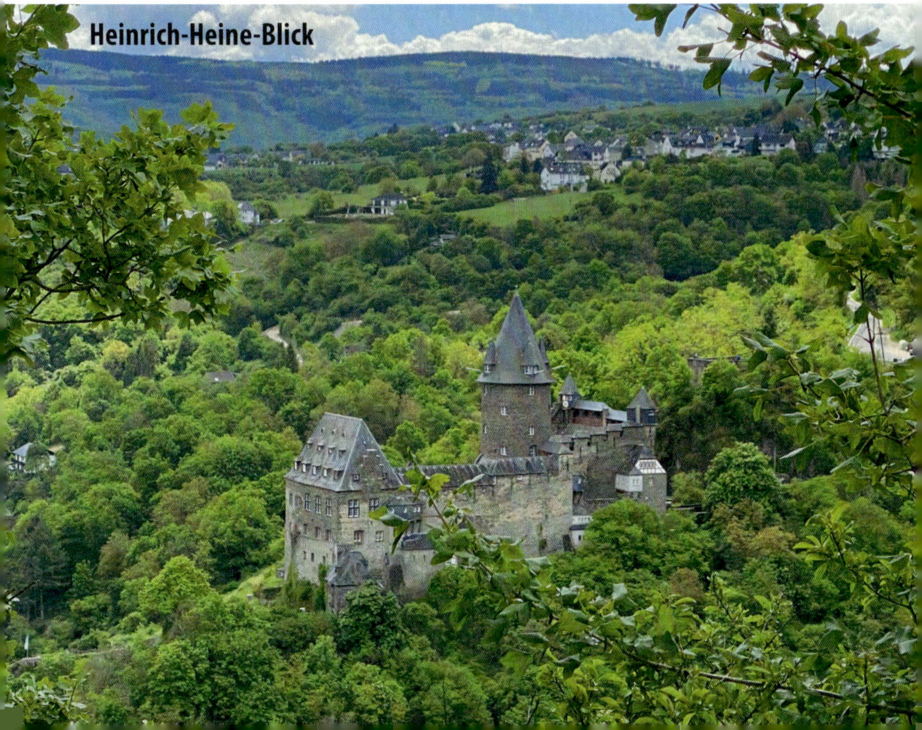

Panoramatour 7

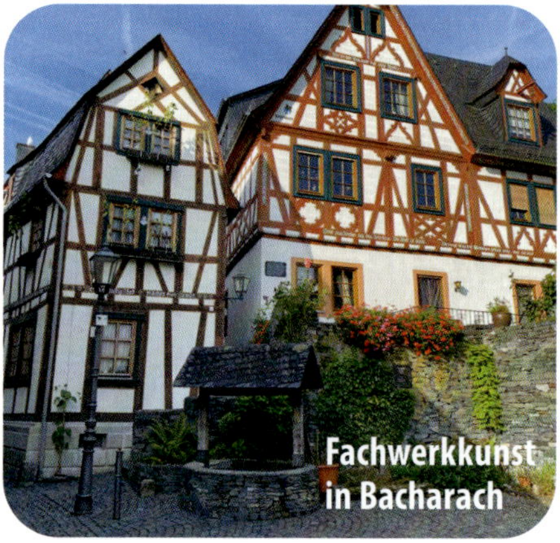
Fachwerkkunst in Bacharach

Nachdem wir den **Postenturm** passiert haben, meistern wir die letzten Stufen hinab und befinden uns plötzlich wieder mitten in **Bacharach.** Wir unterqueren direkt am Münzbach die Stadtmauer und gelangen zu unserem Ausgangspunkt im Malerwinkel. Für diejenigen unter uns, die noch Kraft und Muße haben, bietet sich ein Gang durch den schönen Ort mit den wundervoll gepflegten Fachwerkhäusern an.

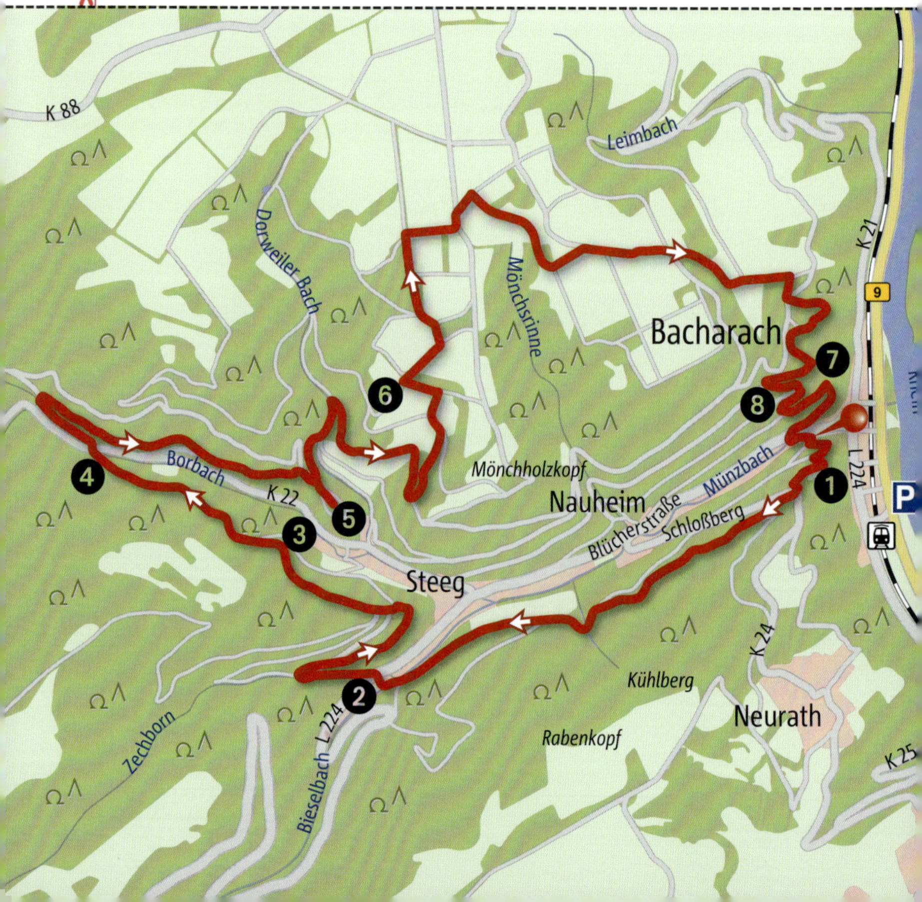

Alles auf einen Blick

WIE & WANN:
Breite Wege, auch Forstwege, wenig Pfadanteil, über Wiesen, durch Wald und Weinberge. Ganzjährig wanderbar, im Herbst und Winter kann es rutschige Passagen geben.

Entspannung ✱✱✱✱✱
Genuss ✱✱✱✱✱
Romantik ✱✱✱✱✱

HIN & WEG:
Auto: Parkplatz an der B 9 am Rhein, 55422 Bacharach (GPS: 50.05725, 7.77038), von dort über die Bahnschienen bis zum Bahnhof, über die Mainzer Straße und Blücherstraße zum Burg Weg (ca. 750 Meter Fußweg)
ÖPNV: RE 2, RB 26 von Köln, Koblenz, Mainz oder Frankfurt am Main bis Bacharach Bahnhof

ESSEN & ENTSPANNEN:
Keine Einkehrmöglichkeit an der Strecke. Bitte Rucksackverpflegung mitnehmen.

ENTDECKEN & ERLEBEN:
Burg Stahleck ❶
Weiherturm ❷
Aussichtspunkt Auf'm Kacksberg ❸
Schieferstollen ❹
Ruine Stahlberg ❺
Aussichtspunkt Auf der Wetzkaut ❻
Heinrich-Heine-Blick ❼
Orionsteig ❽

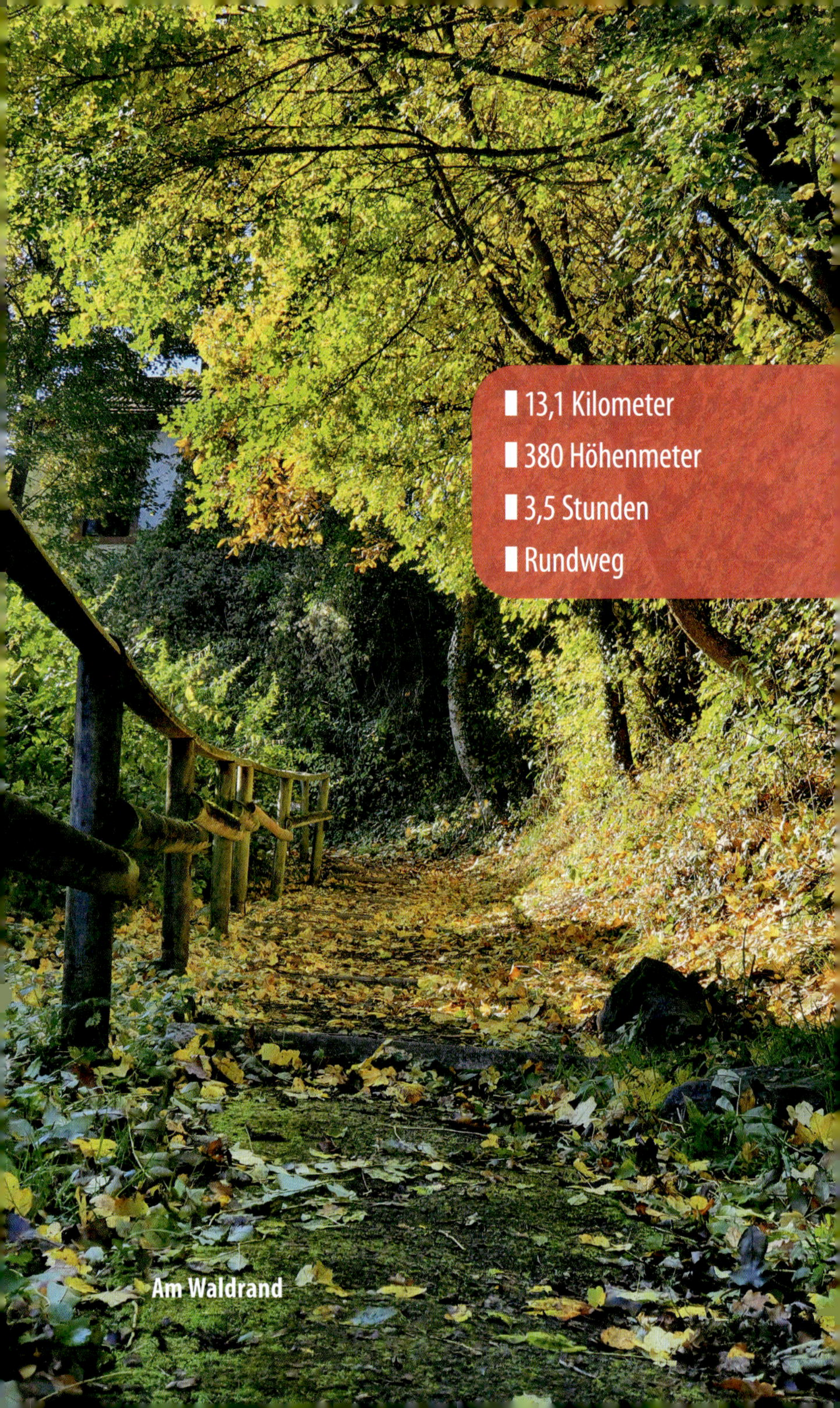

Am Waldrand

Der Start zu dieser abwechslungsreichen Tour in die Geschichte, auf der wir Ruinen, ein Schloss und eine Sternwarte entdecken, liegt am **Parkplatz an der Dhauner Straße.** Dort sehen wir auch die ersten Wegemarkierungen, denen wir heute folgen: Auf einem weißen Schild befindet sich das violette Logo mit dem

Adel verpflichtet

Wildgrafenrunde bei Dhaun

Namen der Vitaltour darunter. Die Markierung weist uns auf die dem Parkplatz gegenüberliegende Fortsetzung der Dhauner Straße, von der wir kurz darauf nach rechts in die Wildnis abbiegen. Auf einem Singletrail passieren wir den Friedhof und queren wenig später erneut die Dhauner Straße. Einen weiteren Parkplatz verlassen wir über Stufen und wandern über einen schmalen Pfad und Stufen hinauf in den Ortsteil St. Johannisberg mit der gleichnamigen ehemaligen **Stiftskirche,** in der einige Wildgrafen beigesetzt sind.

Einen Abstecher nach links zum **Nahe-Skywalk** ❶ lassen wir uns nicht entgehen: Auf der 65 Quadratmeter großen Plattform, die 7 Meter über die Klippe hinausragt und auf der wir 60 Meter über dem Boden stehen, haben wir einen atemberaubenden Blick ins Nahetal.

Nach diesem für manche schwindelerregenden Moment können wir entweder sofort im direkt am Skywalk gelegenen **Landhaus St. Johannisberg** ❷ einkehren oder – da wir noch keinen Kilometer gewandert sind – wieder zurück zu unseren Wegweisern laufen, wo wir uns nach links wenden. Im Ort gehen wir

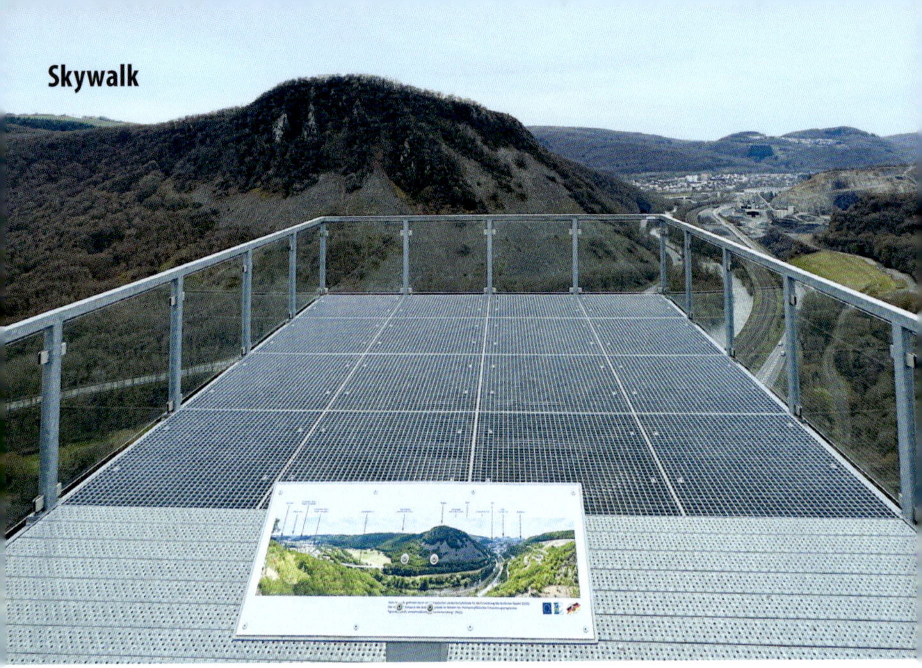

auf einem gepflasterten Weg zwischen Häusern und Hühnerhöfen entlang, gelangen schnell aus der Siedlung hinaus, und uns empfängt Ruhe.

Leicht bergauf folgen wir einem Wiesenweg und betreten in einer Rechtskurve den Wald. Alte, mit Efeu umschlungene Bäume heißen uns willkommen. An einer Gabelung 50 Meter weiter gehen wir nach rechts, ein wenig noch bergauf, dann wandern wir eben daher. Gemütlich spazieren wir unter Eichen und Buchen, die Vöglein singen uns ihr Lied. Nach etwa 500 Metern Waldidylle gelangen wir an eine Straße, biegen vor ihr aber nach links, um wieder in den wilden Wald zu gelangen. Unser Weg, der gut ausgeschildert ist, knickt nach 100 Metern nach rechts ab, wir dürfen den ein oder anderen Baum übersteigen und genießen die sportliche Einlage. 250 Meter dahinter biegen wir nach rechts auf einen Forstweg ab, gehen an der folgenden T-Kreuzung nach links, um 50 Meter weiter den breiten Weg wieder nach rechts zu verlassen.

Es raschelt neben uns, wir können aber durch den laubbedeckten Boden nicht ausmachen, was uns von dort beobachtet. Leicht bergauf bewegen wir uns hier zwischen großen Eichen und Buchen entlang und ein Zickzack-Pfad führt uns bis an ein **Nandu-Gans-Gehege.** Nachdem wir die neugierigen Gesellen ausreichend bewundert haben, gehen wir am Gehege-Ende nach links, folgen der Straße durch den **Waldhof ③,** in dem wir freudig noch einige Tiere mehr erblicken, und biegen

Für die Seele

Wir wandeln zwischen den Mauern des Schlosses Dhaun, genießen die weiten Ausblicke ins Kellenbachtal und fühlen uns in alte Zeiten zurückversetzt.

an dem Ende des Nandu-Geheges nach links ab. Bergab wandern wir nun einen geschotterten Weg hinunter, beobachten einen Mäusebussard beim Suchen seiner Beute und hören im hohen Wald hinter den Wiesen, die wir gerade durchschreiten, den Schwarzspecht rufen.

Nach etwa 500 Metern bergab kreuzen wir den **Itzbach** und gelangen zum gleichnamigen **Feuchtwiesenbiotop ④,** auf dem geschützte Pflanzenarten, zum Beispiel die Rispen-Segge, wachsen. Uns erfreuen solche Biotope sehr, können wir doch die Natur nicht genug schützen. Nach der Lektüre des Infoschildes zum Thema folgen wir weiter dem Weg, erst nach links, kurze Zeit später nach rechts hinauf. Am Waldrand entdecken wir eine Bank, von der es sich vorzüglich in die Itzbachauen schauen lässt. 100 Meter dahinter biegen wir nach rechts in einen Wald voller großer Eichen und Buchen. Nach 350 Metern überqueren wir die **Straße K 9** und wandern geradeaus über Wiesen und durch eingezäunte Bereiche. Nach links eröffnen sich uns faszinierende Ausblicke auf **Kirn:** eine Informationstafel zeigt uns die geschichtliche Entwicklung der Stadt auf. Nach etwa 1 Kilometer bergauf biegen wir an einer Kreuzung rechts ab; nach links blicken wir jetzt auf Oberhausen bei Kirn. Wir überqueren die K 11 nach 150 Metern und gehen 50 Meter an ihr entlang, bevor wir nach rechts auf einen Sandweg abbiegen. 300 Meter weiter, am Waldrand, zweigen wir nach rechts ab, um kurze Zeit später in den Wald einzutreten.

Wir befinden uns hier im **Heinz-Erhardt-Gedichtewald 5.** Immer wieder erwarten uns an Bäumen hängend lustige, aber auch nachdenklich stimmende Schmankerl des Poeten. Unseren Weg vergessen wir indes nicht, folgen wir doch weiter unseren weiß-violetten Schildern durch den wilden Wald mit ursprünglicher Natur und wundervollen Möglichkeiten zum Innehalten und Ausruhen. Zweimal gehen wir an Abzweigungen vorbei, an der dritten biegen wir nach rechts und wandern in Richtung des Weilers **Karlshof,** der auf eine wildgrafliche Gründung zurückgeht. Wir streifen den Weiler nach 700 Metern, spazieren an den nächsten zwei Gabelungen nach links und an der folgenden Kreuzung geradeaus auf einem breiten, geschotterten Weg weiter.

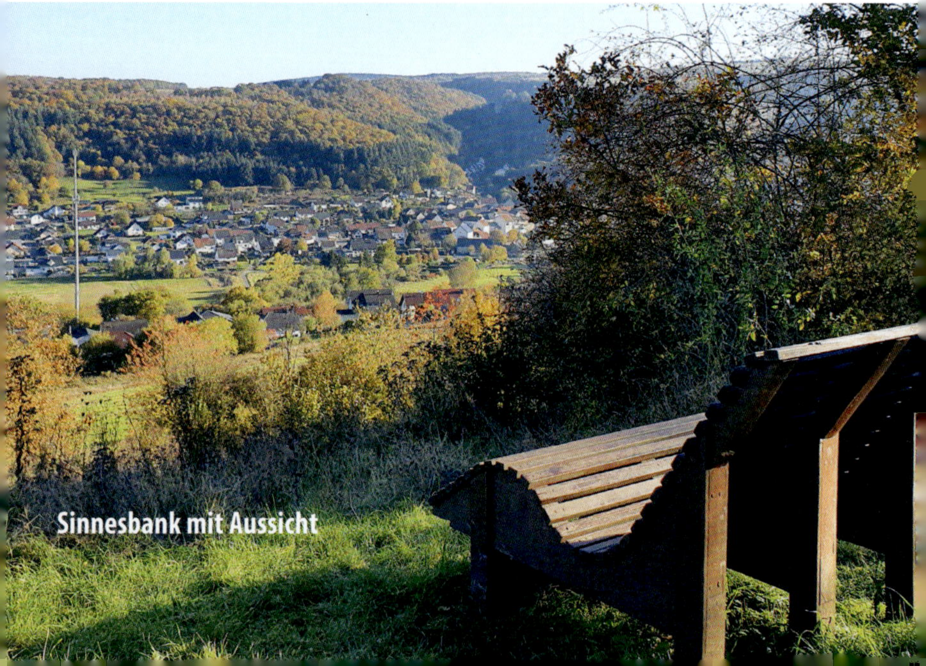

Sinnesbank mit Aussicht

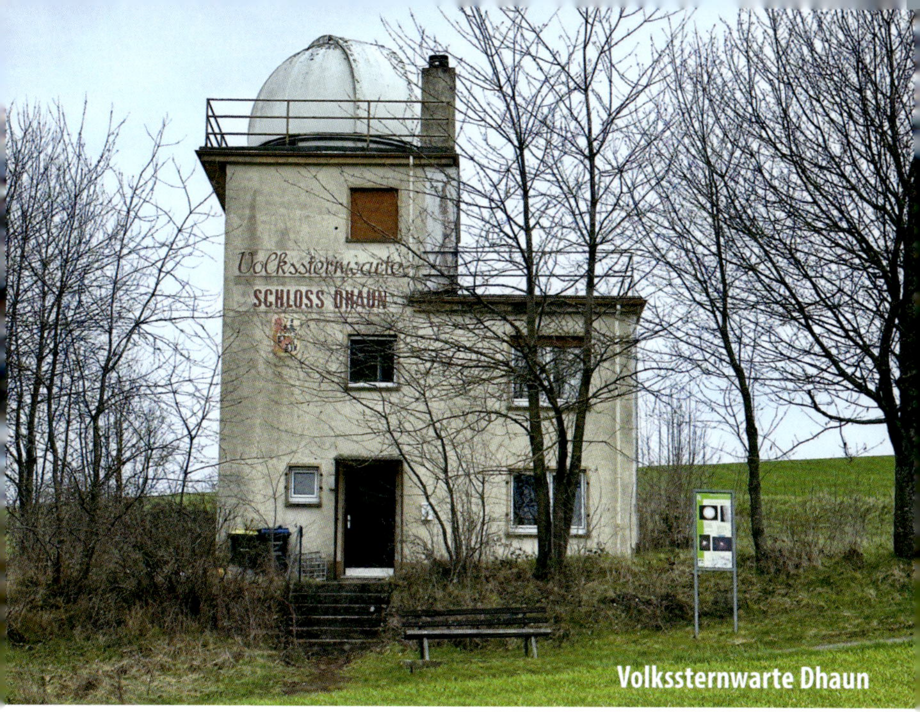

Volkssternwarte Dhaun

Dieser führt uns nun durch Wald hinab ins wilde **Kellenbachtal.** Wir folgen dem Weg gute 1,3 Kilometer, ohne abzubiegen, gehen dann aber mit der Markierung rechts hinauf. An großen bemoosten Felsbrocken zu unserer Rechten, auf denen Bäume Halt suchen und finden, schlängelt sich der Weg bergan. Ein kleiner Bach windet sich unter unseren Füßen nach links ins Tal dem Kellenbach entgegen. Nach etwa 1 Kilometer Anstieg erreichen wir den Ortsteil **Dhaun** mit seinem schmucken **Bürgerhaus,** das seit fast 100 Jahren der Mittelpunkt des Vereinslebens ist. Wir queren die **Kirner Straße** und **An der Sternwarte,** gehen über Stufen weiter hinauf und biegen hinter den Häusern nach links ab, um nach 150 Metern nach rechts auf einen asphaltierten Weg einzubiegen, an dem uns gleich links die ehemalige **Volkssternwarte** ⑥ empfängt.

Hinter der Sternwarte wenden wir uns nach links und gehen die **Geiersley-Anhöhe** hinauf bis zu einem Funkturm, an dem wir nach links abbiegen. Wenig später lädt uns eine **Sinnesbank** ⑦ zum Erholen und Weitblicken ein. Ein wundervoller Ausblick bis in die

*Im Jahre 1969 ließ der Zweckverband Schloss Dhaun die **Volkssternwarte** errichten. Sie ermöglichte dem Besucher hervorragende astronomische Beobachtungen. Mittlerweile ist sie verkauft und kann nicht mehr genutzt werden.*

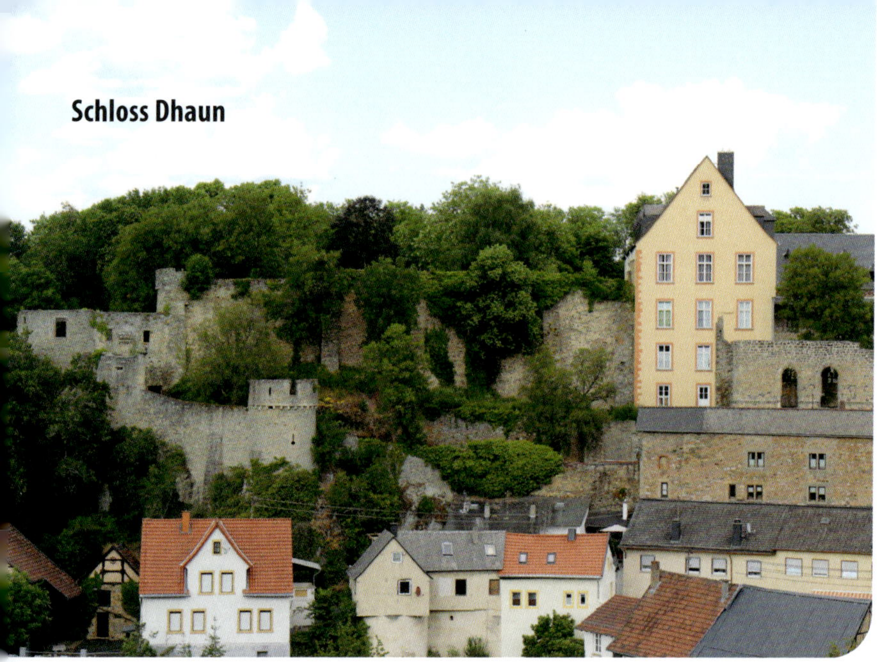

Schloss Dhaun *wurde 1215 erstmals urkundlich erwähnt und im 16. Jahrhundert von den Wildgrafen zu einer der größten Burgen im Nahetal ausgebaut. Nach dem Abbruch seit 1794 und dem Wiederaufbau ab 1850 dient es seit 1957 als Bildungsstätte.*

Pfalz zeigt sich uns, und mit etwas Glück erblicken wir bei gutem Wetter sogar den Donnersberg.

Zurück auf unserem Weg gelangen wir ohne größere Höhenunterschiede zu einem attraktiven **Insektenhotel,** welches eine Schulklasse erbaut hat. Tolle Arbeit! Auf abenteuerlichen Wegen wandern wir nun durch ein Wäldchen mitunter steil hinab, zum Teil über Stufen, bis wir aus dem Wald treten und den Ort und das **Schloss Dhaun** ❽ erblicken. Es präsentiert sich als eine Mischung aus verschiedenen Baustilen, aber gerade das macht seinen Reiz aus. Über die Kirner Straße gelangen wir an der **evangelischen Kirche** vorbeikommend zum Schloss Dhaun, eine Besichtigung der Innenhöfe bietet sich an, ebenso eine Einkehr im historischen **Restaurant Wappensaal** ❾**.**

Wir wandern unseren Schildern folgend nach rechts auf einem steinigen Weg hinab. Nach 400 Metern biegen wir einen schmalen Pfad nach links, um zur **Ruine Brunkenstein** ❿ zu gelangen. Sie wurde einst als militärisch-strategische Vorburg zwischen Simmertal und dem Schloss Dhaun errichtet, aber irgendwann nicht mehr benötigt und verfiel. Kurz hinter ei-

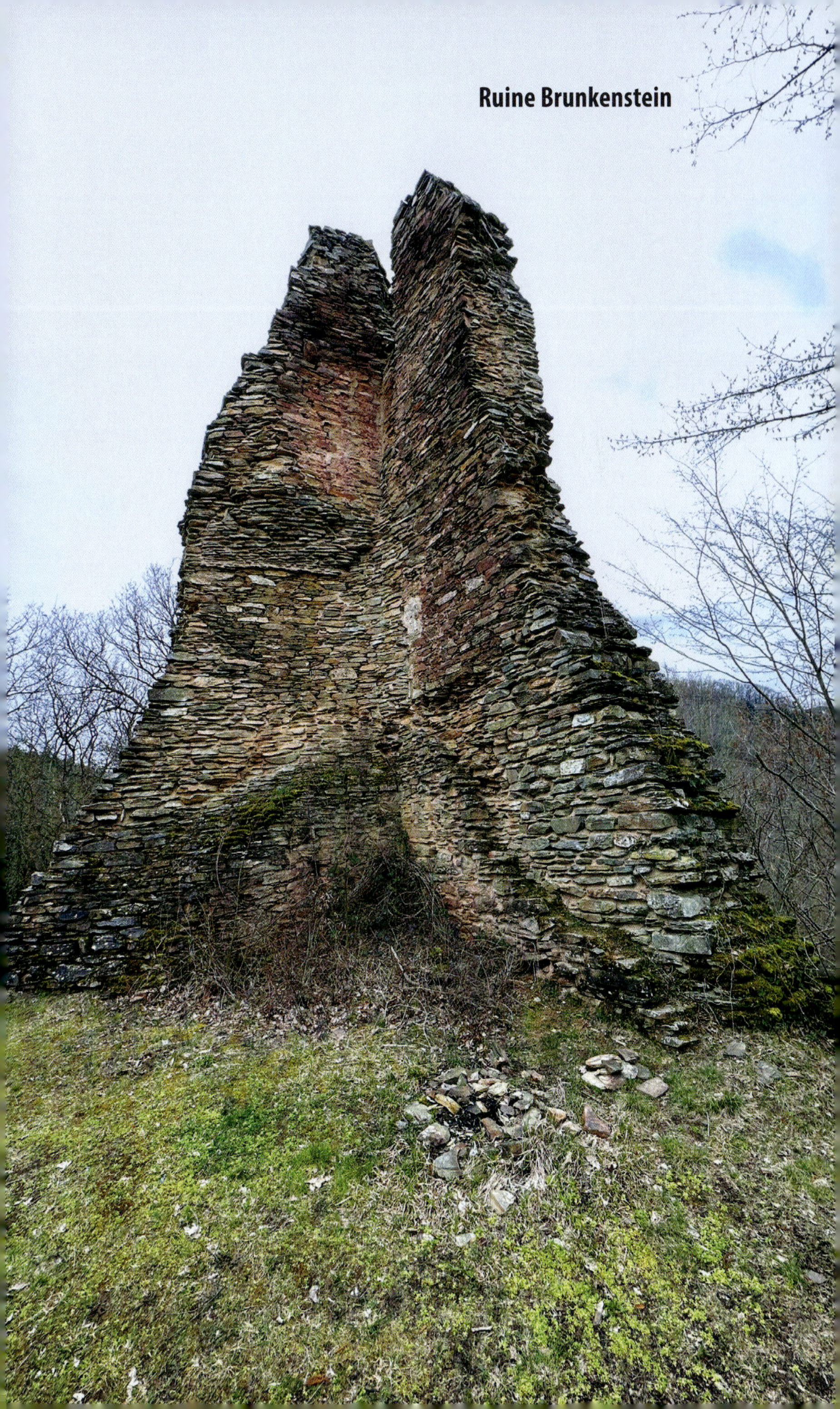

Ruine Brunkenstein

Panoramatour 8

ner spitzwinkeligen Abzweigung erreichen wir die alten Mauern. Danach gehen wir bis zur Gabelung zurück und begeben uns dann auf den linken Abzweig, der uns an alten Trockenmauern entlang bergauf führt. Oben angekommen, biegen wir nach links ab, folgen den Schildern der Vitaltour und umrunden so den Schifferberg durch wilden, mal lichten, mal dichten Wald, mal auch über Wiesen.

Auf den letzten Metern nach Hochstetten zurück erblicken wir noch einige Infotafeln des **Geologischen Wanderwegs** ⓫ und finden uns nach einer abwechslungsreichen Tour nach gut 13 Kilometern auf dem Parkplatz wieder.

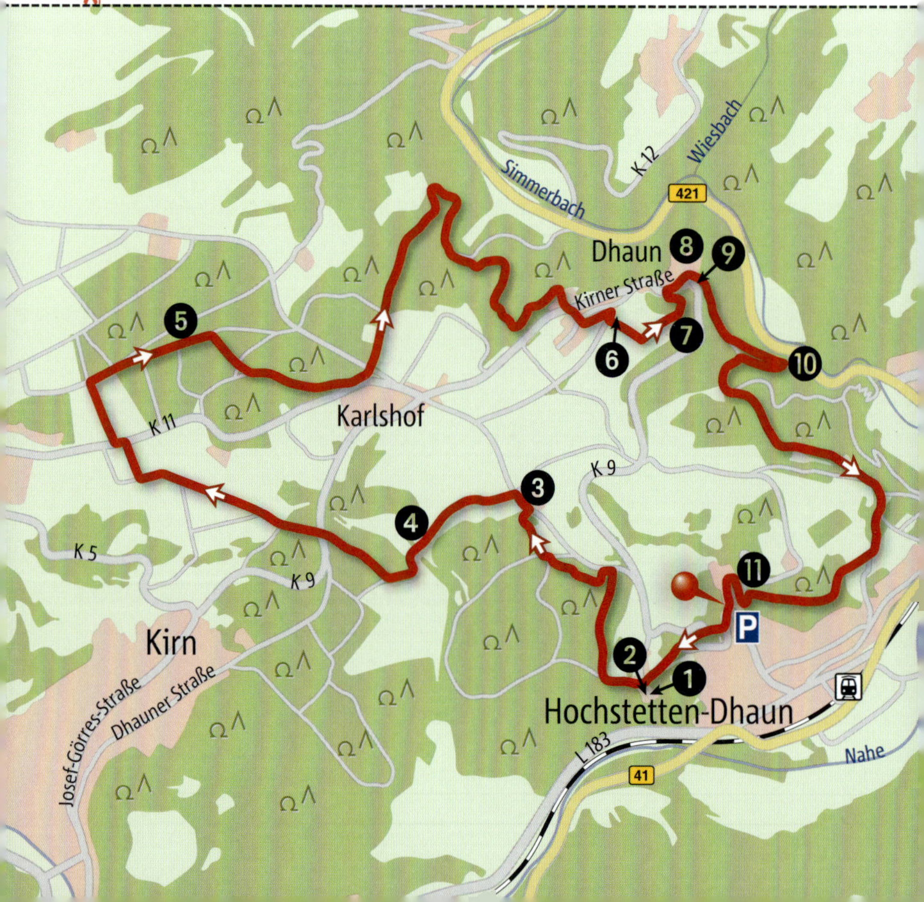

Alles auf einen Blick

WIE & WANN:
Wiesenwege, breitere Waldwege, einige schmale Pfade, wenig Asphalt.
Beste Wanderzeit: ganzjährig.

Entspannung ★★★★☆
Genuss ★★★☆☆
Romantik ★★★☆☆

HIN & WEG:
Auto: Parkplatz an der Dhauner Straße 50, 55606 Hochstetten-Dhaun
(GPS: 49.801832, 7.502826)
ÖPNV: RB 33 von Mainz, Bad-Kreuznach oder Idar-Oberstein bis Hochstetten Bahnhof, über Bahnhofstraße und Dhauner Straße bis zum Ausgangspunkt (ca. 750 Meter Fußweg)

ESSEN & ENTSPANNEN:
Landhaus St. Johannisberg ❷ St. Johannisberg 12, 55606 Hochstetten-Dhaun,
Tel. (0 67 52) 60 80, www.landhaus-st-johannisberg.de
Wappensaal Dhaun ❾ Neuweg 2, 55606 Hochstetten-Dhaun,
Tel. (0 15 14) 1 63 66 10, www.wappensaal-dhaun.de

ENTDECKEN & ERLEBEN:
Nahe-Skywalk ❶
Waldhof ❸
Feuchtwiesenbiotop am Itzbach ❹
Heinz-Erhardt-Gedichtewald ❺
Volkssternwarte ❻
Sinnesbank mit Aussicht ❼
Schloss Dhaun ❽ Schloßallee 1, 55606 Hochstetten-Dhaun, www.schlossdhaun.de
Ruine Brunkenstein ❿
Geologischer Wanderweg ⓫

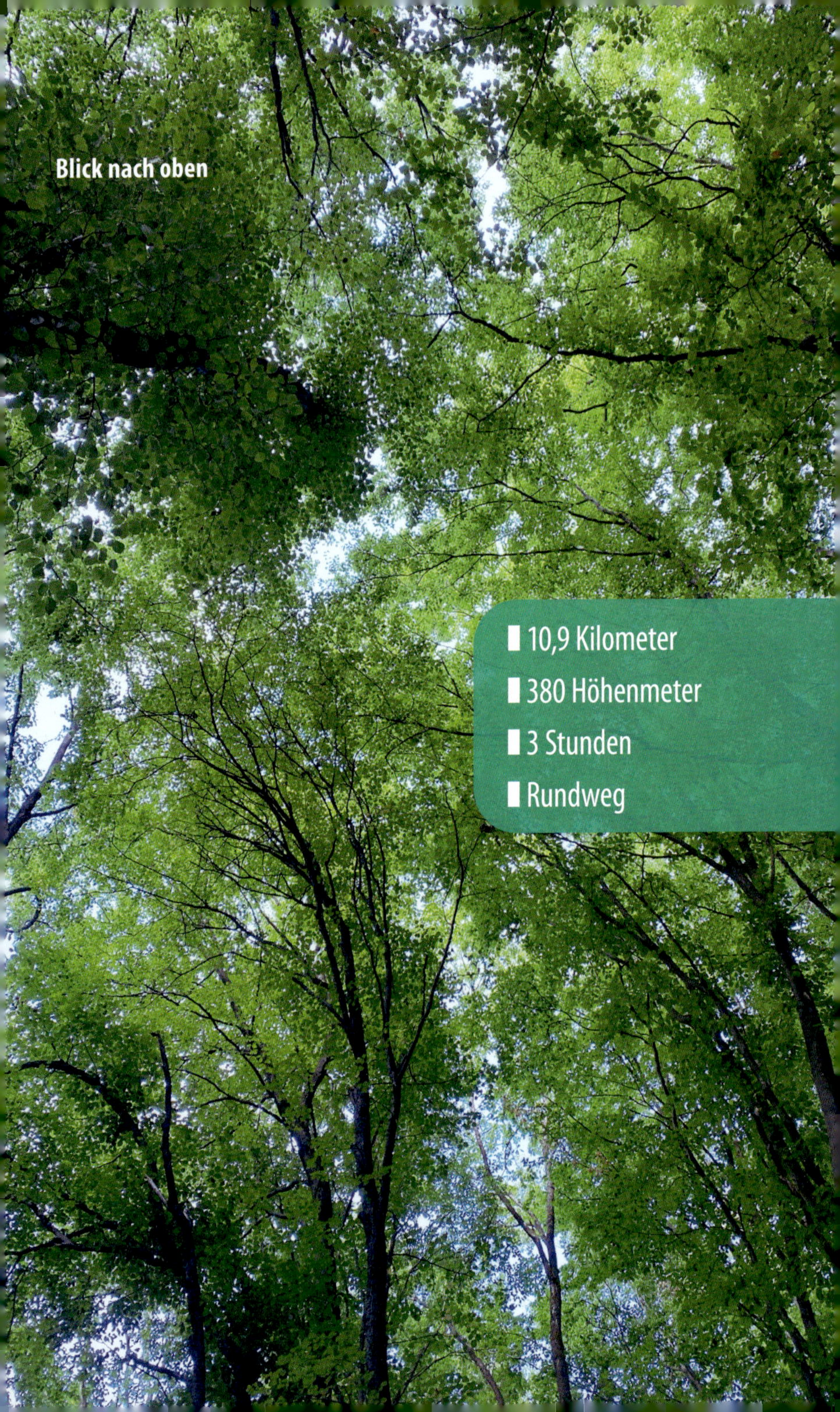
Blick nach oben

- 10,9 Kilometer
- 380 Höhenmeter
- 3 Stunden
- Rundweg

Ritterzeiten

Von der Ehrenburg zur Mosel

Die Wanderung von der Ehrenburg bis nach Brodenbach an die Mosel und zurück verspricht einige Höhenmeter, aber auch Kultur- und Naturerlebnisse allerhöchster Güte.

Wir starten am **Parkplatz** der Ehrenburg und orientieren uns erst mal an den Schildern für den **Traumpfad Ehrenburger Bergschluchtenpfad.** Der Zufahrtsweg in Richtung Ehrenburg bringt uns nach 200 Metern zu einer leichten Linkskurve, in der zwei Wege rechts abzweigen. Wir nehmen den ersten und wandern leicht bergauf bis zur Straße K72, wo wir uns nach rechts wenden und nach 120 Metern, hinter der Autozufahrt zur Ehrenburg, nach links in Richtung Brodenbachtal abbiegen. Hier haben wir tatsächlich schon den höchsten Punkt unserer Wanderung erreicht, obgleich noch nicht mal 1 Kilometer hinter uns liegt. Geradeaus gehen wir in einen Wald, in dem eine Sitzgruppe zum Verweilen einlädt. Links geht es auf einem schmalen Pfad weiter bergab, über Wurzelwerk hinweg, das bei feuchtem Wetter rutschig sein kann. Wilde Natur sehen wir um uns herum, viele Buchen – und wenn wir den Blick nach oben werfen und zu den Baumkronen schauen, eröffnet sich uns noch einmal ein ganz anderer Anblick. Schauen wir doch mal hoch!

Im weiteren, abwärts führenden Verlauf gibt es auch weniger bewaldete Stellen, dort hat die Trockenheit dem Wald zugesetzt. Aber wir sehen, dass es von unten schon wieder grünt und Pionierbäume hervorsprießen. Über große Wurzeln steigen wir weiter auf dem schmalen Weg hinab, bis in einer scharfen Linkskurve die **Grüne Mühle** ❶ auf der anderen Seite des **Brodenbaches** ❷ in unseren Blick gerät.

Im nächsten Abschnitt bringt uns der Brodenbach bis ins gleichnamige Dorf an der Mosel. Es gibt allerlei zu entdecken, unter anderem passieren wir eine Raststelle. Der Bach plätschert bedächtig rechts neben uns her. Sein Tal ist breit, bemooste Bäume liegen wie Mikadostäbe kreuz und quer, auch über den Bach hinweg. Dann bewegt sich das Wasser über schief aufgeschichtete Felsplatten fort, die wir auch im Wald neben uns entdecken. Immer wieder faszinierend, was für Kräfte bei solchen Auffaltungen gewirkt haben müssen. Der Weg ist hier unten natürlich, mal breiter, mal sehr schmal, und wir wandern über felsige Abschnitte, über Wurzeln und Blätter hinweg.

Schon bald befinden wir uns im Felstrog **Donnerloch** ❸. Dies ist eine ehemalige Kultstätte der Germanen, die dem Gott Donar geweiht gewesen sein soll. Eine Bank lädt zum Bleiben ein, die wilde Natur in der Schlucht ist ebenso einladend. Unser Weg bleibt schmal und wir beobachten Wasser, das links aus den Felsen drängt. Schauen wir nach rechts, geht es neben dem

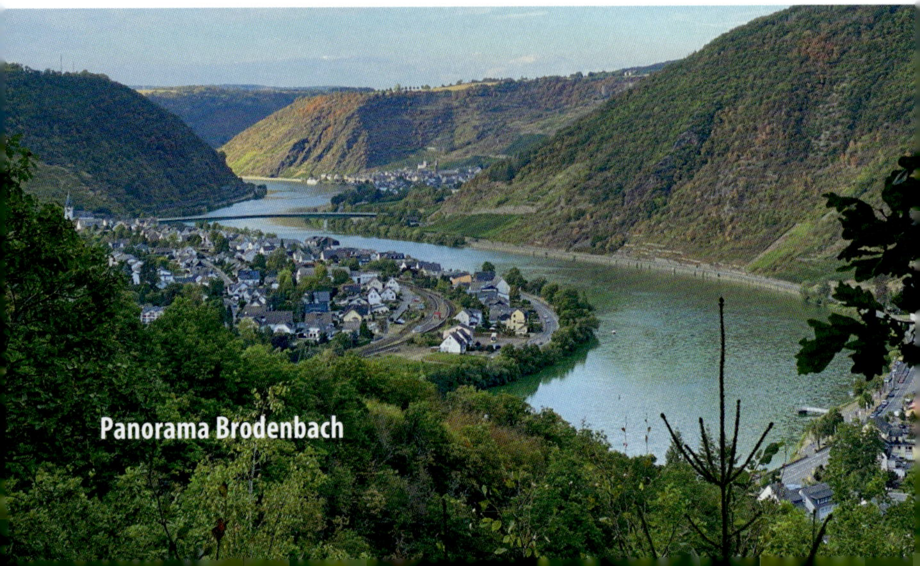

Panorama Brodenbach

Brodenbach steil nach oben. Langweilig wird es hier nicht: Über Wurzeln und Felsen wandern wir auf und ab, hinter jedem Hügel offenbaren sich neue Anblicke.

An einer Schutzhütte, einen guten Kilometer hinter dem Donnerloch, biegt der Traumpfad rechts ab über den Bach. Wir aber bleiben auf unserem Weg und folgen weiter dem Bach. Spätestens jetzt wird es einsam und wilder. Umgestürzte Bäume liegen quer über dem Pfad, wir dürfen unter ihnen hindurchgehen, noch lebende Bäume ragen weit über den Weg. Sie halten sich zum Teil mit ihren Wurzeln auf den Felsen fest: ein Wunder. Große Baumveteranen stehen am Wegesrand, ein besonders beeindruckender hat ein Namensschild bekommen: die **Robusta-Pappel.** Bevor wir wieder auf den Traumpfad treffen und Richtung Zivilisation und Mosel gehen, genießen wir noch einmal die Stille um uns herum. Wir vernehmen lediglich das Plätschern des sympathischen Brodenbachs, das Zwitschern der Vögel und sehen die großen alten Bäume wie Beschützer um uns herum. Es ist ein Kraft gebender Weg.

Von der Quelle bei Boppard-Buchholz bis zur Mündung in die Mosel überwindet der ***Brodenbach*** *etwa 8,2 Kilometer und fast 280 Höhenmeter. Die einzige Ansiedlung ist die Grüne Mühle. Er ist lediglich durch Wanderwege und wenige Wirtschaftswege erreichbar.*

Für die Seele

Im Tal des Brodenbachs lauschen wir an einer der Raststellen dem Wasser, das neben uns leise gurgelt. Im Sommer kühlt das Wasser die heißen Wanderfüße.

Gute 100 Meter weiter erreichen wir den **Ort Brodenbach** ❹ an der Straße **Niederbach** und folgen ihr bis zur Mosel. Hier fließt unser kleiner Freund nun in den großen Fluss und wir orientieren uns wieder an den Schildern des Traumpfads. Im Ort biegen wir links ab, flanieren etwas an der großen Mosel entlang und biegen in die **Rhein-Mosel-Straße** nach links ab. Die schönen alten Fachwerkhäuser in Brodenbach sind bewundernswert. An der nächsten Kreuzung machen wir einen Rechts-Links-Schlenker in die **Salzwiese,** wo wir auch den alternativen Parkplatz für diese Wanderung finden. Wer mag, ruht hier ein wenig aus und stärkt sich, denn die nächsten Kilometer werden weniger entspannt als die letzten. Wir werden nämlich fast ununterbrochen bergauf gehen. Nach einem Linksknick wandern wir rechts in die Gasse **Im Moorkamp,** um nach knapp 200 Metern links einen geschotterten Weg hinaufzuschreiten und den Ort Brodenbach hinter uns zu lassen. Etwa 30 Meter weiter werden wir in spitzem Winkel links auf einen Wiesenweg geführt und landen am **Ehrenmal Brodenbach ⑤.** Von hier haben wir eine wunderschöne Aussicht auf den Ort und die Mosel.

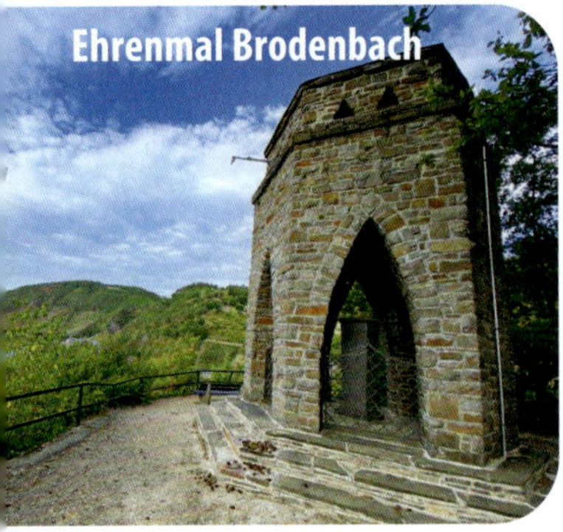

Ehrenmal Brodenbach

Über einen schmalen Pfad, der wieder einmal ordentlich bergauf führt, erreichen wir nach knapp 300 Metern einen weiteren **Aussichtspunkt, das Tempelchen ⑥.** Eine Rast bietet sich an, denn wir haben jetzt schon einige Höhenmeter überwunden. Diese Anstrengungen tun aber auch mal gut, denn sie erden uns und lassen uns die schönen Erlebnisse wertschätzen.

Innerhalb kürzester Zeit sind wir von dem geschäftigen, wuseligen Moseltal wieder in einer einsamen Gegend gelandet, in der es keinerlei Zivilisationsgeräusche gibt. Einen schmalen Pfad stapfen wir entlang und haben plötzlich eine Bank mit einer attraktiven Aussicht auf die Mosel erreicht. Im weiteren Verlauf schlängelt sich unser Weg eben am Hang entlang, danach geht es wieder bergab und wir treffen auf eine Kreuzung, an der wir uns in spitzem Winkel nach links wenden. Etwa 700 Meter weiter bringt uns eine Spitzkehre nach rechts hinunter zur **Historischen Mühle Vogelsang ⑦,** wo wir eine Einkehr oder auch eine Übernachtung sehr empfehlen können. Hier wird le-

*Seit 1563 wird die **Historische Mühle Vogelsang** als Bannmühle für die Ehrenburg betrieben und hat eine bewegte Geschichte hinter sich. Die Gerichte werden verfeinert mit Gartenkräutern aus dem Mühlengarten oder mit Wildkräutern von der Grummetswiese.*

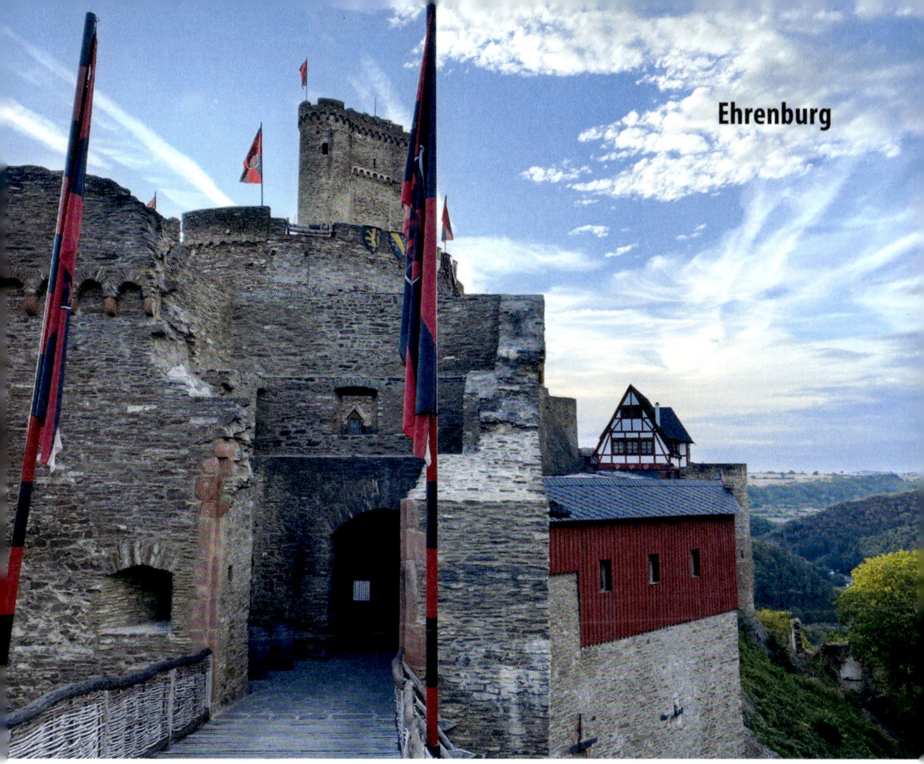

Ehrenburg

cker regional gekocht und die Unterkünfte sind mit Liebe hergerichtet.

Von der Mühle gehen wir etwa 70 Meter an der Landstraße talwärts Richtung Brodenbach, biegen dann nach rechts ab und wandern hinter der Mühle an einem Campingplatz entlang. Der **Mühlgraben** befindet sich rechts von uns. Der Weg ist schmal und wir sind bald schon wieder recht einsam unterwegs. Wir treffen zügig auf eine kleine Kapelle und nutzen dahinter den ganz linken Weg. Er führt uns auf einer Wegstrecke von 1,3 Kilometern 150 Höhenmeter empor. Dabei kommen wir anständig ins Schnaufen. Unterwegs treffen wir auf den uns bekannten Saar-Hunsrück-Steig und klettern die letzten Höhenmeter bis zur **Ehrenburg** 8 hinauf, was an einem warmen Tag sehr schweißtreibend sein kann. Gut, wenn wir noch ausreichend Wasser dabeihaben.

So gelangen wir an den Fuß der Burg und unterqueren die Holzbrücke, die den Zugang zur Burg dar-

Die 1161 erstmals erwähnte ***Ehrenburg*** *wurde im Jahre 1689 durch die Franzosen im Zuge des Pfälzischen Erbfolgekriegs zerstört. Seit 1992 kümmert sich der gemeinnützige Freundeskreis Ehrenburg e. V. um die Restauration und den Wiederaufbau.*

Verwöhntour 9

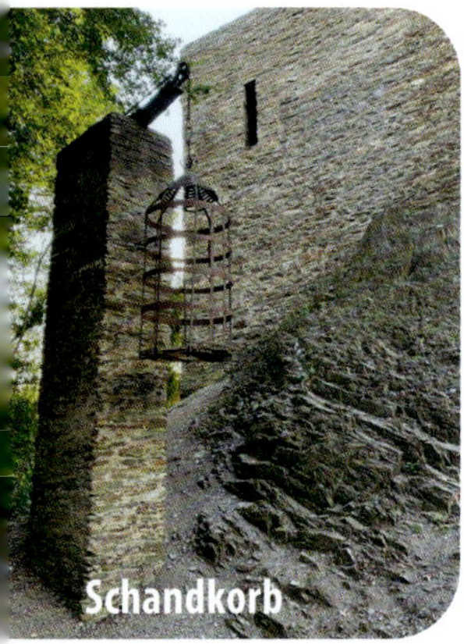

stellt. Blicken wir hier hinauf, entdecken wir einen Schandkorb, über dessen frühere Nutzung wir uns lieber keine Gedanken machen.

Noch ein letztes Mal stapfen wir steil hinauf, um auf die Höhe der Ehrenburg zu gelangen. Sind wir erst mal oben, bereuen wir keinen Schritt! Diese Burg ist einfach zu schön: Schon von außen lohnt es sich, sie zu betrachten. „Möchtest du hinein, musst du Burgzoll zahlen", heißt es. Lohnenswert ist das auf jeden Fall, ebenso wie eine Einkehr: Hier lebt nicht nur bei einem Mittelalterkrimidinner die Ritterzeit auf. Zu guter Letzt geht es über einen Asphaltweg hinauf zum Parkplatz. Eine eindrucksvolle Tour liegt hinter uns, die uns den Alltag hat vergessen lassen.

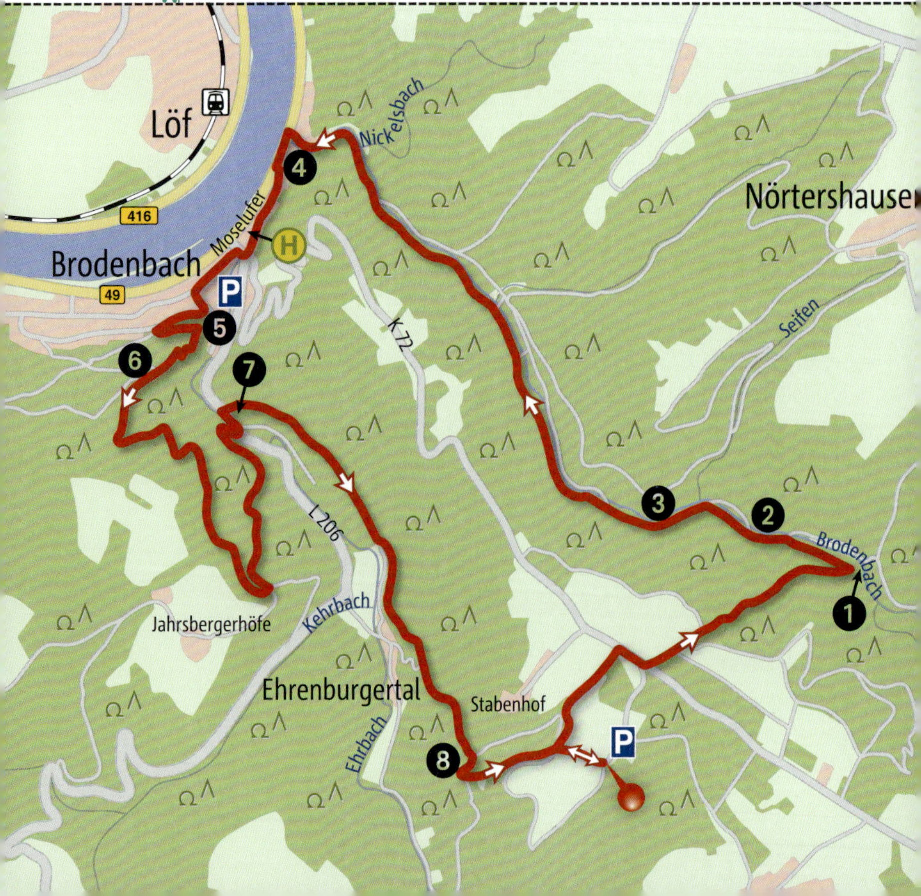

Alles auf einen Blick

WIE & WANN:
Schmale Pfade, in den Ortschaften und an der Burg Asphalt. Beste Wanderzeit: März bis November.

HIN & WEG:
Auto: Parkplatz des Traumpfads Bergschluchtenpfad Ehrenburg, Niederbach, 56332 Brodenbach (GPS: 50.210783, 7.462738), alternativ: Parkplatz Salzwiese, 56332 Brodenbach (GPS: 50.22515, 7.44345)
ÖPNV: RegioBus 31 von Koblenz bis Haltestelle Marktplatz, Brodenbach, von dort etwa 100 Meter flussaufwärts über die Moselstraße bis zur Rhein-Mosel-Straße. Die Wanderung beginnt und endet dann hier.

Entspannung ★★★☆☆
Genuss ★★★★★
Romantik ★★★★☆

ESSEN & ENTSPANNEN:
Historische Mühle Vogelsang ❼ Rhein-Mosel-Straße 63, 56332 Brodenbach, Tel. (0 26 05) 14 37, www.muehle-vogelsang.de
Hotel & Restaurant auf der Ehrenburg ❽ 56332 Brodenbach, Tel. (0 26 05) 30 77, www.ehrenburg.de

ENTDECKEN & ERLEBEN:
Grüne Mühle ❶
Fluss Brodenbach ❷
Donnerloch ❸
Ort Brodenbach ❹
Ehrenmal Brodenbach ❺
Aussichtspunkt Tempelchen ❻
Ehrenburg ❽ siehe ESSEN & ENTSPANNEN

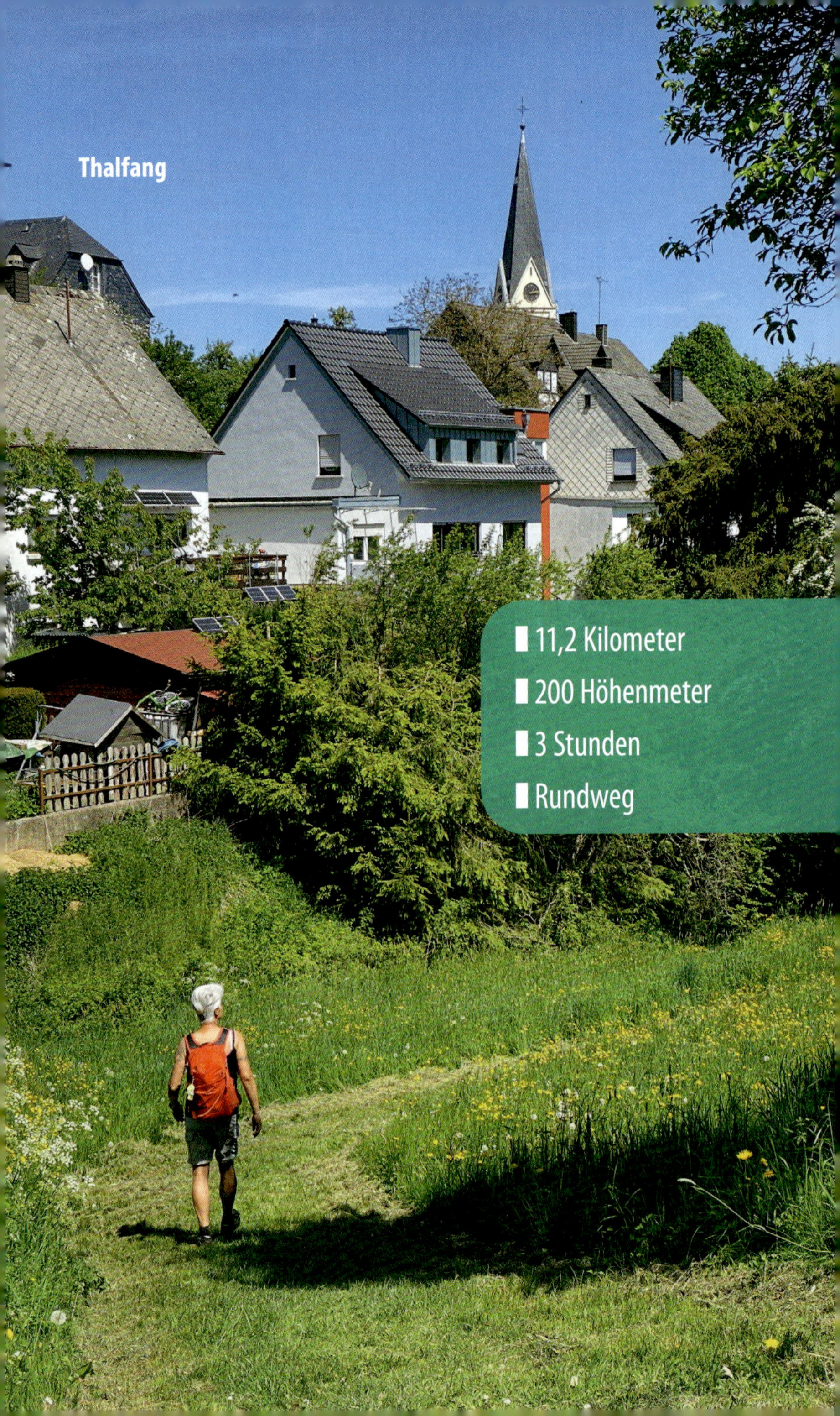
Thalfang
11,2 Kilometer
200 Höhenmeter
3 Stunden
Rundweg

Bei Thalfang sind wir unterwegs auf dem ersten Premiumweg in Deutschland, der vom Deutschen Wanderinstitut die neue Auszeichnung **„Genuss regional“** für Wege mit besonderem kulinarischen Angebot erhielt. Der Name der Traumschleife Lecker Pfädchen ist Programm.

Wir starten am **Parkplatz am Schwimmbad** in Thalfang. Der Einstieg in die Traumschleife im Kurpark liegt nur wenige Meter entfernt gegenüber dem Restaurant Am Weiher. Durch ein hölzernes Tor gehen wir am Marschtelerbach rechts und am Weiher links durch den Park, überqueren am Ende den Langemerbach und verlassen den Kurpark. Hinter der **Freiwilligen Feuerwehr** biegen wir nach rechts auf einen unbe-

Genussreich

Leckeres rund um Thalfang

festigten Weg ab. Gut 500 Meter weiter folgen wir unseren weiß-lila Schildern mit dem geschwungenen SH, die uns die ganze Tour über getreulich führen werden, links in den Wald hinein. Vorwitzig aus dem Boden schauende Wurzeln und Schieferplatten überschreiten wir achtsam und erreichen alsbald einen breiteren Waldweg. Umgeben von großen Eichen und wildem Gestrüpp bleiben wir auf dem Weg, bis er nach etwa 600 Metern eine Linkskurve macht und uns über die Gleise der stillgelegten Bahnstrecke der **Hunsrückquerbahn** schickt.

Auf der anderen Seite der Schienen biegen wir nach rechts ab. Über den jetzt schmalen Pfad gelangen wir an eine Rastbank, auf der wir die Wildheit des

Picknickbeutel Ebbes von Hei

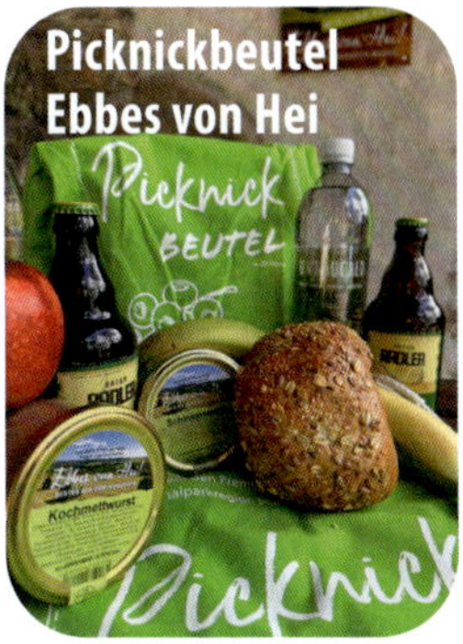

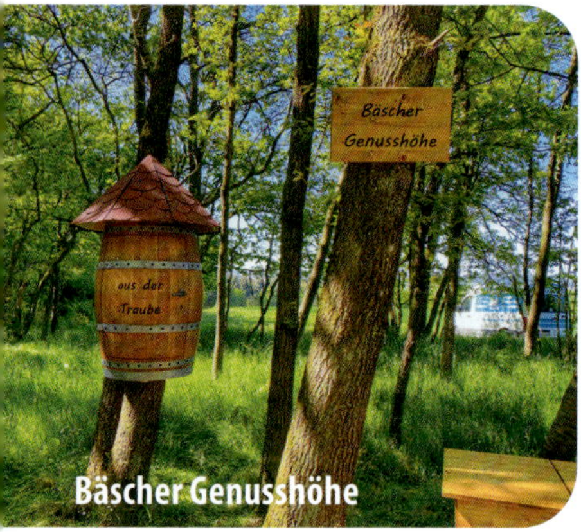

Bäscher Genusshöhe

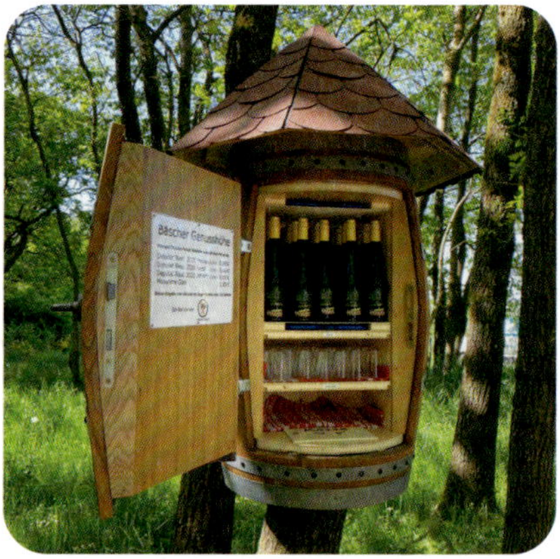

*Seit 2001 unterstützt die Regionalinitiative **Ebbes von Hei** die Entwicklung in der Saar-Hunsrück-Region. Als Zusammenschluss von Gastronomen, Handwerkern, Landwirten, Dienstleistern und vielen anderen soll ein regionales Bewusstsein geschaffen werden.*

Waldes genießen können. Etwa 350 Meter dahinter passieren wir nach links gehend ein teilweise gerodetes Gebiet. Nur 100 Meter weiter, am offiziellen 2-Kilometer-Schild der Tour, biegen wir nach links auf einen weichen Wiesenweg ab und steigen ihn hinauf bis zur ersten **Genuss-Station,** der **Bäscher Genusshöhe** ❶. Hier gibt es neben den Genuss-Fenstern für Groß und Klein, durch die es sich lohnt, in die Ferne zu schauen, auch Sitzgelegenheiten, Infotafeln zu regionalen Produkten und etwas weiter im Schatten die liebevoll gestalteten Genuss-Kisten, in denen sich **„Ebbes von Hei"**-Produkte wie Wasser, Bier und Weine befinden.

An der Genusshöhe gehen wir auf einem schmalen Pfad in den Wald hinein, wandern etwa 200 Meter weiter über felsige, zum Teil mit Seilen gesicherte Serpentinen steil hinab und biegen an deren Ende nach rechts auf einen Waldweg. Neben uns plätschert leise ein Zufluss zum Thalfanger Bach, dahinter entdecken wir den Ort **Hilscheid.** Vor der **K 115** biegen wir nach links, überqueren den kleinen Bach und die Straße und wandern sogleich durch eine Baumgruppe bergauf. Haben wir diese hinter uns gelassen, gehen wir an einer Kreuzung geradeaus auf einem breiteren Wiesenweg weiter. Auf einer Bank können wir hier die Aussicht in den Hochwald nach rechts genießen. Etwa

1 Kilometer folgen wir dem Weg, der uns über saftige, summende Wiesen, an Hochsitzen vorbei und auch durch ein kleines Wäldchen führt. Bevor wir dann nach rechts abbiegen in Richtung **Dhronecken,** das wir schon von hier oben sehen können, bewundern wir noch ein weiteres **Genuss-Fenster** ② und einige Sitzmöbel aus Paletten.

Die Traumschleife leitet uns serpentinenartig hinab durch einen **Obstbaumlehrpfad** ③ mit allerhand unbekannten Obstsorten. Hier wachsen zum Beispiel die Birne Alexander Lucas, die Bereczki-Birnenquitte, der gelbe Edelapfel und Naprumi, eine großfruchtige, festfleischige Frühkirsche. Mittendrin können wir das große Fabelwesen **Tronjes Jupp** ④ bewundern, das aus

Für die Seele

An der Genuss-Station oberhalb von Lückenburg öffnen wir unseren Picknickbeutel und genießen inmitten schönster Natur mit einer wunderbaren Aussicht.

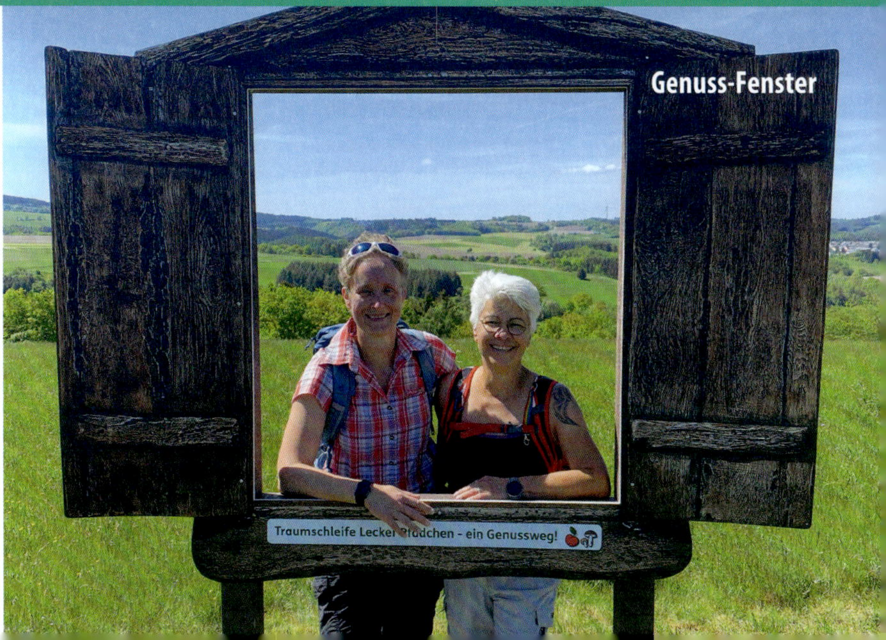

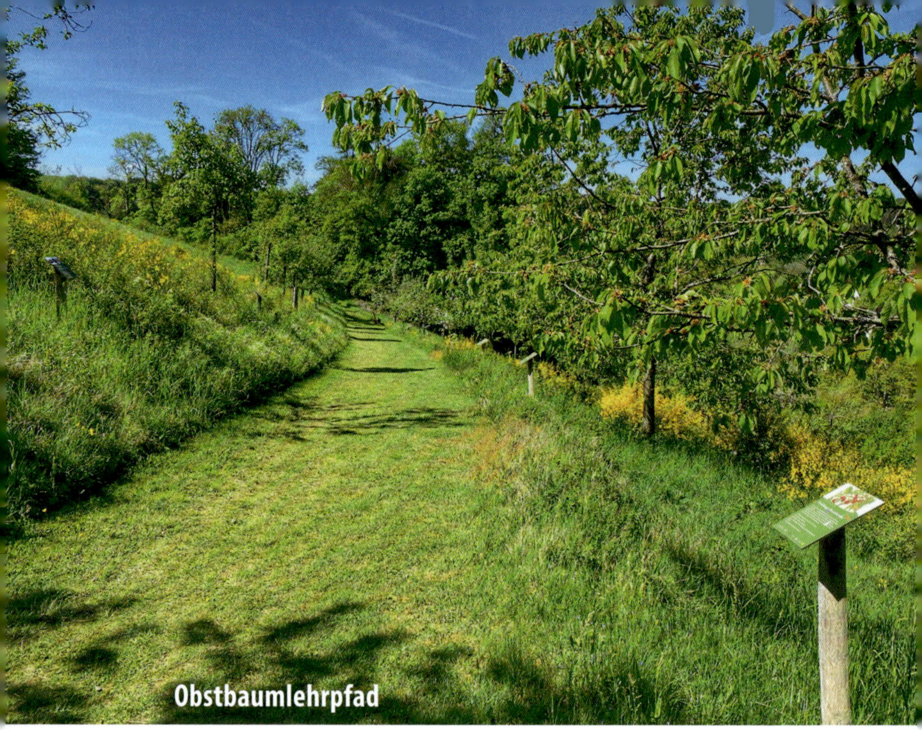

Obstbaumlehrpfad

*Im 12. bis 13. Jahrhundert erbaut, gilt die **Burg Dhronecken** für manche als Stammsitz des Nibelungenhelden Hagen von Tronje. Sie wurde im Dreißigjährigen Krieg zerstört und als Schloss wieder aufgebaut. Heute residiert hier das Forstamt Hochwald.*

Recyclingholz in einem sozialen Bauprojekt realisiert wurde. Über 50 Obstsorten gilt es zu erkunden, bevor wir an einer Gabelung den linken Weg hinauf zur Burg Dhronecken gehen. Oben angelangt, entdecken wir die **Genuss-Station Burg Dhronecken 5.** Unterhalb des Burgturms können wir gekühlte Getränke erwerben und unsere Rucksackverpflegung verspeisen.

Durch das Gelände der Schlossruine, auf deren Fundamenten in der Neuzeit Wirtschaftsgebäude gebaut wurden, gehen wir durch einen Tunnel zu einem großen Tor, durch das wir in den Ort Dhronecken gelangen. Wir biegen an der Straße **Weyer Damm** nach links ab, nicht ohne den weißen Glockenturm gegenüber und die alten Häuser bewundert zu haben, und wandern 50 Meter weiter nach rechts in die Gasse **Zur kleinen Dhron.** Auf dem asphaltierten Weg folgen wir kurz dem Röderbach rechts von uns und sehen schließlich die Geburt eines neuen Baches: Aus dem Thalfanger Bach, dem Röderbach und dem Malborner Bach entsteht die **Kleine Dhron 6.** Nach 100 Metern zweigen wir an einer T-Kreuzung rechts ab und überqueren ein zweites Mal die Gleise der stillgelegten Hunsrückquerbahn.

Bei nächster Gelegenheit spazieren wir nach links in den **Hirtenweg,** wandern knapp 150 Meter durch das Wohngebiet, ehe wir nach rechts in den Wald abbiegen. Über Stufen gelangen wir schnell höher; hier haben wir die einzige längere Steigung der Tour zu überwinden. Durch den wunderschön grünen Mischwald mit vielen alten Eichen und Ahornen stapfen wir immer weiter hinauf, aber nicht ohne die Sangeskunst der vielen gefiederten Freunde um uns herum zu bewundern. Über diesen schmalen Pfad, der sich im Wald etwas windet, gelangen wir nach gut 500 Metern an die **K 111,** überqueren diese und bewegen uns auf einem schmalen Pfad von der Straße weg zu einer großen Wiese hin, von der wir auf den nächsten Metern

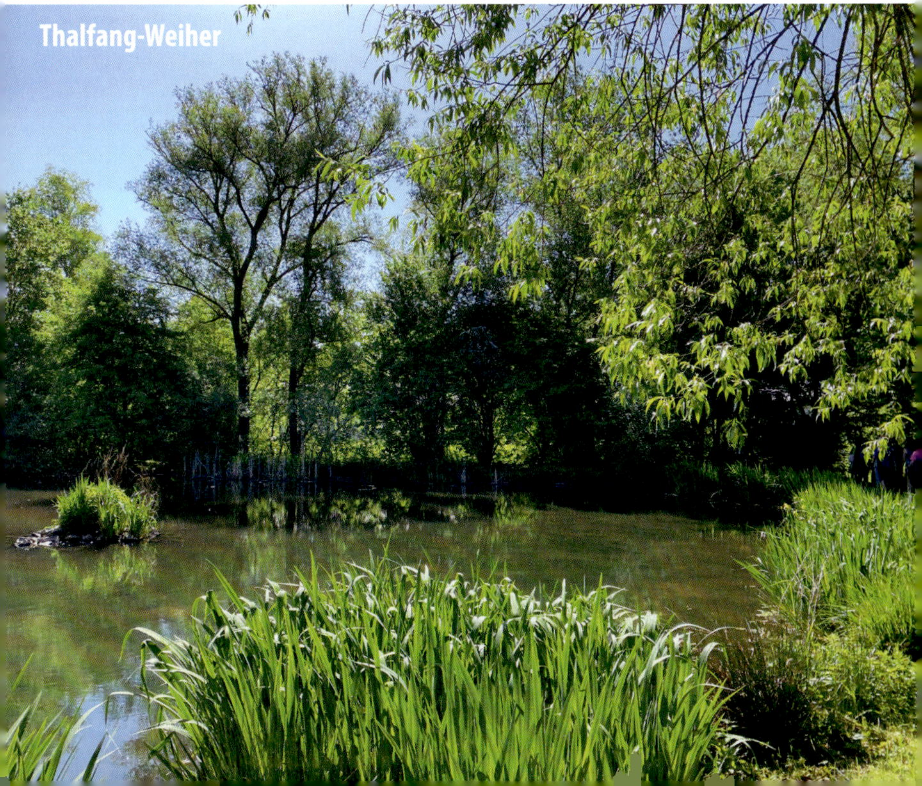

Thalfang-Weiher

wundervolle Aussichten bewundern können. Vereinzelte Obstbäume, Bänke und Genuss-Fenster laden auf diesem besonderen Weg zum Verweilen ein. Die Gedanken haben Platz, sich zu entfalten, und die hügelige Hunsrücklandschaft lässt sich von hier oben wunderbar mit den Augen bereisen.

Wir wandern weiter moderat bergauf und gelangen nach 300 Metern an ein rechter Hand liegendes Wäldchen, das wir beim näheren Betrachten als dichtes Gestrüpp identifizieren, wohl ideal für Vögel und andere kleinere Waldtiere. 200 Meter dahinter biegen wir links ab, rechts von uns Gebüsch, in dem es wieder schwirrt und surrt. Schön, wenn Wildtieren ein kleines bisschen Wildnis gelassen wird. Wir folgen weiter den Schildern der Traumschleife und gehen an einer Kreuzung geradeaus auf unserem Wiesenweg, der sich im weiteren Verlauf ein wenig durch die Landschaft hinabschlängelt. Durch frischgrüne Birken wandern wir hindurch und treffen nach einer Linkskurve auf eine Bank und ein Informationsschild, das uns erklärt, dass dieses Outdoormöbel aus unserem Gelben-Sack-Müll entstand.

Unser Weg führt uns seicht bergauf, rechts im Wäldchen hören wir die **Quelle des Gröschelbachs** leise plätschern. Nach dem folgenden kleinen Wald gehen wir an einer T-Kreuzung nach rechts und folgen unseren Schildern auf einem Zickzackkurs bis zur **Grillhütte Burtscheid.** Kurz zuvor können wir auf einer Sinnesbank und an einem weiteren Genuss-Fenster noch einmal die schier unendliche Weite des Hunsrücks genießen. An der Grillhütte geht es vorbei, um nahe des Wasserhäuschens an der **dritten Genuss-Station** **7** mit gekühlten Getränken wie Wasser, verschiedenen Bieren und Radler die beim Anstieg verlorene Flüssigkeit wieder aufzufüllen.

Wenige Meter nach der Raststelle biegen wir auf dem Wiesenweg nach rechts ab, links von uns liegt der Ort Lückenburg, 130 Meter weiter zweigen wir erneut nach rechts ab. Nach 250 Metern erreichen wir an einer mächtig großen Eiche einen Wald, halten uns vor ihm links und gehen bis zur Straße K 110, an der wir einen historischen Metallwegweiser zu nahe gelegenen Orten entdecken. Auf der anderen Straßenseite wandern wir nun auf einem Wiesenweg bergab. Nach knapp 300 Metern erreichen wir einen asphaltierten Weg, den wir wenige Meter weiter rechts wieder verlassen. Ein Wiesenpfad leitet uns bis an eine Kreuzung, an der wir nach links auf einen asphaltierten Weg abbiegen. Etwa 100 Meter weiter führt uns die Beschilderung nach rechts zwischen Feldern entlang. Im Hintergrund sehen wir rechts oben den **Ferienpark Himmelberg** mit seinen kleinen Häusern.

An einer T-Kreuzung gehen wir nach rechts, gelangen kurze Zeit später an einen Wald, vor dem wir nach links hinunterwandern. Wenige Meter später betreten wir einen Wald, den wir nach 100 Metern nach links verlassen, um zu einem **Wassertretbecken** 8 zu

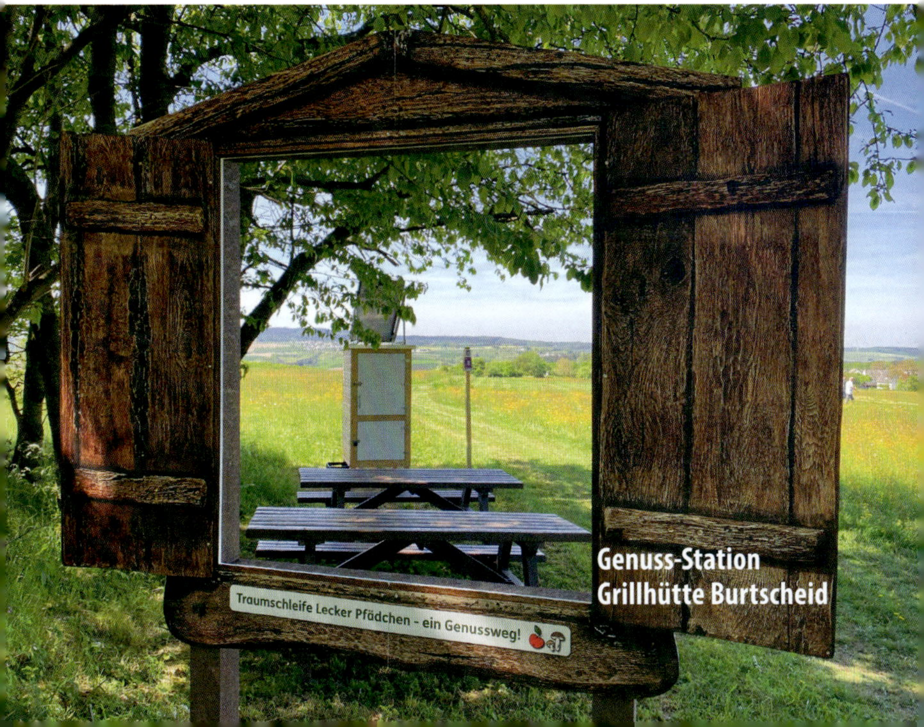

Genuss-Station
Grillhütte Burtscheid

gelangen. Hier können wir am Bachlauf des Marschtelerbaches außerdem durch ein Genuss-Fenster in das idyllische Tal hinabschauen.

Von hier entscheiden wir uns, entweder über den ausgeschilderten **Barfußpfad** ⑨ ohne Schuhe bis nach Thalfang zurückzugehen oder die ausgeschilderte Traumschleife zu nutzen. In beiden Fällen erreichen wir nach 800 Metern die K 110, wenden uns links und biegen nach 200 Metern nach links, wo wir auf dem Barfußpfad die letzten Meter bis zur **Raiffeisenstraße** wandeln, die wir überqueren, uns nach einer Rechtskurve wieder am Ausgangspunkt einfinden und im **Restaurant Am Weiher** ⑩ die Wanderung Revue passieren lassen können.

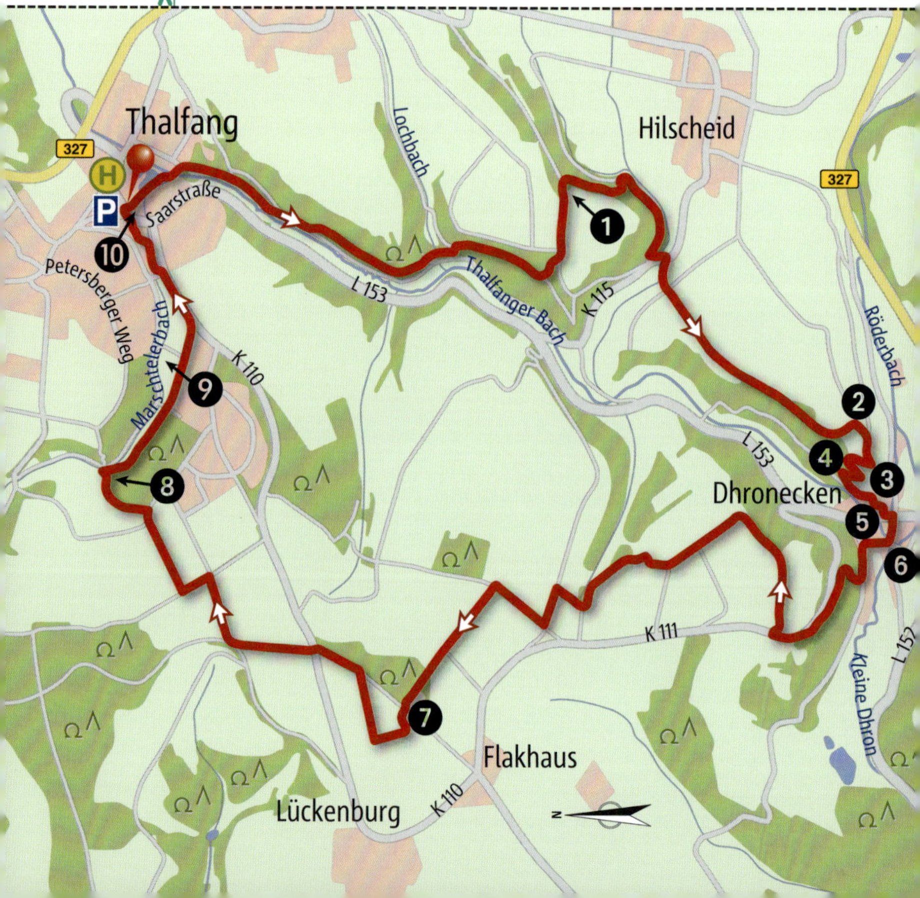

Alles auf einen Blick

WIE & WANN:
Schmale Pfade, Wiesenwege, wenig Asphalt. Beste Wanderzeit: ganzjährig.
Die Getränke an den Genuss-Stationen sind von April bis November vorzufinden.

HIN & WEG:
Auto: Parkplatz am Schwimmbad, Talstraße, 54424 Thalfang (GPS: 49.750944, 6.998917)
ÖPNV: Bus 327 von Trier bis Thalfang Busbahnhof, von der Haltestelle den Fußweg an den Teichen vorbei bis zur Traumschleife (ca. 50 Meter Fußweg)

ESSEN & ENTSPANNEN:
Restaurant Am Weiher ⑩ Talstraße 1, 54424 Thalfang, Tel. (0 65 04) 95 55 66, www.restaurantamweiher.de

Entspannung ✱✱✱✱✱
Genuss ✱✱✱✱✱
Romantik ✱✱✱✱✱

Von der Regionalinitiative Ebbes von Hei wird in Kooperation mit EDEKA Diehl (Bahnhofstraße 3–7, 54424 Thalfang) ein selbst befüllbarer Picknickbeutel und auch ein Picknickcatering angeboten.

ENTDECKEN & ERLEBEN:
Genuss-Station Bäscher Genusshöhe ❶
Genuss-Fenster ❷
Obstbaumlehrpfad ❸
Tronjes Jupp ❹
Genuss-Station Burg Dhronecken ❺
Kleine Dhron ❻
Dritte Genuss-Station ❼
Wassertretbecken ❽
Barfußpfad ❾

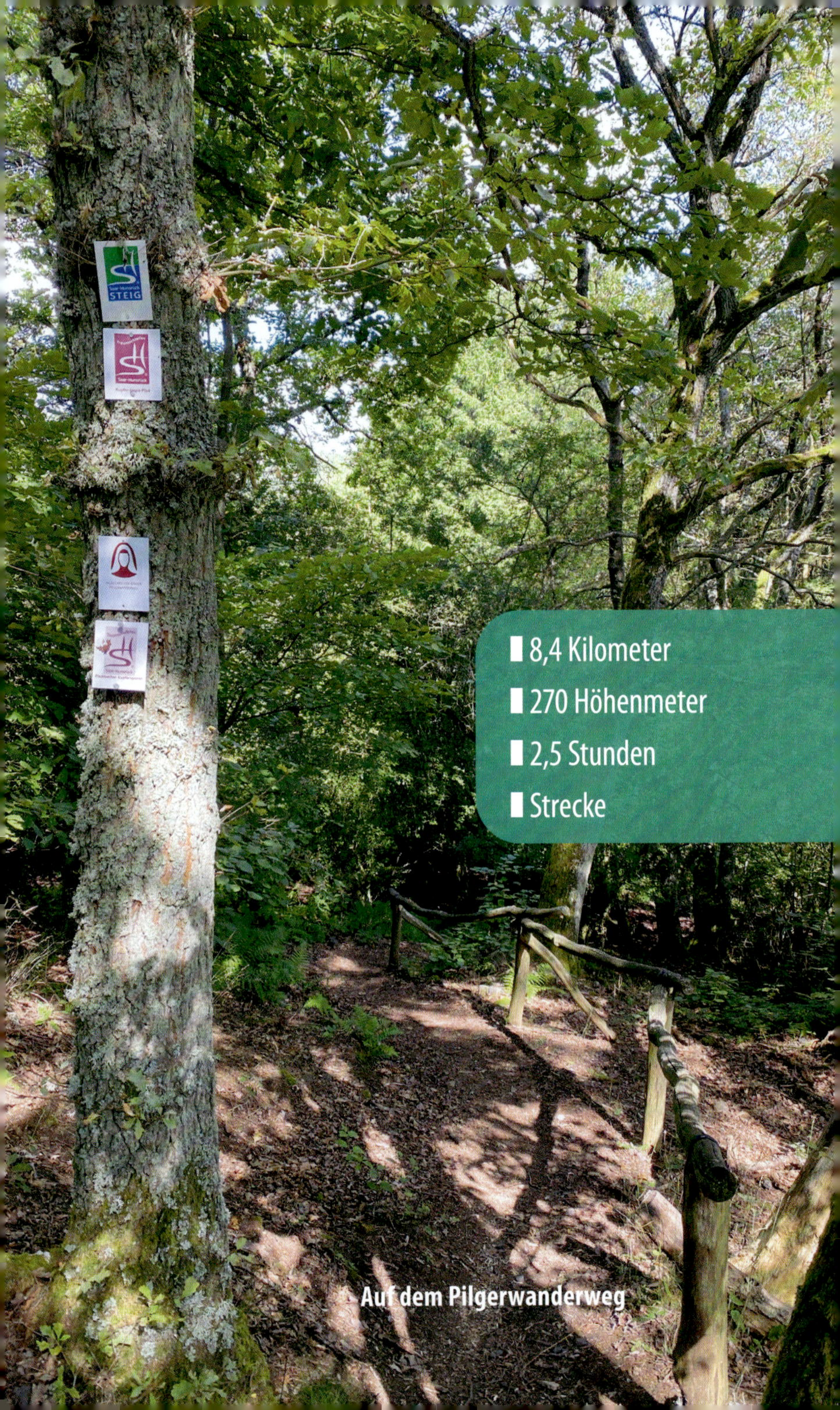

- 8,4 Kilometer
- 270 Höhenmeter
- 2,5 Stunden
- Strecke

Auf dem Pilgerwanderweg

Auf den Spuren der **Hildegard von Bingen** bewegen wir uns auf diesem etwa 8,4 Kilometer langen Weg, einem Teil des gleichnamigen **Pilgerwanderwegs.** Vom **Parkplatz Rastplatz Fischbach** gehen wir auf einem schmalen Wiesenweg vom Ort weg und erblicken Gestrüpp und alte Bäume neben uns. Sie hängen voller Flechten, die davon zeugen, wie feucht es hier ist. Den Bäumen und Sträuchern schaden sie mit ihrer Lebensweise nicht – und somit genießen wir unseren Weg durch den Flechtenwald. Wir orientieren uns auf unserem Weg an dem Wegzeichen des Pilgerwanderwegs: einer stilisierten Nonne auf weißem Grund.

Nach 150 Metern biegen wir nach rechts in den Wald ein und gelangen über in den Berg gehauene Stufen, die mit dünnen Stämmen gesichert sind, schnell bergan. Etwa 200 Meter schlängelt sich der Weg hinauf, dann zweigen wir an einer T-Kreuzung rechts ab. Hier könnten wir schon auf Bänken Platz nehmen, da unsere Tour aber erst jung ist, nutzen wir diese nicht. Wohl aber genießen wir den Duft, der uns umgibt. Der Wald hält für uns zu jeder Jahreszeit ein Potpourri an guten Gerüchen bereit.

*Über 137 Kilometer führt der **Hildegard von Bingen Pilgerwanderweg** von Idar-Oberstein an der Nahe nach Bingen am Rhein. Auf informativen oder auch meditativen Tafeln wird vom Leben und der Arbeit der Heiligen und über das Mittelalter erzählt.*

Heilige Wege

Von Fischbach nach Herrstein

Unser Weg verläuft nun oberhalb von Fischbach. Die Abbiegung hinab nutzen wir nicht, sondern wandeln weiter auf unserem Pilgerwanderweg, der hier gemeinsam mit dem **Saar-Hunsrück-Steig** und der **Traumschleife Kupfer-Jaspis-Pfad** verläuft. Nach einer Linkskurve bleiben wir auf unserem Pfad, während sich rechts ne-

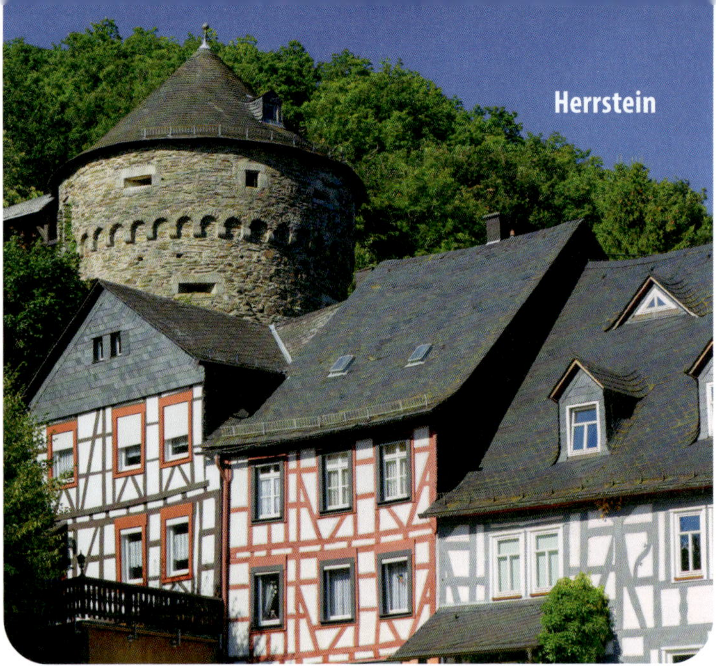

ben uns ein Forstweg erstreckt. Nach etwa 80 Metern treten wir erneut in den Wald ein; uns weisen dabei tanzende Schmetterlinge den Weg. Abwechslungsreich führt der Weg durch kleine Waldabschnitte, es geht zum Teil über Stufen hinauf, an einer Sinnesbank vorbei, bis wir nach 500 Metern nach links abbiegen.

Mittlerweile hatte sich auch kurzzeitig das **Traumschleifchen Fischbacher Kupferspuren** zu uns gesellt, später werden wir dieses noch genauer kennenlernen. Über eine Ginsterwiese, gespickt mit alten Eichenveteranen gelangen wir schließlich auf eine große, freie Fläche: Eine durch Buschensembles aufgelockerte Wiese erwartet uns. Wir lassen unsere Ohren arbeiten … und hören nur natürliche Klänge wie das Vogelgezwitscher, das aus den Büschen hervorschallt. 400 Meter folgen wir den Schildern immer noch leicht bergauf bis zu einem Wiesenweg und biegen nach rechts auf ihn ab. Vor uns liegt eine Raststelle, die wir nutzen könnten, oder wir nehmen direkt den davor liegenden Forstweg nach links. Knapp 100 Meter weiter zweigen wir nach rechts auf einen Wiesenweg ab. Der Wind rauscht hier durch große Fichten, auf die wir zugehen.

Den Wald betreten wir nach etwa 100 Metern und nun beginnt ein neuer Abschnitt: Es geht erst mal anständig bergab, im Tal erklären uns Kupfi und Geisti, die Maskottchen des **Traumschleifchens Fischbacher Kupferspuren,** dass sich hier vor einigen Jahrhunderten das **Bergwerk Birfinck** ❶ befand, aber 1593 einstürzte. Wieder bergauf gelangen wir zu einem Mehlbeerbaum, an dem unser Weg einen Linksschwung nimmt. An einer Gabelung treten wir aus dem Wald heraus und finden uns auf einer eindrucksvollen Wiese wieder, deren Buschgruppen vielen lauteren und leiseren Tieren eine Unterkunft bieten. Wir wandern am rechten Rand der Wiese entlang, biegen nach 250 Metern nach rechts in den Wald und gelangen über Stufen

Für die Seele

Nach der Wanderung sitzen wir in Herrstein im Café Zehntscheune und lassen uns einen hausgemachten Kuchen und einen heißen Kaffee schmecken.

durch den Laubwald bergab. Etwa 100 Meter weiter folgen wir einem etwas breiteren Weg nach links und kommen nach kurzer Zeit an eine **Raststelle** ❷ unter einem grünen Wohlfühlblätterdach. Beschützend ragen die Äste über uns, unser Blick geht über das Tal hinweg und wir könnten hier die Zeit vergessen.

Irgendwann verlassen wir diesen herrlichen Ort und begeben uns wieder auf unseren Weg, der bergab an einer Wiese entlangführt. Nachdem wir erneut den Wald betreten haben, beschreibt der Weg eine Linkskurve, und wir finden uns in einem sehr wilden Abschnitt wieder, in dem Moosbaumstumpfgesellen leben. Unten im Tal hören wir das Rauschen eines Bachs. Nach 200 Metern und zwei Rechtskurven biegen wir an einer T-Kreuzung nach links ab und sind am hölzernen **Eingangstor zur Traumschleife Kupfer-Jaspis-Pfad** ❸ angekommen. Wir lassen das Tor rechts zurück und gehen an der Gabelung nach links hinauf. Unter uns rauscht laut der **Hosenbach** und versucht, unsere Aufmerksamkeit mit einem **Wasserfall** ❹ zu erlangen. Wir erblicken wilde weißschäumende Wassermassen, die zu Tal stürzen.

Der Hosenbach ist nun für einige Zeit unser Begleiter. Mittlerweile haben wir einen ruhigeren Bereich des Baches erreicht und werden links über ihm entlanggeleitet. Im weiteren Verlauf geht es mittels Stegen über kleinere Zuflüsse; der Weg ist abwechslungsreich, führt uns über Stufen hinauf und hinab, an Felsformationen vorbei und durch wilden Wald. Ein **Informationsschild** ❺ klärt darüber auf, dass am Hosenbach früher **Achatschleifen** betrieben wurden, von denen heute nur noch Überreste zu erkennen sind.

Nach etwa 4,8 Kilometer der Wegstrecke erreichen wir eine Wiese mit einer Bank. Der Schwarzspecht schreit im nahen Wäldchen herum, ansonsten erleben wir hier einfach nur Stille. Ob **Hildegard von Bingen** diesen Ort früher aufsuchte und hier neue Inspiration sammelte? Wie mag das Leben für Hildegard gewesen sein, die nach etlichen Verfahren zur Heiligsprechung gegen 1584 kanonisiert und 2012 zur Kirchenlehrerin erhoben wurde?

*1098 erblickte **Hildegard von Bingen** vermutlich in Niederhosenbach das Licht der Welt. Die Universalgelehrte, Theologin, Mystikerin und Musikerin war für viele Menschen schon zu Lebzeiten eine Heilige – auch aufgrund ihrer medizinischen Kenntnisse.*

Weiter geht es durch ein Waldstück mit knorrigen Eichen. Nach 100 Metern gelangen wir an eine Forststraße und überqueren sie. Auf schmalem Pfad wandern wir etwa 250 Meter, kommen auf die Forststraße zurück, biegen links auf sie ein, verlassen sie aber nach wenigen Metern wieder nach links und schreiten durch einen Nadelwald hinauf. Über Wurzeln und Zapfen kommen wir an eine Raststelle, überqueren einen kleinen Bach und halten uns nach 200 Metern links, um einem Forstweg etwa 800 Meter erst durch den Wald und dann durch zwei Wiesen zu folgen.

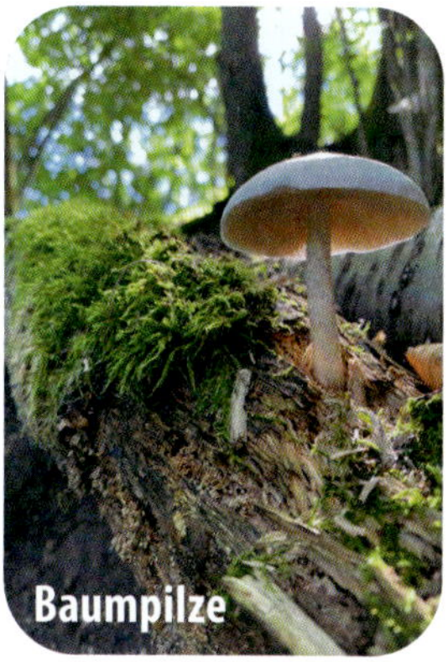
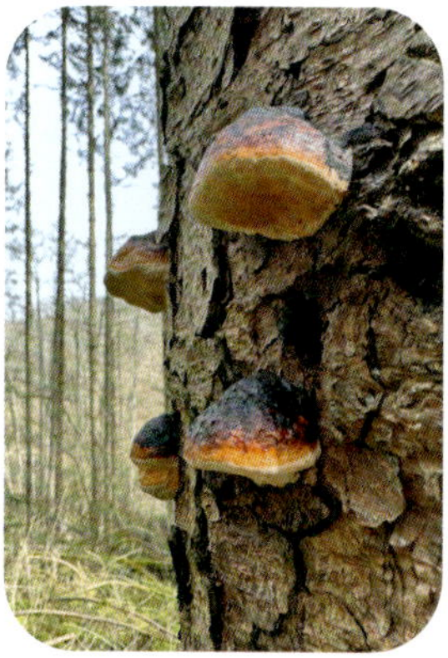
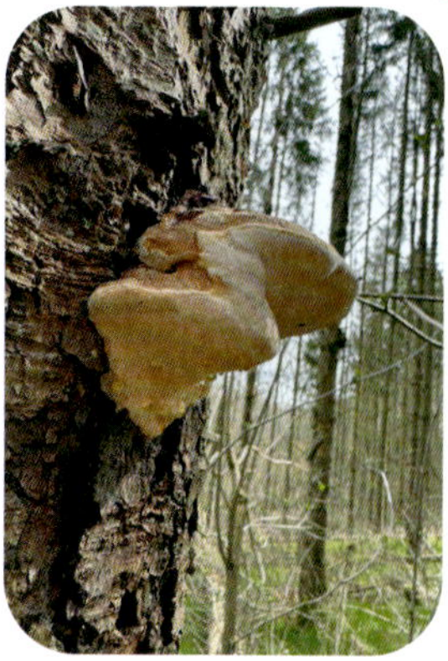

Baumpilze

An einer Kreuzung sehen wir rechts die hübsche **Schutzhütte Kupfer-Jaspis-Pfad ⑥,** in der sich eine Rast anbietet, gehen ansonsten an der Kreuzung aber geradeaus und biegen nach knapp 100 Metern nach rechts ab. Auf einem breiteren Weg schlängeln wir uns durch einen Wald bergauf und halten uns an der nächsten Gabelung links. Etwa 500 Meter weiter zweigt unser Weg nach links ab und wir entdecken eine Sinnesbank, von der der Blick auf das entfernt liegende **Niederhosenbach,** dem vermuteten Geburtsort der Hildegard von Bingen, uns ihr gedanklich nahebringt.

Weiter bergab wandern wir an einer Raststelle vorbei. 300 Meter weiter überqueren wir eine asphaltierte Straße. Der folgende Waldweg führt uns erst nach links, bevor wir an einer Gabelung nach rechts hinaufgehen. Durch den Wald und später zwischen zwei Wiesen entlang gelangen wir an eine weitere Gabelung, an der wir scharf nach links abbiegen. Von hier können wir noch einmal die Weite genießen: Die Aussicht in den hügeligen, waldreichen Hunsrück stimmt immer wieder froh. Nach wenigen Metern wenden wir uns erneut nach links und wandern durch ein Holztor in Richtung **Herrstein.** Noch einmal durchqueren wir ein wildes Stück Wald, gehen auf schmalem Pfad bergab und kommen Herrstein immer näher.

Verwöhntour 11

Regionale Spezialitäten wie gefüllte Klöße, Hunsrücker Saumagen und Kartoffelwurst stehen in der ***Zehntscheune*** *auf der Karte. Die meterdicken Mauern und Eichenbalken des ehemaligen Zehnthofes schaffen ein rustikales, aber gemütliches Ambiente.*

Nach 400 Metern erreichen wir den Ort am **Kirner Weg,** biegen nach links in Richtung des historischen Ortskerns ab und gehen die wenigen Meter bis zur nächsten Abzweigung. Geradeaus sehen wir schon die Bushaltestelle, von der wir die Rückfahrt antreten werden. Zuerst aber biegen wir rechts in die Hauptstraße ab und gelangen durch die **Uhrturmgasse** mit dem imposanten **historischen Uhrturm 7** zur **Zehntscheune 8.** Hier können wir in aller Ruhe auf den Bus warten, der uns zurückbringen wird, uns dabei an hausgemachten Kuchen und Torten oder an einer der Spezialitäten der Region laben und unsere abwechslungsreiche Tour Revue passieren lassen.

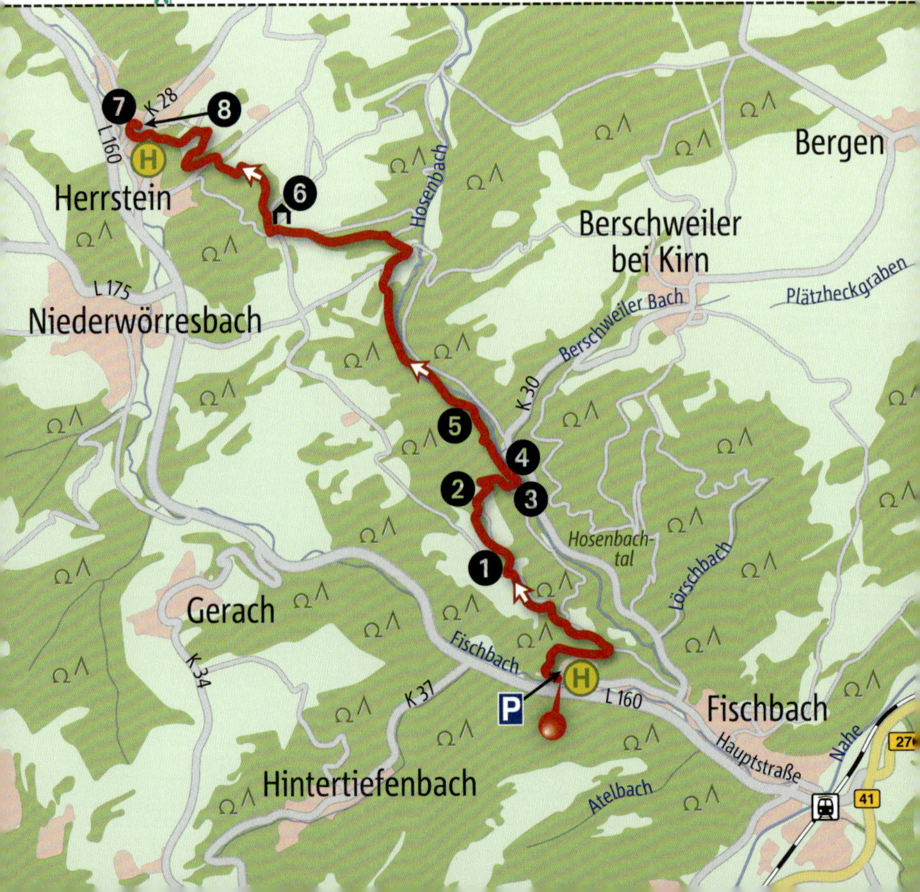

Alles auf einen Blick

WIE & WANN:
Waldwege, Wiesenwege, wenig Asphalt. Beste Wanderzeit: ganzjährig.

HIN & WEG:
Auto: Parkplatz Raststelle Fischbach, Hauptstraße, 55743 Fischbach
(GPS: 49.747273, 7.379278)
ÖPNV: Rufbus 899 von Bruchweiler bis Haltestelle Ortsausgang, Fischbach; Rückkehr zum Ausgangspunkt: Rufbus 899 von Haltestelle Mitte, Herrstein bis Ortsausgang, Fischbach. Achtung: Der Rufbus fährt nach Bedarf und muss mindestens 1 Stunde vor regulärer Abfahrt telefonisch, Tel. (0 61 32) 78 96 16, angefordert werden.

Entspannung ★★★★☆
Genuss ★★★★☆
Romantik ★★★★☆

ESSEN & ENTSPANNEN:
Rucksackverpflegung für unterwegs empfohlen.
Café Zehntscheune ❽ Schlossweg 13, 55756 Herrstein, Tel. (0 67 85) 16 58, www.zehntscheune.de

ENTDECKEN & ERLEBEN:
Ehemaliges Bergwerk Birfinck ❶
Raststelle am Wald ❷
Eingangstor zur Traumschleife Kupfer-Jaspis-Pfad ❸
Wasserfall am Hosenbach ❹
Informationsschild Achatschleifen ❺
Schutzhütte Kupfer-Jaspis-Pfad ❻
Historischer Uhrturm ❼

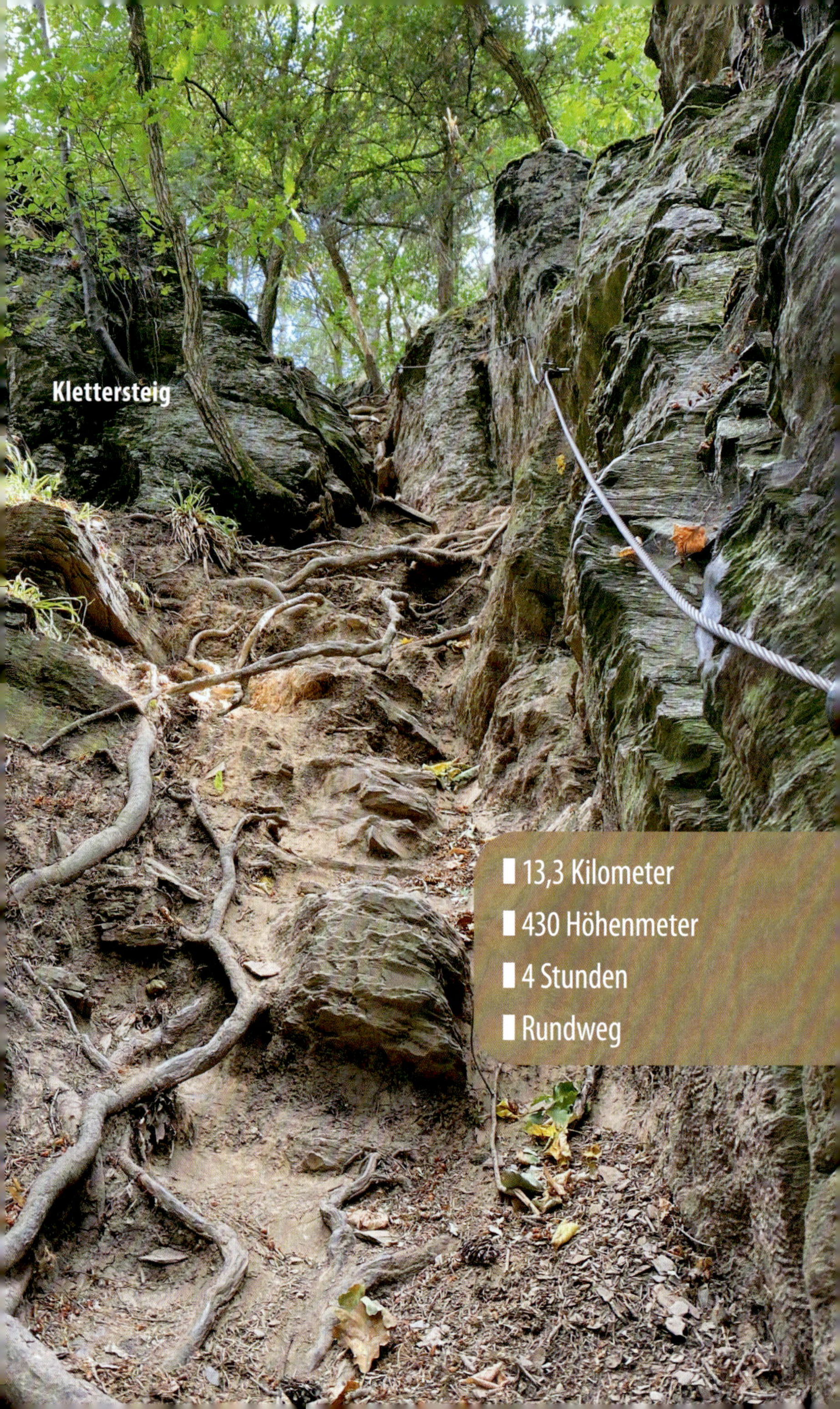

- 13,3 Kilometer
- 430 Höhenmeter
- 4 Stunden
- Rundweg

Unweit der Mosel ist die Mehringer Schweiz eine Möglichkeit, ein kleines bisschen alpin zu klettern und die atemberaubenden Aussichten ins Moseltal zu genießen. Wir starten am Parkplatz an der **Sportanlage** in Mehring und lernen am Informationsschild zum **Moselsteig-Seitensprung** unser Wegzeichen für diese Wanderung kennen: Auf weißem Grund stehen neben einem Kirchturm die Buchstaben M und S, darunter **ExtraTour Mehringer Schweiz.**

Wir lassen die Längsseite des Sportplatzes rechts liegen und wandern dahinter links hinauf. Nach kurzer Zeit sehen wir zum ersten Mal auf den Fluss, wenn auch die Aussicht durch das Gebüsch noch etwas verwachsen ist. Auf dem Rasenweg hinter einem Wohngebiet gehen wir weiter bergauf, wie es für das enge Tal der Mosel typisch ist. Nach einem weiteren Aussichtspunkt gelangen wir auf einen gepflasterten Weg und biegen nach wenigen Metern rechts auf einen kleinen Pfad ab. Waldig ist es um uns, und wir bewegen uns noch immer bergauf. Von unten vernehmen wir die Geräusche der Zivilisation, hier oben im Wald ist es

*Der **Moselsteig** begleitet den deutschen Mosellauf von Perl an der deutsch-französisch-luxemburgischen Grenze bis zur Mündung in Koblenz auf 365 Kilometern. Die Strecke ist in 24 Etappen unterteilt, mehr als 30 Rundwanderwege ergänzen das Wanderangebot.*

Klettertour

Die Mehringer Schweiz

rings um uns still. Hier und da zwitschert es in den Hecken und Bäumen.

Mittlerweile schreiten wir auf einem etwas breiteren Weg bergab, auf diesem haben wir wieder eine wundervolle Sicht auf die Mosel, die gemächlich in ihrem breiten Flussbett dahinfließt. Es geht weiter berg-

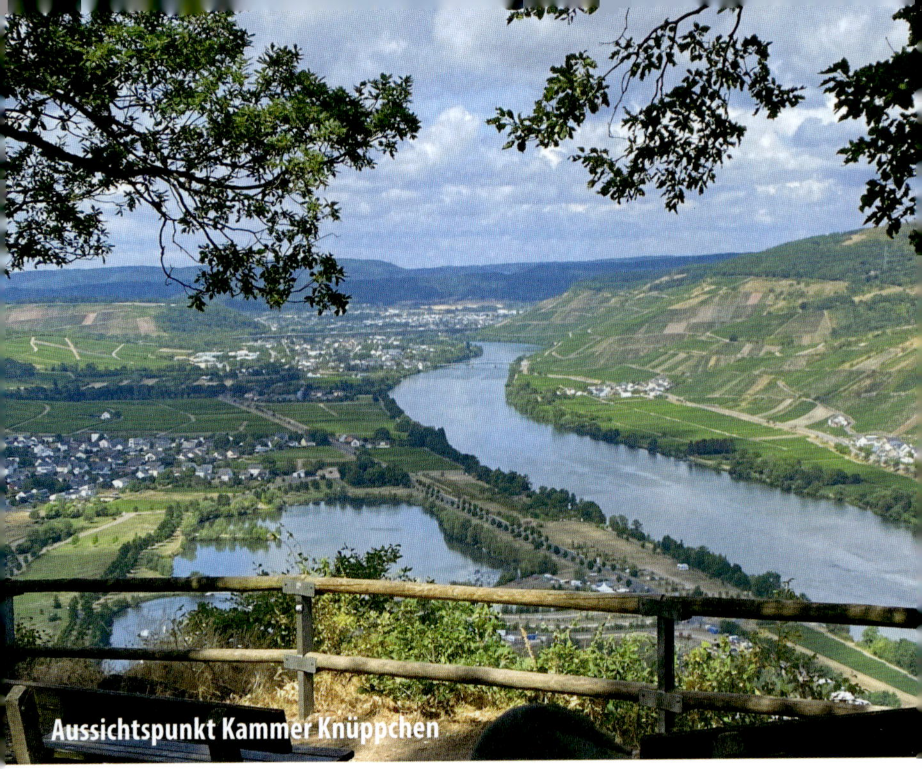

Aussichtspunkt Kammer Knüppchen

ab und wir treffen auf die Mündung des **Molesbachs ❶**, dem wir nun, den Bach zu unserer Rechten, folgen. Beidseits des Baches sehen wir uralte Baumveteranen: Buchen, Eichen und auch Nadelhölzer. 600 Meter weiter leitet uns der Bach bei einem Spielplatz durch eine Linkskurve. Auf einem Schild lesen wir, dass unser Weg nun entlang des Molesbaches bis hinauf zum Kammer Knüppchen führt, es sei denn, man nehme, wie wir es tun werden, den **Klettersteig ❷**.

Dieser verläuft nach 200 Metern scharf links in den Berg. Nachdem es auf den letzten Metern schon leicht aufwärts ging, steigt der Weg im Wald stetig. Wir gelangen auf einen breiteren Waldweg und biegen direkt nach dessen Überquerung links ab. Die Wegmarkierung ist nun eine rot-weiße Fahne. Wir wandern steil hinauf, über Wurzeln hinweg und durch Felsen hindurch. Die sehr steilen Passagen sind mit Seilen ausgestattet, an denen wir uns halten können und manchmal sogar hinaufziehen müssen. Im Hunsrück an den

Rhein- und Moselhängen gibt es ein paar solcher leichten Klettersteige oder Steilpassagen, vergleichbar mit denen in den südlicheren Gebirgen sind sie natürlich nicht. Um die Muskeln mal ein wenig anders zu beanspruchen, sind sie allerdings gut geeignet. Die Schritte müssen mit besonderer Achtsamkeit gesetzt werden und schwindelfrei sollte der Wanderer sein.

Schnaufend gelangen wir nach 500 Metern, auf denen wir gute 120 Höhenmeter bewältigt haben, an den **Aussichtspunkt Kammer Knüppchen ③**, das manchmal auch Kumer Knüppchen genannt wird, mit seinem Gipfelkreuz und genießen eine längere Zeit diese fesselnde Aussicht auf die Mosel, auf der wir große Schiffe fahren sehen, auf die Orte Riol und Longuich sowie auf den **Freizeitsee Triolago** mit seinen vielfältigen Sportangeboten. Hier oben dürfen wir die Zeit nicht vergessen; schließlich gibt es noch einige Kilometer zu erwandern, aber ein bisschen Genießen sei erlaubt.

Hinter dem Aussichtspunkt trennen sich die Pfade: Eine Steilpassage führt nach links. Eine Infotafel weist darauf hin, dass Trittsicherheit und Schwindelfreiheit

Für die Seele

Wir schauen von oben hinab zur Mosel und genießen die Windungen, die der Fluss über Tausende Jahre in das Tal geschliffen hat.

verlangt werden, aber die schönere Strecke ist es allemal. Wer lieber gemächlicher gehen möchte, nutzt wenige Meter hinter der Abzweigung zur Passage die Forststraße ebenfalls nach links.

Am Ende der steilen Passage, die wir auf schmalem Weg bewältigen, treffen wir auf die besagte Forststraße, schwenken nach links – respektive gehen ein Stückchen auf ihr weiter, wenn wir uns für die gemächlichere Variante entschieden haben – und biegen von ihr wenige Meter weiter rechts ab. Uns erwartet ein Singletrail durch einen Waldabschnitt, der gerade aufgeforstet wird. Wir schnaufen wieder bergauf und treffen an einer T-Kreuzung auf einen breiteren Weg, auf den wir nach links einschwenken. 3,6 Kilometer sind wir erst unterwegs, blicken aber schon auf so viele Erlebnisse zurück. So kommt es uns sehr gelegen, dass der folgende Abschnitt uns die Gelegenheit gibt, etwas durchzuatmen. Es geht zwar leicht bergauf, der Weg ist aber weniger anspruchsvoll als bisher. Durch die Bäume erhaschen wir immer wieder Blicke auf die Mosel. Wir schnuppern einen süßlichen, fruchtigen Geruch, den die Pflanzen im Wald hervorbringen. Es geht nun mal bergauf, mal bergab, an einer Gabelung halten wir uns rechts, bei der nächsten wandern wir links einen kleinen Pfad hinab, immer der Markierung der ExtraTour folgend. Durch einen Buchenwald führt der Weg, junge Bäume mit einem extrem grünen Blätterkleid beobachten unsere Schritte.

Nach etwa 2,3 Kilometern auf dem Singletrail treffen wir auf die Straße K85. Der Parkplatz rechts von uns an der **Mehringer Höhe** ❹ wäre ein alternativer Startpunkt. Wir überqueren die K 85 leicht nach rechts versetzt und treten direkt wieder in den Wald ein. Nach 200 Metern gehen wir nach rechts, ein paar Stufen hinauf. Alte mächtige Buchen treffen wir hier, ihr Blätterdach beschützt uns von oben, an ihren Füßen spazieren wir auf einem weichen Waldboden dahin. Ein Traum für die Füße! Wir stoßen auf einen Forstweg, laufen ihn geradeaus weiter und erreichen nach knapp 200 Metern den **Aussichtspunkt Fünf-Seen-Blick** ❺ mit seinem Aussichtsturm. Ab 2023 ist er voraussichtlich wieder zugänglich.

Am Aussichtspunkt ***Fünf-Seen-Blick*** *sieht man die Mosel fünfmal. Bergkuppen unterbrechen den Blick auf den Fluss, sodass die Moselausschnitte wie fünf Seen erscheinen. Achtung: Am Rhein bei Boppard gibt es einen gleichnamigen Turm mit Aussicht.*

Wir biegen am Turm scharf nach links ab und von nun an geht es bergab. Der Untergrund ist weich und wir müssen aufpassen, wie wir unsere Füße setzen, denn es liegen Zapfen herum und Wurzeln angeln nach unseren Füßen. An einer Gabelung halten wir uns rechts, überqueren einen weiteren Weg und wandern einige Serpentinen hinab. Wir kommen an Stufen, hinter denen wir wieder nach rechts abzweigen. Rechts von uns entdecken wir mächtige Schieferformationen. Es ist immer wieder faszinierend, zu sehen, wie diese mächtigen Gesteine in den vielen Jahrtausenden geformt und aufgestellt wurden. Der Weg verläuft mal weniger, mal mehr bergab. Wir bewegen uns stets auf der Kammlinie des Berges und kommen so dem Moseltal immer näher. Unser Zeichen führt uns nach einiger Zeit auf einen asphaltierten Weg. Plötzlich ist alles voller Weinberge, die in der Sonne liegen. Kurze Zeit später biegen wir links ab und schreiten zurück in Richtung Mehring.

Nun wird es noch mal spannend: Wir durchwandern einen **aufgelassenen Steinbruch** 6 und auf schma-

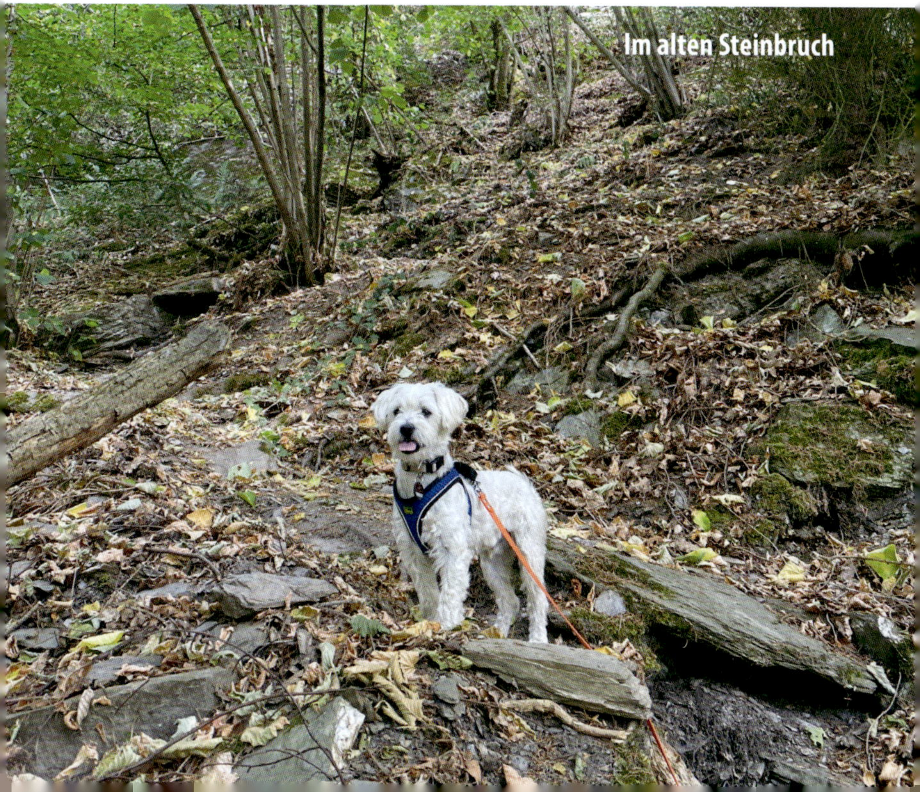
Im alten Steinbruch

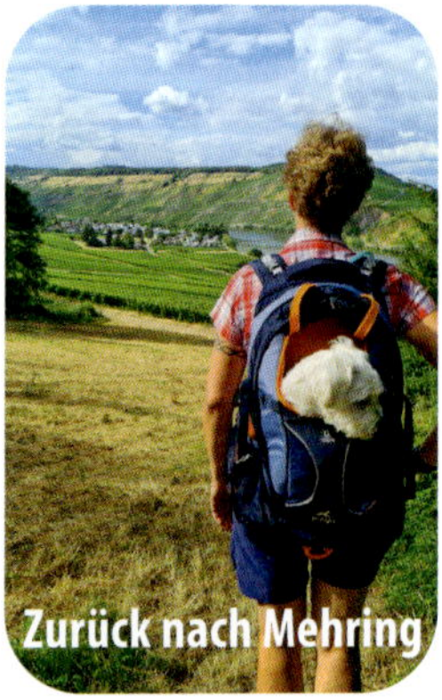

len Pfaden durch einen Steilhang. Folglich müssen auch wir ordentlich steil empor, es gilt, eine kurze Leiter zu erklimmen, an anderer Stelle sichern Seile die Wanderer. Wir schnaufen hinauf und erreichen schließlich einen Waldweg. Bis nach Mehring zurück geht es danach durch Weinberge, wir treffen auf eine **Grillhütte und ein Wassertretbecken** ❼. Dort biegen wir nach rechts ab und gelangen auf einem asphaltierten Weg in den Ort auf die Straße **Am Sportplatz,** die uns zum Parkplatz zurückführt. Vorher können wir noch die **Römische Villa Rustica** ❽ besuchen, indem wir an der zweiten Abzweigung **In der Kirchheck** wenige Meter nach rechts gehen.

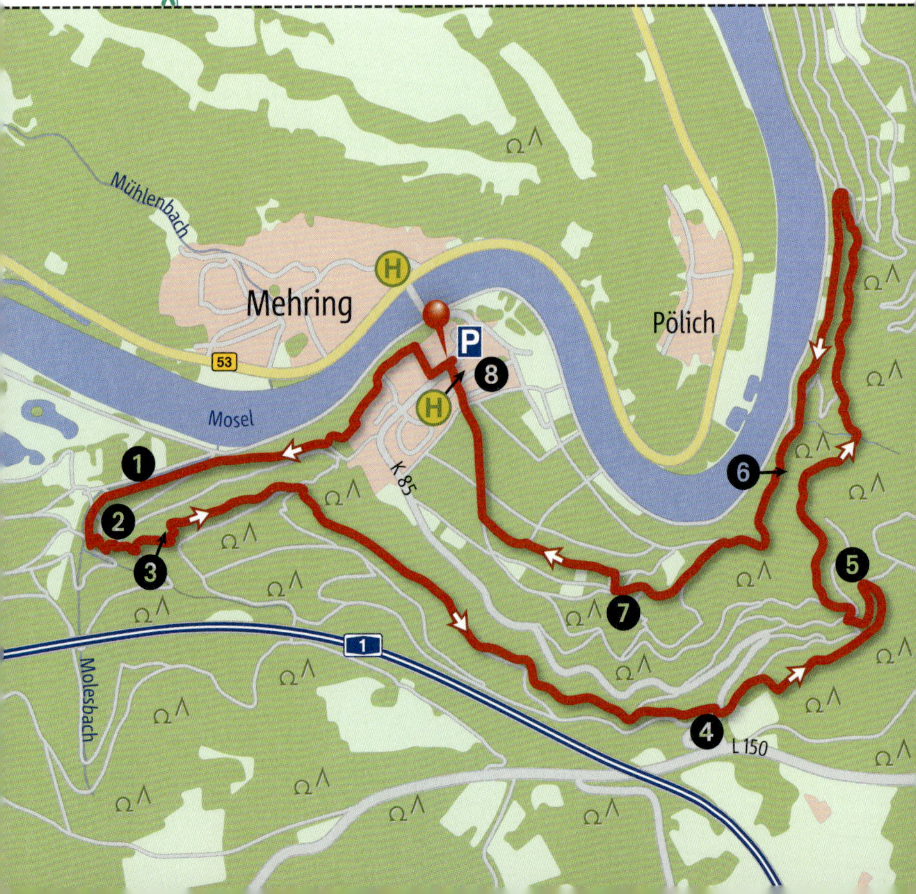

Alles auf einen Blick

WIE & WANN:
Schmale Pfade, Waldwege, wenig asphaltierte Wege nahe des Orts. Kletterpassagen nicht bei Schnee oder Regen begehen, es gibt jeweils eine alternative Wegeführung. Beste Wanderzeit: April bis Oktober.

HIN & WEG:
Auto: Parkplatz an der Sportanlage, Peter-Vogt-Straße, 54346 Mehring (GPS: 49.79385, 6.83117)
ÖPNV: Bus 220 von Trier bis Haltestelle Sportplatz, Mehring, oder Brückenstraße, Mehring, von Brückenstraße über die Moselbrücke, dann rechts bis Anschluss an die Tour hinter dem Sportplatz

ESSEN & ENTSPANNEN:
Keine Einkehrmöglichkeit an der Strecke. Bitte Rucksackverpflegung mitnehmen.

ENTDECKEN & ERLEBEN:
Molesbach ❶ Klettersteig ❷
Aussichtspunkt Kammer Knüppchen ❸
Mehringer Höhe ❹
Aussichtspunkt Fünf-Seen-Blick ❺
Ehemaliger Steinbruch ❻

Entspannung ★★★☆☆
Genuss ★★★☆☆
Entspannung ★★★☆☆

Grillhütte und Wassertretbecken ❼
Römische Villa Rustica ❽ In der Kirchheck 20, 54346 Mehring, www.strassen-der-roemer.eu

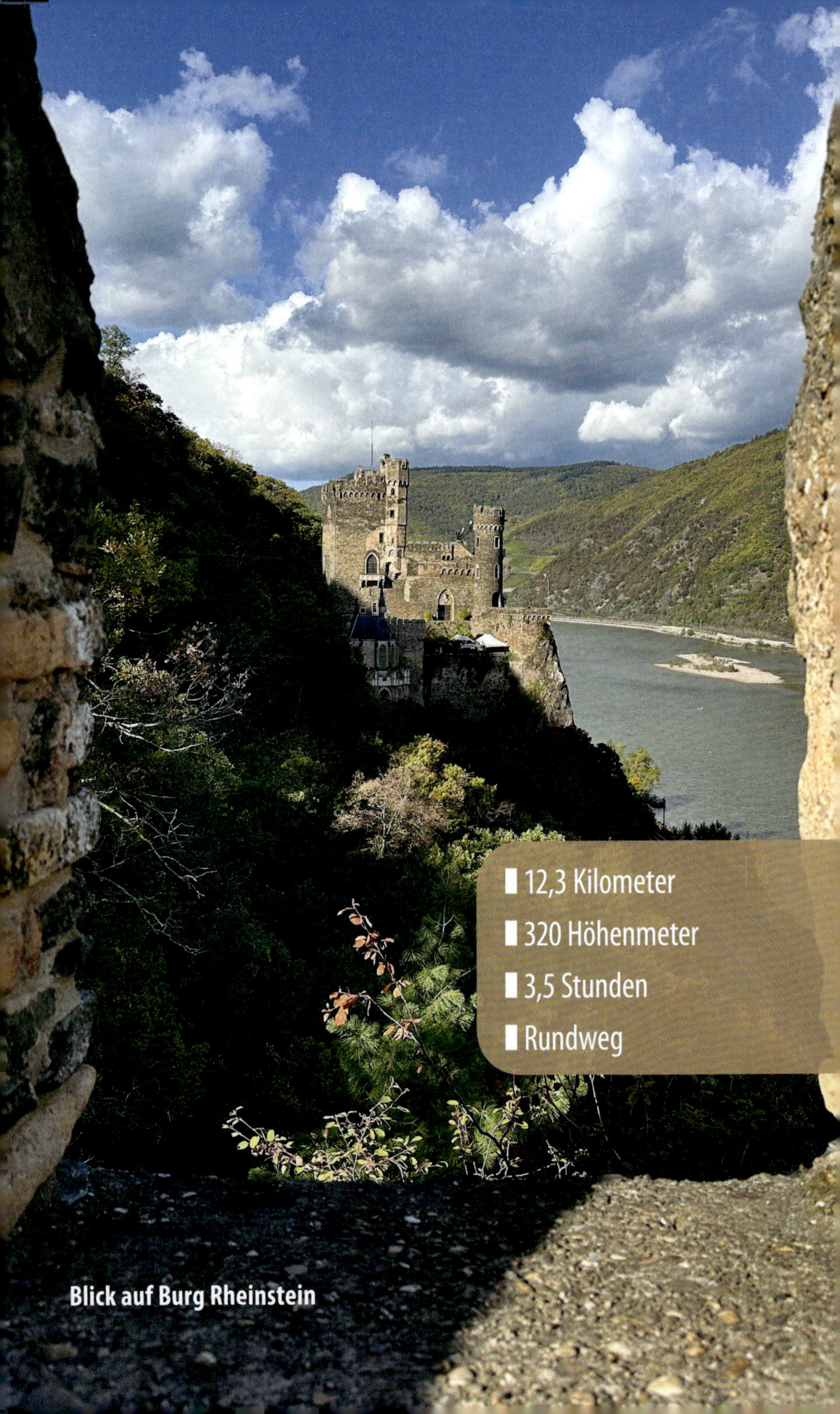

- 12,3 Kilometer
- 320 Höhenmeter
- 3,5 Stunden
- Rundweg

Blick auf Burg Rheinstein

Wir starten am Parkplatz des **Forsthauses Jägerhaus ①,** lassen das Restaurant links liegen und wandern zum Einstieg gemächlich einen Wiesenweg hinab Richtung **Steckeschlääferklamm.** Unten angelangt, überqueren wir den Morgenbach und erreichen eine mächtige Wanderwege-Kreuzung. Hier treffen sich Wanderwege von Rang und Namen: der Welterbesteig, der Hildegard-von-Bingen-Pilgerwanderweg und der Soonwaldsteig. Die Klamm heben wir uns für den Schluss auf, biegen nun links ab und bewegen uns auf einem breiten Waldweg leicht bergab. Links neben uns plätschert der **Morgenbach ②** leise dahin. Dass er auch anders kann, hat er in den vergangenen Jahren bewiesen. Lange Zeit war das Morgenbachtal gesperrt. Mittlerweile wurden die Wege gesichert und wir dürfen dieses schöne Tal wieder begehen.

Voller Freude bestaunen wir die großen Bäume seitlich des Weges, ihr Blätterdach zaubert ein unfassbar schönes Grün. Hier und da sehen wir Baumpilze wie den Gemeinen Schwefelporling; die Natur schafft einfach wundervolle Gebilde. Im weiteren Verlauf sichern

Märchenwelten

Durch den Binger Wald

große Gabionen unseren Weg. Wir ignorieren mehrere Wanderwege, die nach rechts abzweigen, und spazieren ohne Anstrengung am Morgenbach entlang, der sich mal etwas wegschlängelt, mal nah bei uns ist.

Fast 2 Kilometer begleiten wir so den Morgenbach, bis wir an einer Gabelung einen großen Schilderbaum

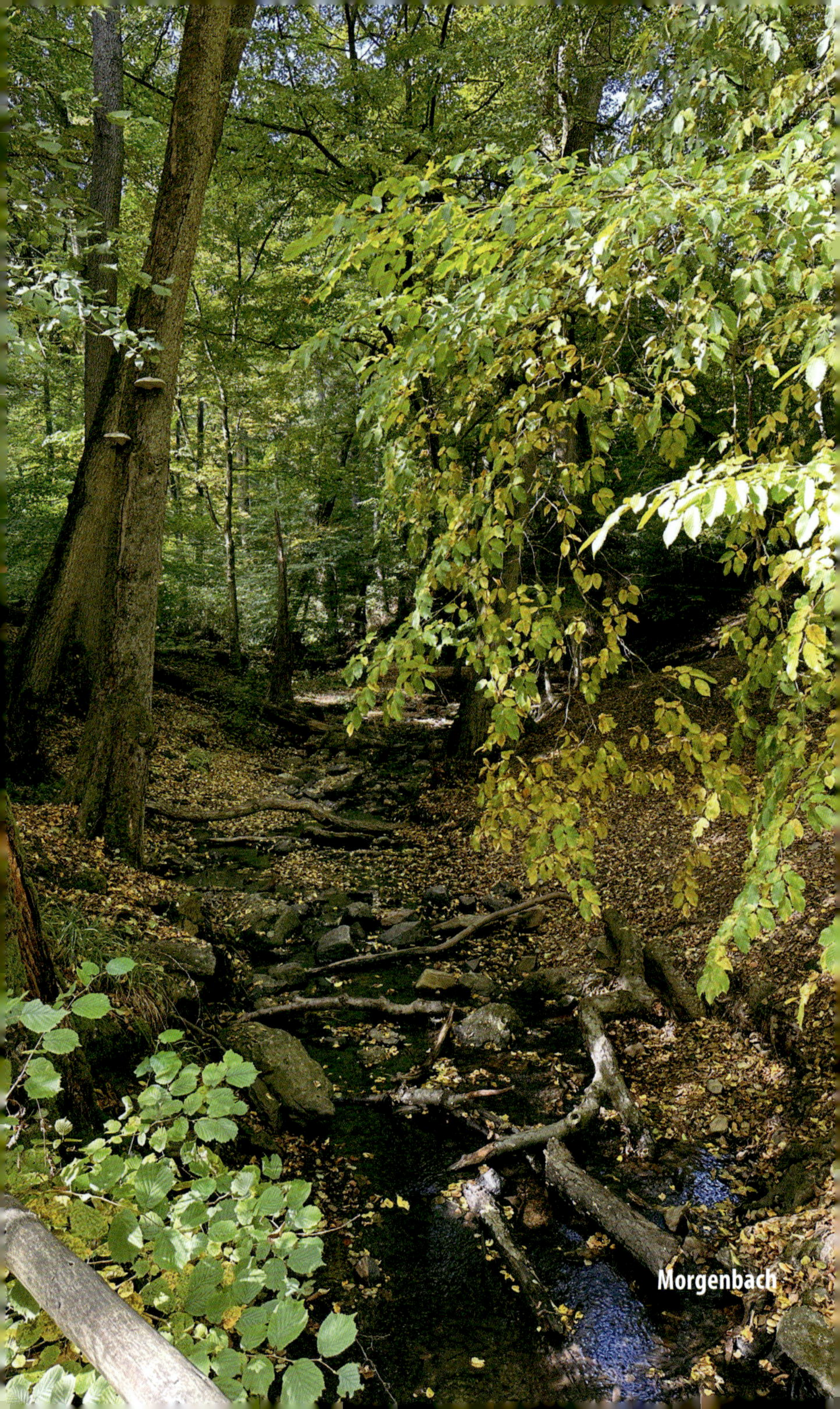
Morgenbach

und eine rote Schutzhütte entdecken. Wir schreiten geradeaus durch ein **Holztor in die Zukunft ③,** so verheißt zumindest der Schriftzug an dem Tor. Weiter geht es den Morgenbach entlang. Es folgen wunderschöne Bachpassagen, mal wild, mal märchenhaft dahinplätschernd, Vögelchen bedienen sich am kühlen Nass, Insekten schwirren umher, Felsklopse liegen im Bachbett. Es ist ein Wohlfühlweg. Der Bach windet sich um den rechts von uns liegenden **Ohligsberg,** verjüngt sich dabei allmählich, zwängt sich durch Felsgänge, Bäume liegen zum Teil kreuz und quer; der abenteuerliche Weg beschert uns lauter reizvolle Blicke. Etwa 1,6 Kilometer hinter dem Zukunftstor erreichen wir eine Wegespinne, links haben wir gerade ein auf der anderen Bachseite stehendes Gehöft passiert. Wir verlassen den Bach und gehen einen engen Weg nach rechts hinauf, zuerst über Steinstufen hinweg, dann auf einem schmalen Bergpfad. Schnell kommen wir ins Schnaufen, bisher hatte der Weg nur entspannende Passagen für uns, jetzt wird der Puls aber in die Höhe getrieben. Zum Teil können wir uns an Seilen halten, um die

Für die Seele

Wir sitzen oberhalb des Rheins, schauen auf den Mäuseturm, die Schiffe und das emsige Treiben im Mittelrheintal und genießen die Ruhe um uns herum.

steilsten Abschnitte zu meistern. Das Schönste an Anstiegen ist aber der Gedanke, dass es auf dem Weg immer eine Belohnung gibt. In unserem Fall sind das beflügelnde Ausblicke auf den Rhein, die felsig ausschauende, gegenüberliegende Rheinseite, auf der der bekannte Rheinsteig verläuft, und schließlich auch der **Reichensteinblick ④** auf die gleichnamige Burg.

Am Ausblick orientieren wir uns an den Schildern der Baumgeister-Tour, nehmen den Weg nach rechts und wenige Meter weiter geradeaus. Große Felsformationen türmen sich rechts neben uns auf, unser Weg ist wurzelig, steinig und schmal. An der folgenden Weggabelung, gute 100 Meter weiter, halten wir uns links und wandern leicht bergab auf einem etwas breiteren Waldweg, um uns herum majestätische Baumgestalten, die den Weg grün erscheinen lassen. Etwa 400 Meter später biegen wir nach links und steigen auf einem serpentinartigen Weg hinab Richtung Rhein. Nach vier Spitzkehren führt uns der Weg zur malerischen **Burg Rheinstein 5**; wir können ihr einen Besuch abstatten und im **Kleinen Weinprinz** einkehren, entscheiden uns aber zum Weiterwandern. Ein kurzer Abstecher bietet sich an dem Wachturm an, den wir nach 300 Metern links erblicken. Von hier ist die Sicht auf die Burg und den Rhein märchenhaft.

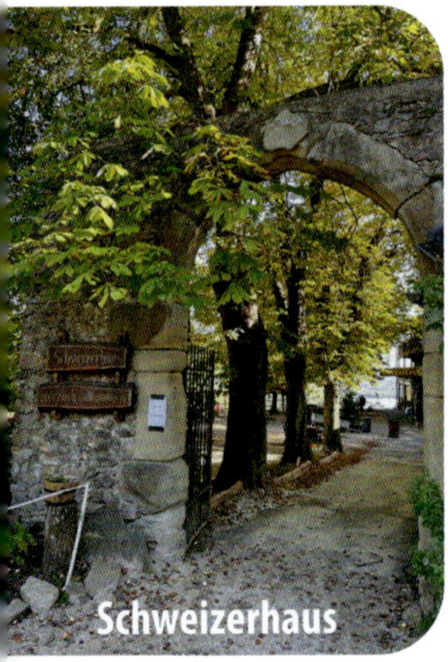
Schweizerhaus

Nach der ganzen Schwärmerei geht es nun erst mal wieder auf einem schmalen steinigen Weg steil bergan Richtung **Schweizerhaus 6**, das wir nach weiteren 400 Metern erreichen. Die Aussicht auf den sagenumwobenen Vater Rhein bis hin zum Binger Mäuseturm genießen wir von der Terrasse des über 700 Jahre alten Anwesens. Während der folgenden Passage, die zwar weiterhin leicht bergan führt, aber auf einem breiten, gut ausgebauten Weg, der auch als Zufahrtsweg dient, denken wir darüber nach, wie wundervoll der Hunsrück ist. Überall erwarten uns Schönheiten, eine Natur, in der wir Kraft sammeln, kulturelle Highlights, die uns spannende Stunden schenken, und auch diese traumhaften Wanderwege, die wir erschließen dürfen.

Nach 300 Metern erreichen wir eine Gabelung, an der wir uns links halten und auf einem schmaleren Pfad wieder etwas bergab wandeln. Bald liegt der kleine **Possbach** vor uns, den wir in einer Spitzkehre überschreiten. Keine 100 Meter dahinter gabelt sich der Weg im wilden Wald abermals und dieses Mal nehmen wir die rechte

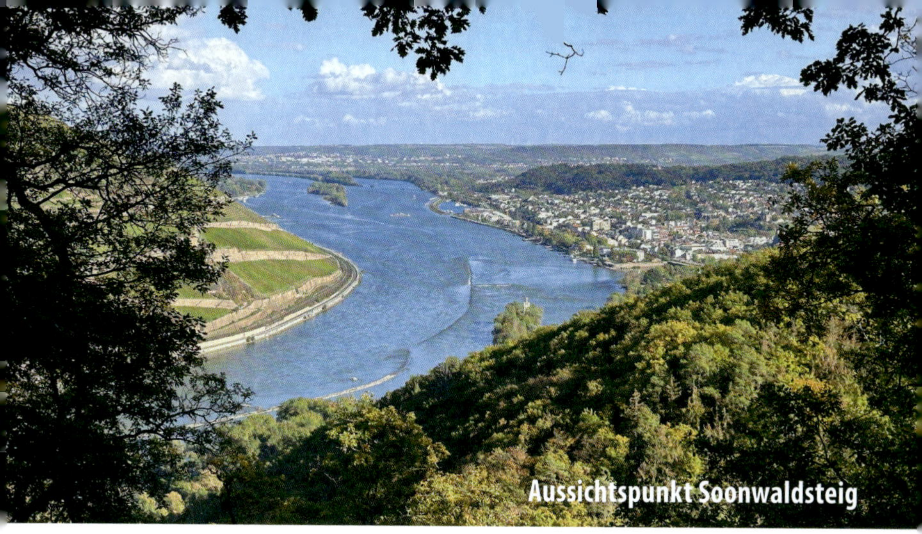

Aussichtspunkt Soonwaldsteig

Abbiegung. Nun geht es über 1 Kilometer etwa 100 Höhenmeter bergauf. Der **Binger Wald** zeigt sich hier von seiner unbändigen Seite. Bäume liegen wie Mikadostäbe herum, unser Weg ist immer gerade so breit, wie es der Wald erlaubt.

An den **Aussichtspunkten Damianskopf** und kurze Zeit später **Soonwaldsteig** ⑦ blicken wir hinunter auf den Rhein mit dem **Binger Loch** und auf den Ort Bingen, entdecken die Nahemündung und den Mäuseturm und weiter hinten die Orte Gau-Algesheim und Ingelheim in Rheinhessen. Wir befinden uns hier nahezu am südöstlichsten Punkt des Hunsrücks.

Einen halben Kilometer dahinter erreichen wir das **Forsthaus Heiligkreuz** ⑧, wir wandern daran vorbei – oder kehren ein, je nach Durst- und Hungerzustand. Nach wenigen Metern links auf der Straße zweigen wir rechts ab und betreten den Wald über Holztreppen. Kurz danach biegen wir rechts auf einen breiteren Waldweg ab und werden hier vom **Erlebnispfad Binger Wald** begleitet. Er hält einige Überraschungen für die Kleinen bereit, zum Beispiel eine **Hängebrücke** ⑨, die wir nach etwa 400 Metern erreichen.

Es geht weiter leicht bergauf, die verschiedenen Stationen des Erlebnisweges lassen uns dies aber kaum merken. Auf dem **Kieskautweg** wandern wir bis zur **Villa Rustica** ⑩, einem ehemaligen römischen Bauern-

*Am **Binger Loch** verläuft ein Quarzit-Riff quer durch den Rhein, das bis ins 19. Jahrhundert die Schifffahrt behinderte. Im 17. Jahrhundert wurde deshalb erstmals eine Scharte in den Fels gesprengt. Die drei Lochsteine sind Überbleibsel dieses Riffs.*

*Auf dem etwa 4,5 Kilometer langen Rundweg durch die schönen Wälder des **Erlebnispfads Binger Wald** finden wir kopfstehende Bäume, eine Hängebrücke über die Klamm, verschiedene Spiele und Bewegungsmöglichkeiten: spannend für jedes Alter.*

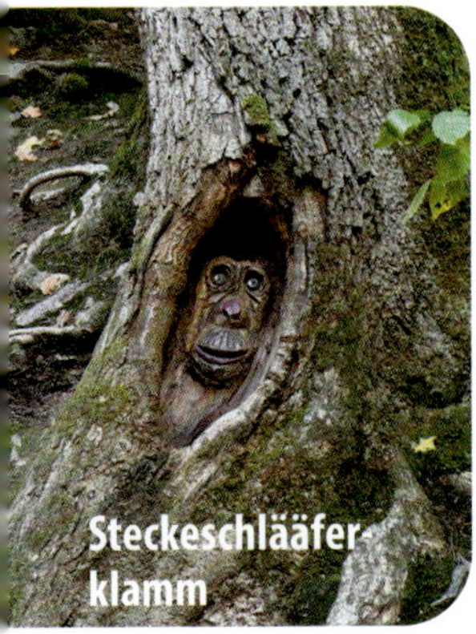

Steckeschlääfer-klamm

hof. Nachdem wir die Grillhütte Lärchenwiese passiert haben, überqueren wir eine schmale Straße und betreten erneut den Wald. Kurze Zeit später gelangen wir zur **Steckeschlääferklamm** ⑪, dem eigentlichen Highlight, das wir uns bis zum Schluss aufbewahrt haben. Wir können uns zwischen den vielen **Gesichtern im Wald** nun viel Zeit lassen, können sie suchen, betrachten, bewundern, wertschätzen und uns wie in einem verwunschenen Märchenwald fühlen. 66 Stück sollen hier im Wald und am Weg am **Hasselbach** entlang existieren. Am Ende der Klamm gehen wir den kurzen, uns schon bekannten Weg zum **Forsthaus Jägerhaus** und sind nach etwas mehr als 12 Kilometern wieder am Start angelangt.

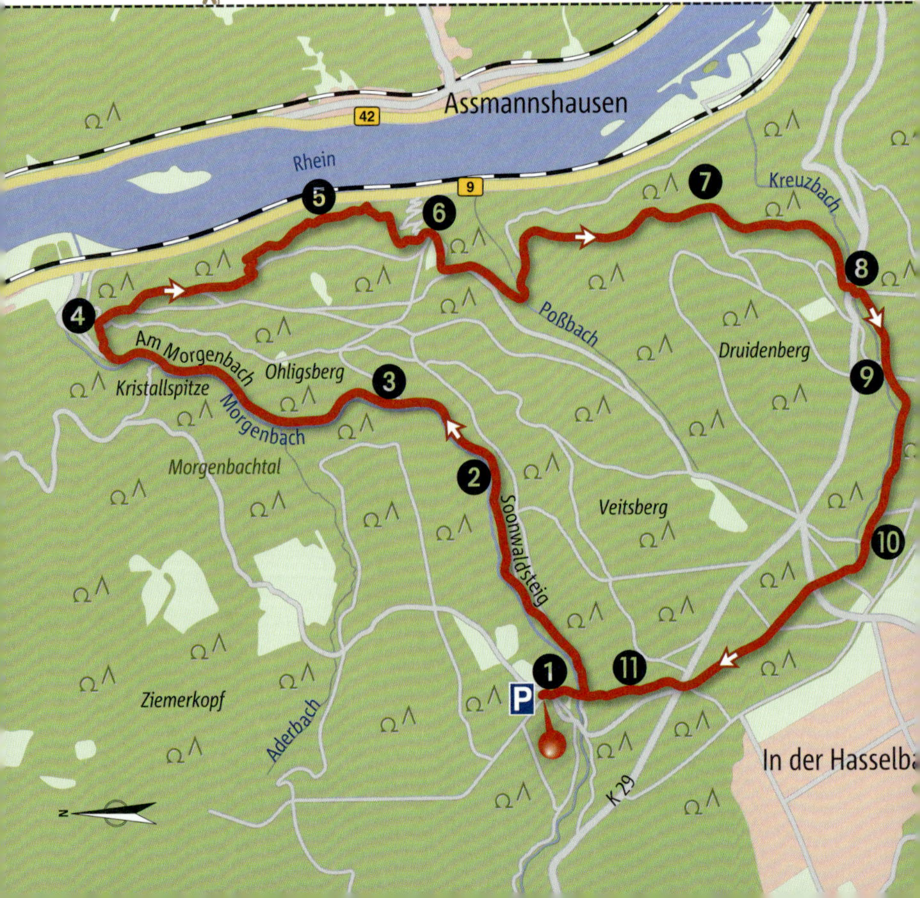

Alles auf einen Blick

WIE & WANN:
Waldwege, schmale Pfade. Beste Wanderzeit: März bis Oktober. Der Binger Wald ist ein gut besuchter Erholungsraum, deswegen empfehlen wir eine Wanderung nicht am Wochenende.

HIN & WEG:
Auto: Parkplatz am Forsthaus Jägerhaus, Binger Wald, 55413 Weiler bei Bingen (GPS: 49.98437, 7.82735)
ÖPNV: Keine Anbindung an die Strecke

ESSEN & ENTSPANNEN:
Forsthaus Jägerhaus ❶ Binger Wald, 55413 Weiler, Tel. (0 67 21) 15 92 41, www.forsthaus-jägerhaus.de
Kleiner Weinprinz auf Burg Rheinstein ❺ 55413 Trechtingshausen, Tel. (0 67 21) 63 77, www.burg-rheinstein.de
Schweizerhaus ❻ Schweizerhaus 1–3, 55413 Trechtingshausen, Tel. (01 72) 5 75 13 40, www.schweizerhaus-am-rhein.de
Forsthaus Heiligkreuz ❽ Heilig-Kreuz-Weg 8, 55411 Bingen, Tel. (0 67 21) 4 00 38 28, www.forsthaus-heiligkreuz.com

Entspannung ★★★☆☆
Genuss ★★★★★
Romantik ★★★☆☆

ENTDECKEN & ERLEBEN:
Morgenbach ❷ **Holztor in die Zukunft** ❸
Reichensteinblick ❹ **Burg Rheinstein** ❺ siehe ESSEN & ENTSPANNEN
Aussichtspunkte Damianskopf und Soonwaldsteig ❼
Hängebrücke ❾ **Villa Rustica** ❿
Steckeschlääferklamm ⓫

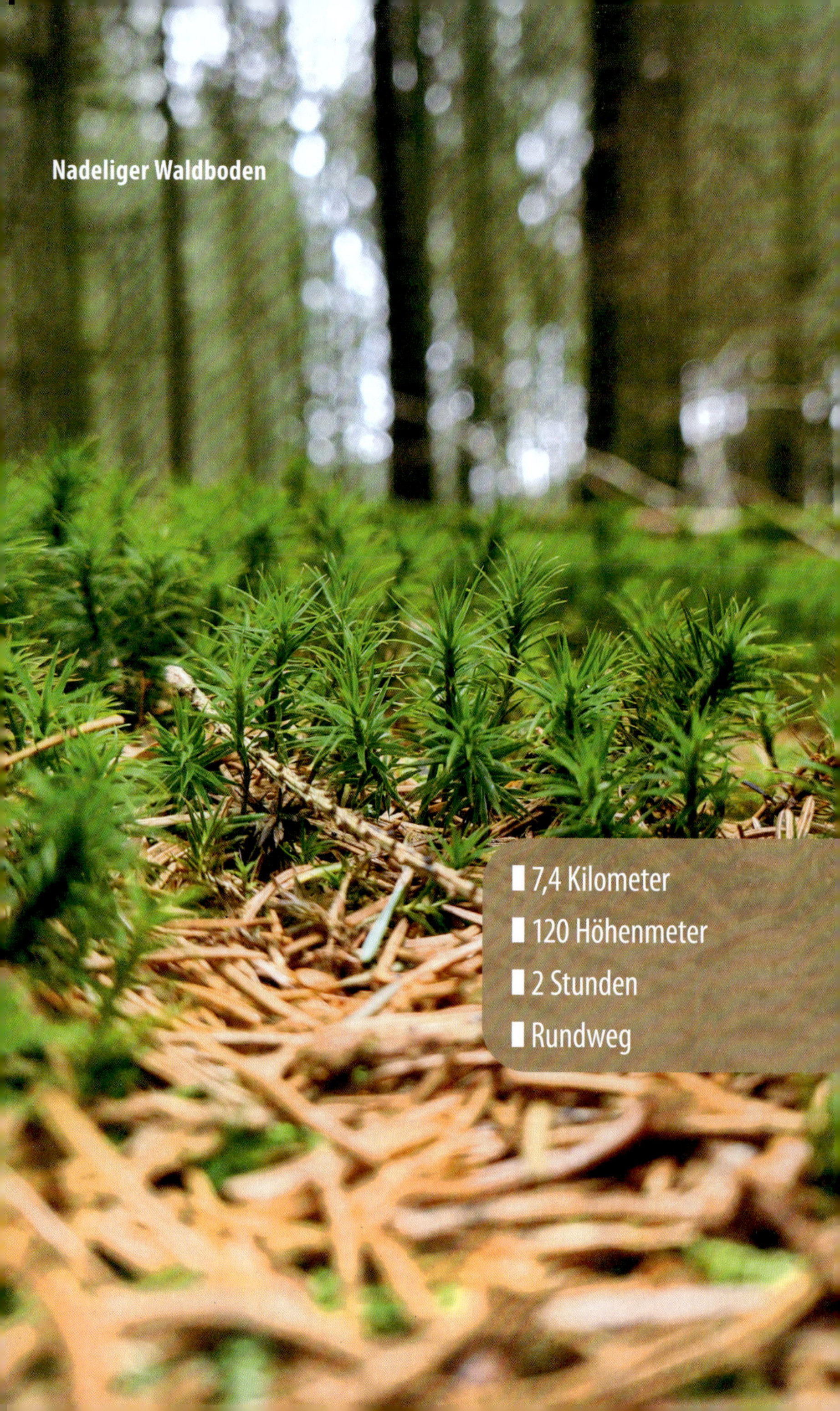

Nadeliger Waldboden

Im Schwarzwälder Hochwald, genauer gesagt im Naturschutzgebiet **Wadrilltal,** liegt diese kürzere Tour – und uns erwartet Natur in ihrer schönsten Ausprägung.

Der Start befindet sich am **Parkplatz an der B 407** zwischen Reinsfeld und Kell am See. Wir verlassen ihn südwärts und queren über eine kleine Brücke die **Wadrill.** Wenige Meter weiter entdecken wir links die mächtige **Felsformation Frau Holle** ❶, das Herzstück der gleichnamigen Traumschleife, deren lila Wegzeichen mit dem geschwungenen SH wir auf unserem Weg folgen. Nach germanischem Volksglauben sollen im unteren Bereich dieser Steine die Augen von Frau Holle zu sehen sein. Rechts des Weges können wir auf Sinnesbänken die mächtigen Felsen und auch den Ausblick in das Naturschutzgebiet auf uns wirken lassen. Zurück auf dem Weg halten wir uns an einer Gabelung rechts, überschreiten das Bächlein ein zweites Mal, gehen geradeaus, folgen unseren Wegweisern an der nächsten Gabelung nach links und biegen 50 Meter dahinter nach links auf einen schmalen Wiesenpfad ab.

Das 167 Hektar große, 2016 unter Naturschutz gestellte ***Wadrilltal*** *ist geprägt durch Auwälder, Seen und verschiedene Wiesenarten. Ansässige Tierarten, wie der Große Feuerfalter, sollen hier erhalten und andere, wie der Eisvogel, beheimatet werden.*

Pure Entspannung

Das Naturschutzgebiet Wadrill

Über eine Brücke queren wir erneut die Wadrill und biegen nach 50 Metern rechts auf einen breiteren Weg ab, um uns nach weiteren 50 Metern links auf einen schmalen Pfad führen zu lassen. Hier beginnt der einzige größere Anstieg unserer Wanderung. Zwischen Ginsterbüschen rechts und Felsen links wan-

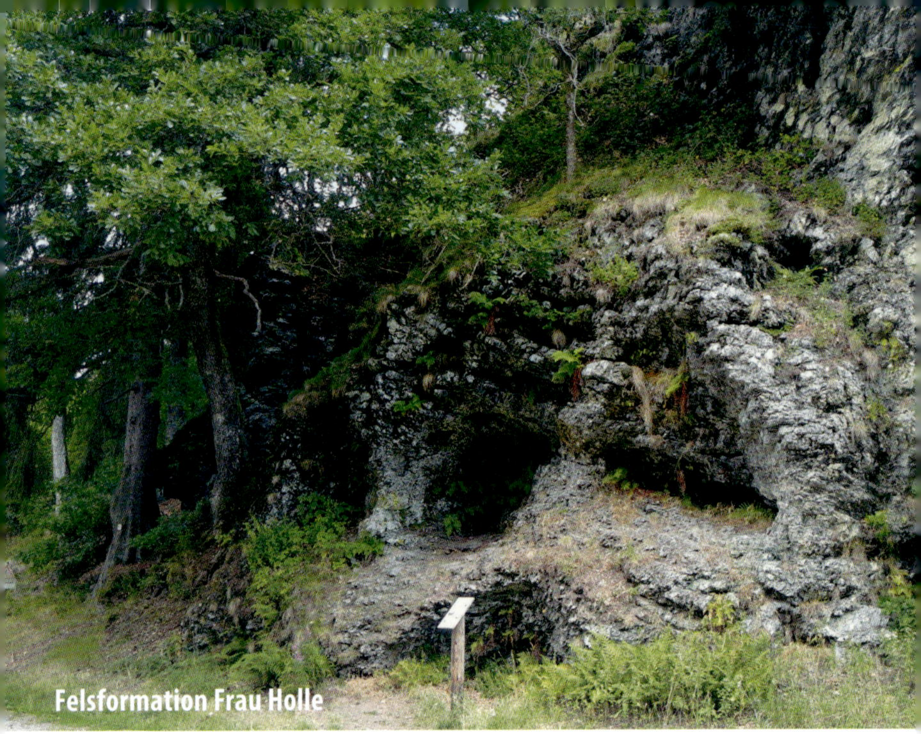

Felsformation Frau Holle

dern wir bis zur nächsten Kreuzung, an der wir über eine geteerte Straße geradeaus schreiten. Nach links haben wir einen beflügelnden Blick über die Wiesen weit ins Hunsrücker Land; unsere Aufmerksamkeit darf hier aber nicht zu weit entschwinden, schließlich geht es über einen mit Wurzeln durchzogenen Weg bergan. 400 Meter weiter kreuzen wir eine Forststraße und biegen 150 Meter dahinter, den Wegweisern folgend, nach rechts ab. Eigentlich könnten neben uns auch gleich Zwerge aus dem Wald kommen, die moosbekleideten Bäume und Baumstümpfe sehen aus wie ihre Häuschen. Hier haben wir mit dem Taubenberg auch schon den höchsten Punkt der Strecke erreicht.

An der folgenden Wegespinne wandern wir geradeaus und entdecken eine **große Bank,** auf der sich eine Pause anbietet, um genießerisch den Waldstimmen zu lauschen. Der folgende Pfad lässt ebenso viel Genuss zu: Wir schlendern leicht bergab zwischen Nadelbäumen und Eichen daher; der Wald stimmt uns einfach froh. Nach 300 Metern beschreibt unser Weg eine

Rechtskurve und 100 Meter weiter folgen wir dem rechten Pfad. Das Grün um uns herum fesselt unsere Sinne, wir sehen und riechen den Wald und spüren, wie er unseren hektischen Alltag verschwinden lässt. Eintauchen und loslassen, das geht am besten im Wald, der alle Sinne heilt. Wir verlassen den breiter gewordenen Weg nach etwa 120 Metern und betreten geradeaus gehend einen urwaldähnlichen Nadelwald, in den sich unverhofft ein paar kleine Buchen geschmuggelt haben, die zum Licht drängen. Farne machen sich breit und das Moos beschützt scheinbar die Welt darunter.

Nach 300 Metern biegen wir an einer Gabelung rechts ab, bewundern die großen Bäume um uns herum und den weichen Weg. Den Schildern folgend, zweigen wir 500 Meter weiter links ab und gelangen zu dem Verursacher eines Plätscherns, das wir schon eine ganze Zeit vernehmen. Es ist der **Lauschbach,** ein Zufluss der Wadrill, zu der wir später erneut kommen werden. Idyllisch ist es, wir könnten hier ewig verweilen, gehen aber weiter und gelangen nach

Für die Seele

Wir stehen auf dem Keller Steg und schauen in das glasklare Wasser der Wadrill. Die Schmetterlinge tanzen um uns, und wir genießen das Vogelkonzert.

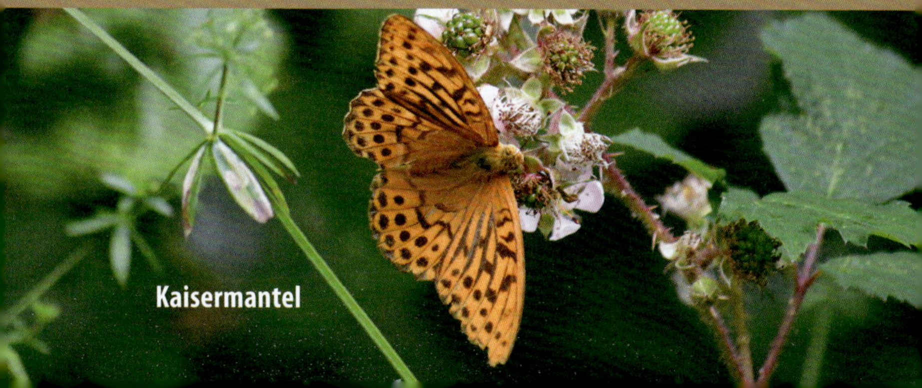

Kaisermantel

120 Metern wieder nach links auf den breiteren Weg zurück. Uns erwartet eine Rastbank und ein Kreuz: Es ist das **Sauscheider Kreuz ②**, das im Gedenken an den hier vom Blitz getroffenen Thomas Becker aufgestellt wurde. Kurz danach folgen wir unserem Wegzeichen nach rechts. Links begleitet uns der Lauschbach mal lieblich plätschernd, mal sanft rauschend.

Ohne weitere Abzweigungen gehen wir etwa 2 Kilometer durch den Wald. Auf dem Weg wechseln sich felsige, steinige und weiche Beläge ab, manches Mal wandern wir dabei über Stege. Wo der Lauschbach schließlich in die Wadrill mündet, führt uns unser Weg an einer T-Kreuzung nach rechts. Zuerst aber unternehmen wir einen kurzen Abstecher zur **Schutzhütte ③** nach links, in der ein Informationsschild von den Bibern erzählt, die bis vor ein paar Jahren hier im Bereich des **Keller Stegs ④** ihre Burgen gebaut haben.

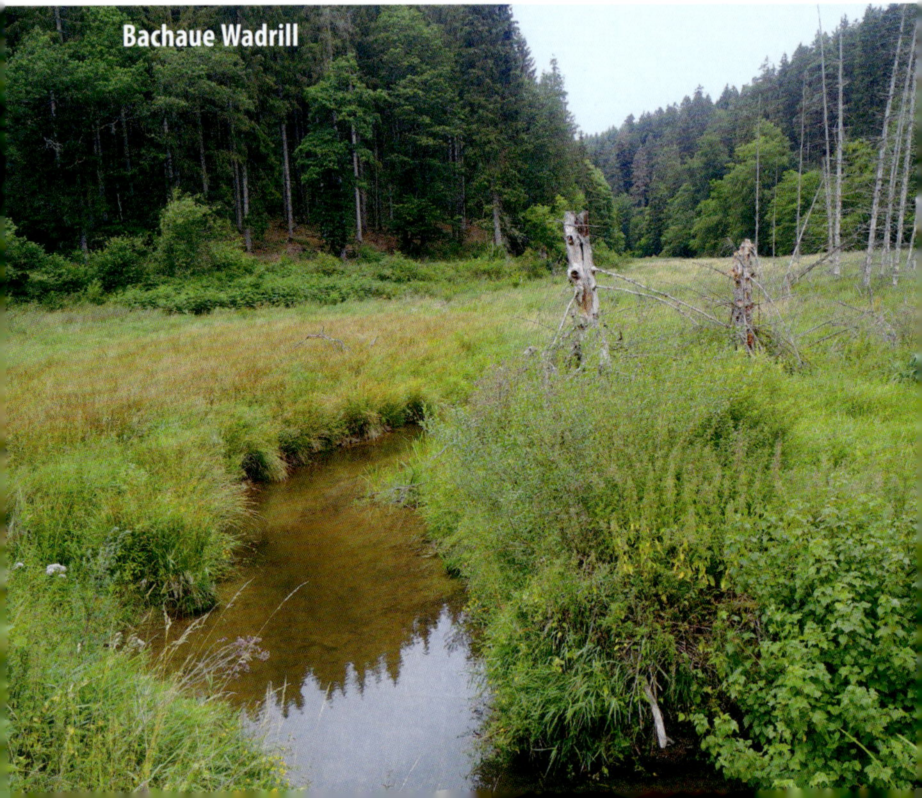

Bachaue Wadrill

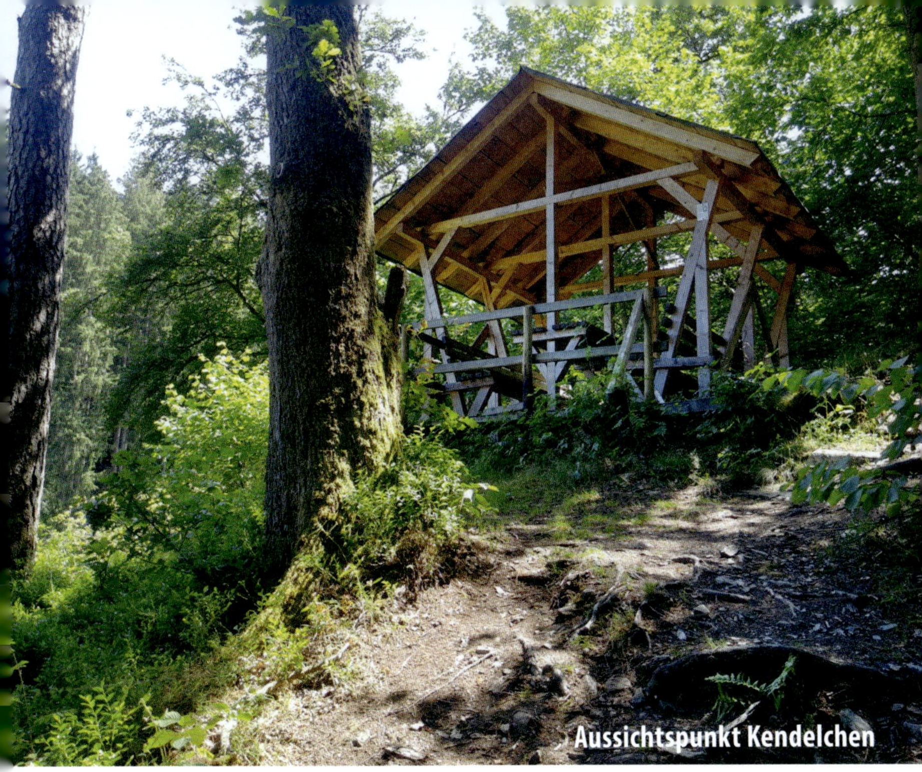

Aussichtspunkt Kendelchen

Zurück an der T-Kreuzung spazieren wir nun geradeaus im Tal an der Wadrill entlang. Der Weg ist breit und wegsam und so haben wir die Sinne frei, um den guten Geruch aufzusaugen. Rechts neben uns zeigt sich der **Beidelstein;** wir wandern an ihm vorbei und finden uns kurz darauf direkt am Ufer der **Wadrill** ❺ wieder. Entgegen der Fließrichtung gehen wir durch die Bachaue etwa 600 Meter bis zu einer Abbiegung nach links. Wir entdecken sogleich die Überreste eines **historischen Stauwehrs** ❻.

Über die Wadrill wandern wir auf einer Holzbrücke hinweg, um kurz danach über eine weitere Brücke über einen Zufluss zu gehen. Hier haben wir die Möglichkeit, einen kurzen Abstecher nach links zum **Aussichtspunkt Kendelchen** ❼ zu unternehmen. Unser Weg beschreibt eine Rechtskurve und verwöhnt unsere Augen mit viel Grün. So stapfen wir über eine dritte Brücke. Links von uns zeigt sich ein Weiher, hinter dem wir uns an der nächsten T-Kreuzung rechts halten.

*Um das Graswachstum zu verbessern, wurden die Talwiesen hier über künstlich angelegte Gräben bewässert. Der Bach wurde mit einem **historischen Stauwehr** angestaut, die Wiesen für 2 Tage unter Wasser gesetzt und schließlich wieder entwässert.*

Entschleunigungstour 14

Der etwas breitere, aber durchaus sympathische Weg führt uns nach 700 Metern zu einer Abzweigung, an der es links in den Wald hinein geht. Kurz danach können wir auf einer **Sinnesbank 8** die Ruhe genießen, die uns das Tal zwischen Taubenberg und Bocksberg schenkt. Im weiteren Verlauf gehen wir noch mal ein paar Meter hinauf, um kurze Zeit später eine Aussicht auf das Bachtal und die Wiese zu erhaschen. Wir folgen unseren Schildern der Traumschleife und gelangen nach knapp 7,5 Kilometern wieder an den Parkplatz. Eine traumhaft ruhige und beruhigende Tour liegt hinter uns.

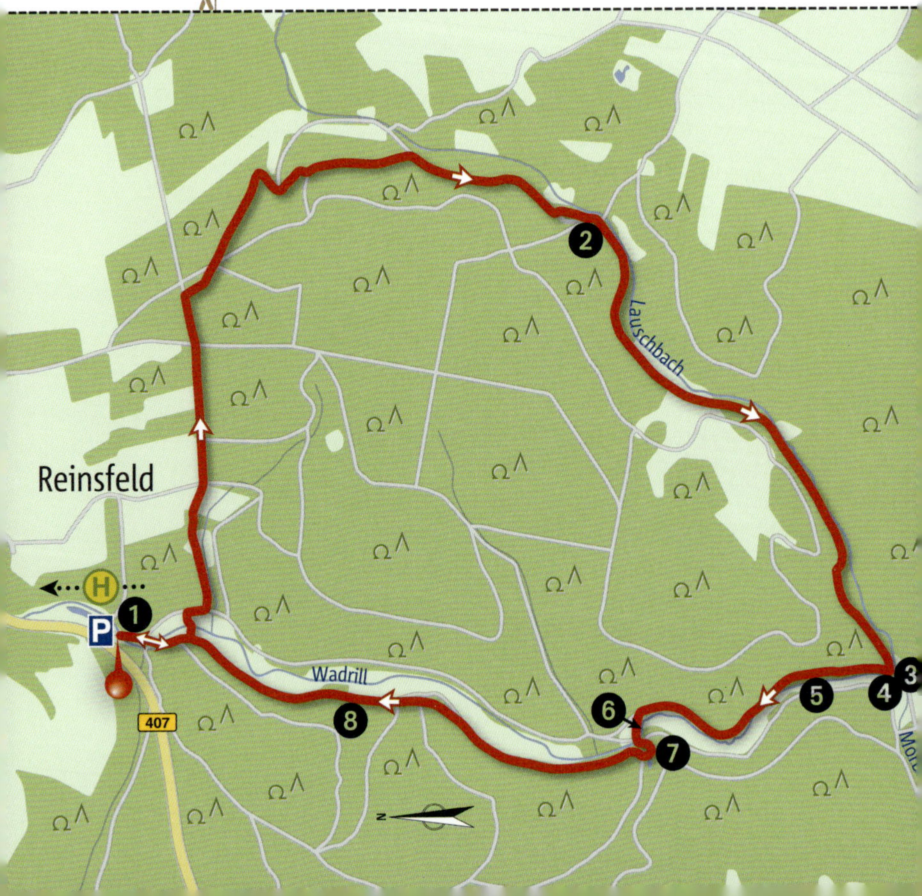

Alles auf einen Blick

WIE & WANN:
Schmale Pfade und Forstwege. Beste Wanderzeit: ganzjährig.

HIN & WEG:
Auto: Parkplatz Traumschleife an der B 407 zwischen Reinsfeld und Kell am See, 54421 Reinsfeld (GPS: 49.662984, 6.870935)
ÖPNV: Bus 200 von Trier bis Haltestelle Hochwald, Reinsfeld, von dort der Ausschilderung zur Traumschleife folgen, südwärts über die Hunsrückstraße, hinter Abzweigung Scheibenstraße rechts ab bis zur Querung der B 407 zum Parkplatz der Traumschleife (ca. 1,7 Kilometer Fußweg, davon ca. 1 Kilometer Asphalt)

ESSEN & ENTSPANNEN:
Keine Einkehrmöglichkeit an der Strecke. Bitte Rucksackverpflegung mitnehmen.

ENTDECKEN & ERLEBEN:
Felsformation Frau Holle ❶
Sauscheider Kreuz ❷
Schutzhütte ❸ Keller Steg ❹
Wadrill ❺ Historisches Stauwehr ❻
Aussichtspunkt Kendelchen ❼
Sinnesbank ❽

Entspannung ✱✱✱✱✱
Genuss ✱✱✱
Romantik ✱✱✱

Brücke über den Hahnenbach

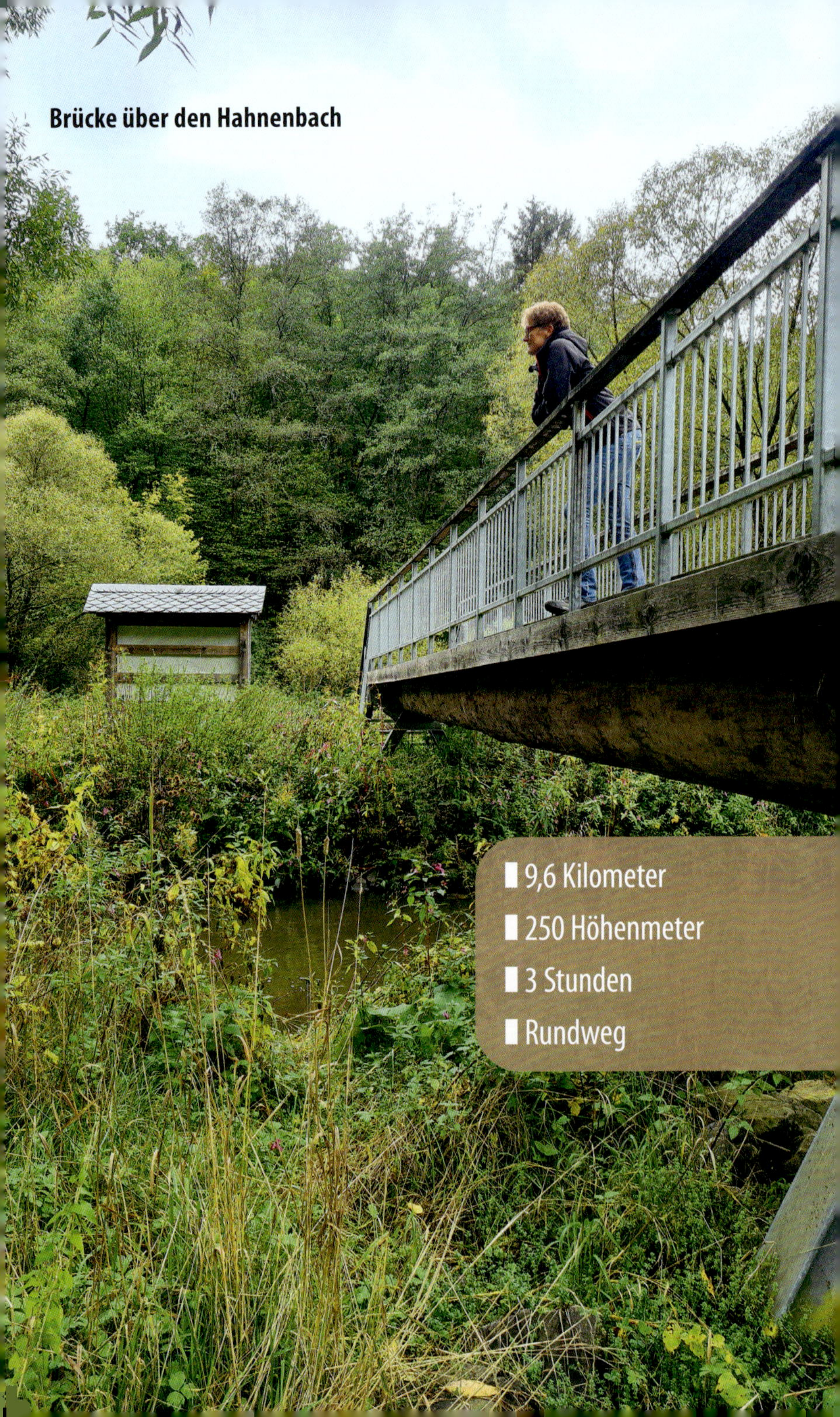

- 9,6 Kilometer
- 250 Höhenmeter
- 3 Stunden
- Rundweg

Wir starten auf dem **Parkplatz an der Schinderhannestränke** am Besucherbergwerk Herrenberg bei Bundenbach. Viele Wanderwege treffen an diesem Ort zusammen: der Soonwaldsteig, die **Traumschleife Hahnenbachtaltour,** und auch der Saar-Hunsrück-Steig führt hier entlang. Kein Wunder, es ist eine der schönsten Wanderregionen Deutschlands, glaubt man dem „Wandermagazin“, dessen Leser die hiesige Traumschleife 2012 zum schönsten Wanderweg gewählt haben. Da wir zeitweise auf der Traumschleife unterwegs sind, werden wir erfahren, warum das so ist.

Links hinunter starten wir also unsere Wanderung in Richtung **Besucherbergwerk Herrenberg ①,** das wir über einen leicht bergab führenden, felsigen Pfad schon nach kurzer Zeit erreichen. Hier könnten wir einkehren, aber da wir erst 500 Meter absolviert haben, gehen wir weiter. Unterwegs passieren wir eine Informationstafel zu den **Suppenträgern** in den 1940er- und 1950er-Jahren. Täglich bekamen die in den mehr als 25 Bergwerken arbeitenden Männer die **Subbekesselche** von Kindern gebracht, die dafür extra früher aus der Schule durften – oder mussten.

Felsenparade

Hahnenbachtal und Schmidtburg

In Gedanken an die frühere Zeit folgen wir bei dem Besucherbergwerk an einer Gabelung den Schildern der Traumschleife nach links und gehen durch frischen Wald, unten im Tal hören wir einen Bach rauschen. Schauen wir nach rechts, entdecken wir oben auf dem Hochplateau die **Schmidtburg,** zu der wir spä-

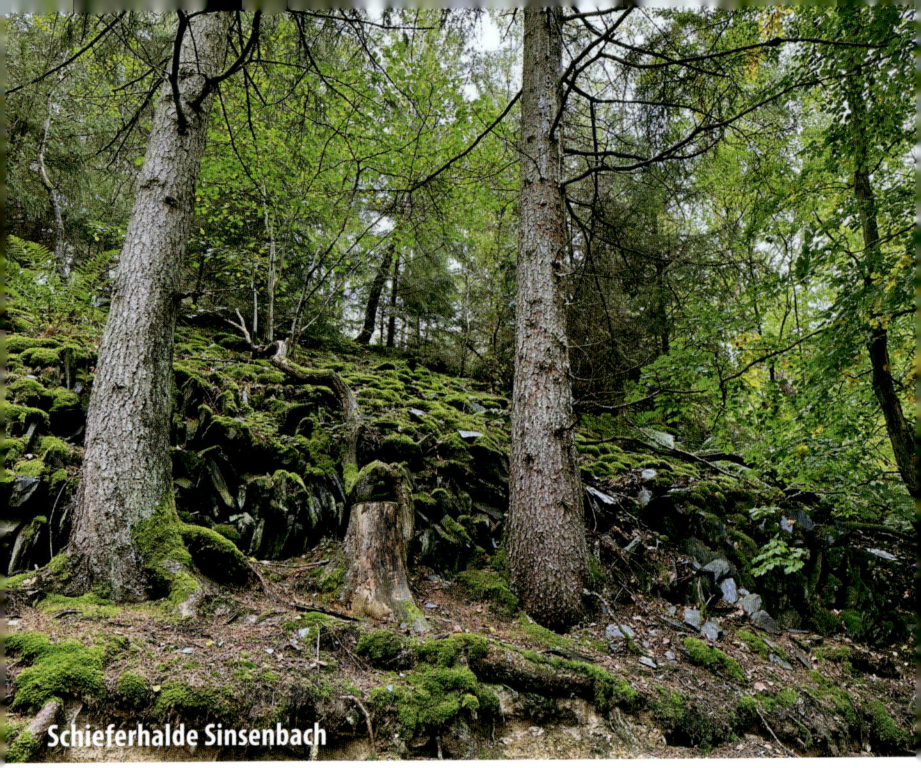
Schieferhalde Sinsenbach

Das barrierefreie, seit 1988 zugängliche ***Freilichtmuseum der Keltensiedlung Altburg*** *zeigt Einblicke in das Leben der Treverer, einem keltischen Volksstamm, der vor mehr als 2000 Jahren diese befestigte Höhensiedlung anlegte.*

ter gelangen werden. Über einen ausgewaschenen, schieferigen Weg stoßen wir knappe 150 Meter hinter dem Bergwerk auf eine Abzweigung nach links. Ihr werden wir mit dem Saar-Hunsrück-Steig bald folgen. Zuvor aber lohnt sich ein Abstecher nach rechts zur rekonstruierten **Keltensiedlung Altburg** ❷, zu der ein von zwei Kelten bewachter Weg führt. Wer an Geschichte interessiert ist, sollte dies auf jeden Fall tun. In der Gegenwart ist sie auch für das jährlich stattfindende Altburg-Festival, das größte Irish Folk Festival in Rheinland-Pfalz, bekannt.

Nach der Rückkehr von der Altburg folgen wir nun also dem Saar-Hunsrück-Steig nach Norden. Unser Weg beschreibt eine Linkskurve, hinter der wir aus dem Wald heraustreten und eine großartige Aussicht über das Hahnenbachtal genießen können. Wir wandern im weiteren Verlauf an einer Gabelung nach rechts und müssen nun für 400 Meter mit einem asphaltierten Weg vorliebnehmen. Links und rechts sehen wir grüne Wiesen und Weiden. Dahinter treten wir wieder in einen Wald ein. Der Weg ist nun geschottert und wir treffen auf ein großes Insektenhotel, das auf Schiefer gebettet ist. Wir passieren den **ersten KinderHerz-Wald** von Rheinland-Pfalz: Mittel, die aus der Übernahme von Baumpatenschaften stammen, werden für die KinderHerz-Forschung gestiftet. Über einen breiten, felsigen, bei Feuchtigkeit rutschigen Weg wandern wir nun bergab. Etwa 75 Meter hinter zwei Spitzkehren gelangen wir an die **Schieferhalde Sinsenbach ③**, an der uns eine Sinnesbank erwartet, auf der wir ruhen und den Ausblick ins Tal genießen können. Auch eine alte Lore und eine Informationstafel zur Schiefergewinnung lassen uns hier etwas länger verweilen.

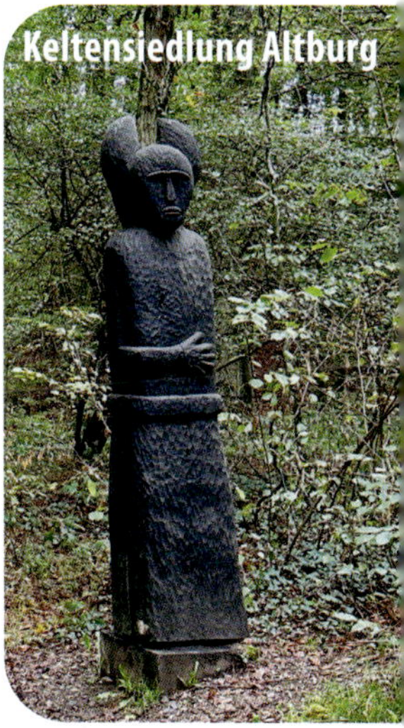
Keltensiedlung Altburg

Auf felsigem Grund geht es rechts hinunter, weiter bergab. An einer Weggabelung halten wir uns links und gelangen nach einer weiteren Spitzkehre zu einer großen, saftig-grünen Wiese und zu einer Brücke aus einer einzigen Douglasie, die über den **Hahnenbach ④** führt. Am Waldrand schlendern wir bachaufwärts

Für die Seele

Wir sitzen auf den alten Mauern der Ruine Schmidtburg, schauen ins Hahnenbachtal hinab und fühlen die Dankbarkeit, dies erleben zu dürfen.

und nach 880 weiteren Metern haben wir nach einem kurzen Anstieg über viele Wurzeln die Ruine der **Hellkirche ⑤** erreicht. Sie ist eines der ungelösten Rätsel der Region. Ob Wehranlage oder Kapelle, der Blick in die dicken Mauern oder von hier oben ins Tal ist unvergleichbar. Auf Bänken lässt sich vorzüglich rasten; auch ein Geocache kann gesucht werden.

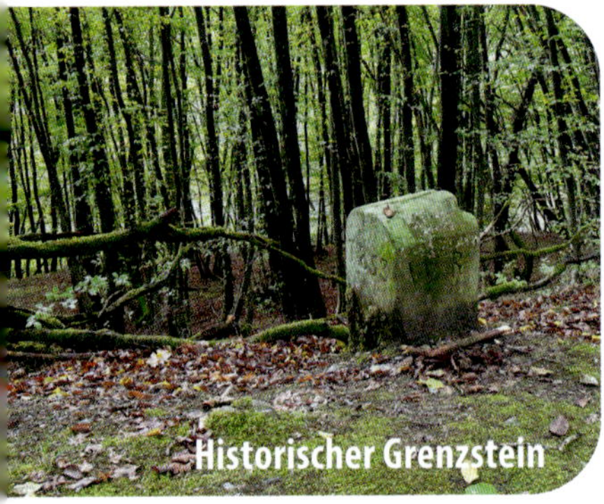

Historischer Grenzstein

Nachdem wir diese geheimnisvolle Ruine verlassen haben, geht es wieder bergab. Im Tal empfängt uns eine Lichtung, unlängst mussten hier viele Bäume weichen. Aber wir verbringen nur wenige Augenblicke in der kahlen Fläche, biegen zügig links ab, wieder hinein in den Wald und werden somit in eine grüne Wunderwelt entführt. Über einen natürlich entstandenen Weg mit großen abgerundeten Felsrücken wandern wir eher eben daher, rechts und links von uns türmen sich märchenhaft bemooste Felsteile auf. Historische Grenzsteine verraten, dass dies ein sehr alter Weg sein muss. Kurze Zeit später spazieren wir rechts hinunter auf einem schmalen Pfad nahe des Hahnenbachs, um kurz danach bei einer Dreiteilung des Weges den rechten zu gehen. Eine Informationstafel erklärt uns die Buchstaben auf den Grenzsteinen und etwas später gelangen wir via Steg über den **Brieler Bach,** der zum Hahnenbach drängt.

Es folgt der interessante **Wassererlebnispfad Hahnenbach ⑥,** auf dessen 1,7 Kilometern nicht nur die Kinder etwas lernen können. Eine große, beliebte

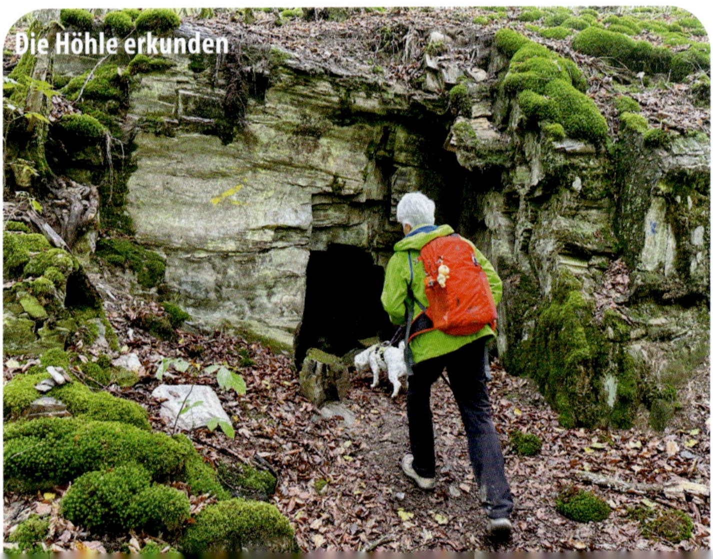

Die Höhle erkunden

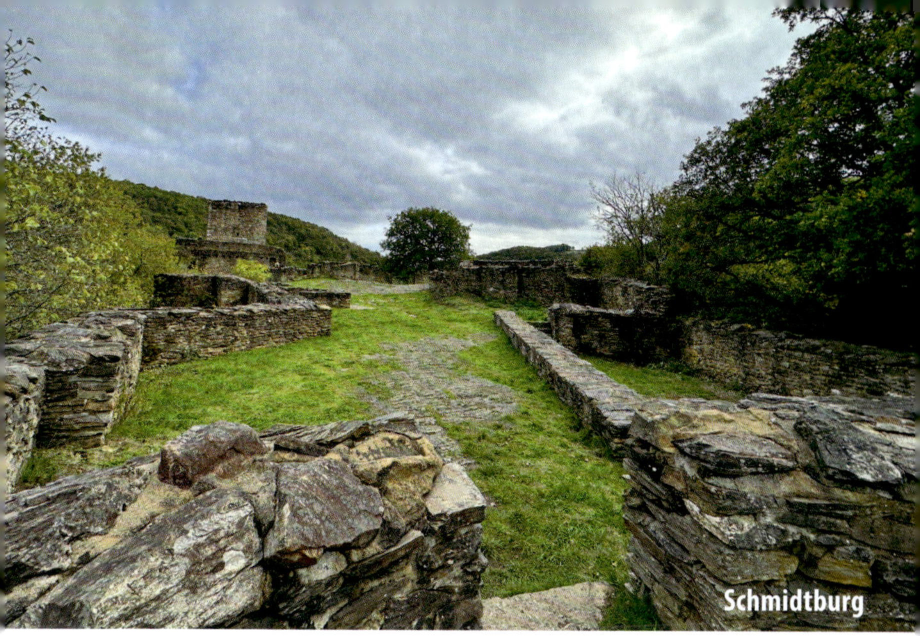

Schmidtburg

Schaukel erwartet uns im weiteren Verlauf am Weg; glücklich darf sich nennen, wer sie nutzen kann. Wir durften das nicht, denn sie war besetzt. Vielleicht haben wir das nächste Mal mehr Glück!

Rechts unter uns fließt nun wieder der Hahnenbach. Wir bewegen uns auf einem Wiesenweg und gelangen an die ehemalige **Schleifmühle Göttenau,** in der früher mithilfe der Wasserkraft vorrangig Achate geschliffen wurden. Etwa 900 Meter weiter durch Felsen, die sich senkrecht neben uns auftürmen, vorbei an einigen Höhlen, die von außen bestaunt werden können, und mit viel erworbenem Wissen über das Wasser, die Flora und Fauna des Gebiets, erreichen wir eine Abbiegung nach links und verlassen das Tal. Etwa 400 Meter später befinden wir uns am Fuß der **Schmidtburg 7,** die wohl älteste und früher bedeutendste Burganlage des Hunsrück-Nahe-Raums. Nach ihrer Zerstörung 1688 im Pfälzischen Erbfolgekrieg nutzte der bekannte Gauner Schinderhannes, eigentlich Johannes Bückler (vermutlich 1779–1803), die Ruine auf der Flucht als Unterkunft. Auf der großen Fläche wandeln wir ehrfürchtig entlang und können uns kaum sattsehen an den aufgeschichteten Felsmauern.

Bereits 926 sollen fränkische Edelherren die ab 1084 beurkundete ***Schmidtburg*** *zum Schutz vor einfallenden Ungarn errichtet haben. Sie ist eine der Stammburgen der Wildgrafen, erfuhr aber ab dem 16. Jahrhundert einen allmählichen Niedergang.*

Irgendwann müssen wir aber weiter und gehen rechts an der Burgruine einen anspruchsvollen steilen Pfad hinunter. Bei sehr nassem Wetter bietet es sich an, einen Umweg über die Traumschleife zu nehmen, die einen anderen Weg hinunter wählt. Unten angekommen, gehen wir links, den Hahnenbach zu unserer Rechten, und entdecken große Felstürme am linken Wegesrand. An einer ersten Gabelung halten wir uns rechts, wandern weiter am Waldrand entlang und nach weiteren 500 Metern teilt sich der nun waldige Weg erneut. Wir nehmen wieder den rechten und überqueren den Hahnenbach über eine schöne Holzbrücke.

So gelangen wir an die ehemalige Reinhardtsmühle, das heutige **Hotel Forellenhof 8**, in dem sich für den hungrigen oder durstigen Wanderer eine Einkehr anbietet, bevor es die letzten Kilometer zurück zum Ausgangspunkt geht, nun den Hahnenbach bachaufwärts. Hier erleben wir neben den zwei **Felstunneln 9**, die uns durch Felsen hindurchführen, noch einige spannende historische Einblicke in die Bergbaugeschichte, so zum Beispiel in der ehemaligen **Blei-Zinkerzgrube Friedrichsfeld 10**. Zeitzeugen wie Schienen, eine rostige Seilwinde oder alte Loren lassen unsere Gedanken

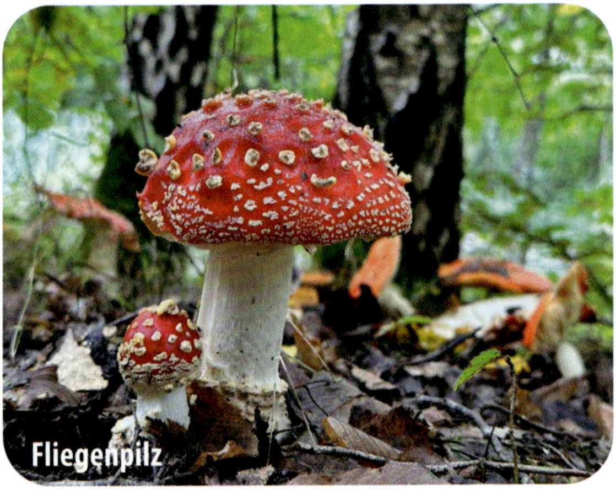

Fliegenpilz

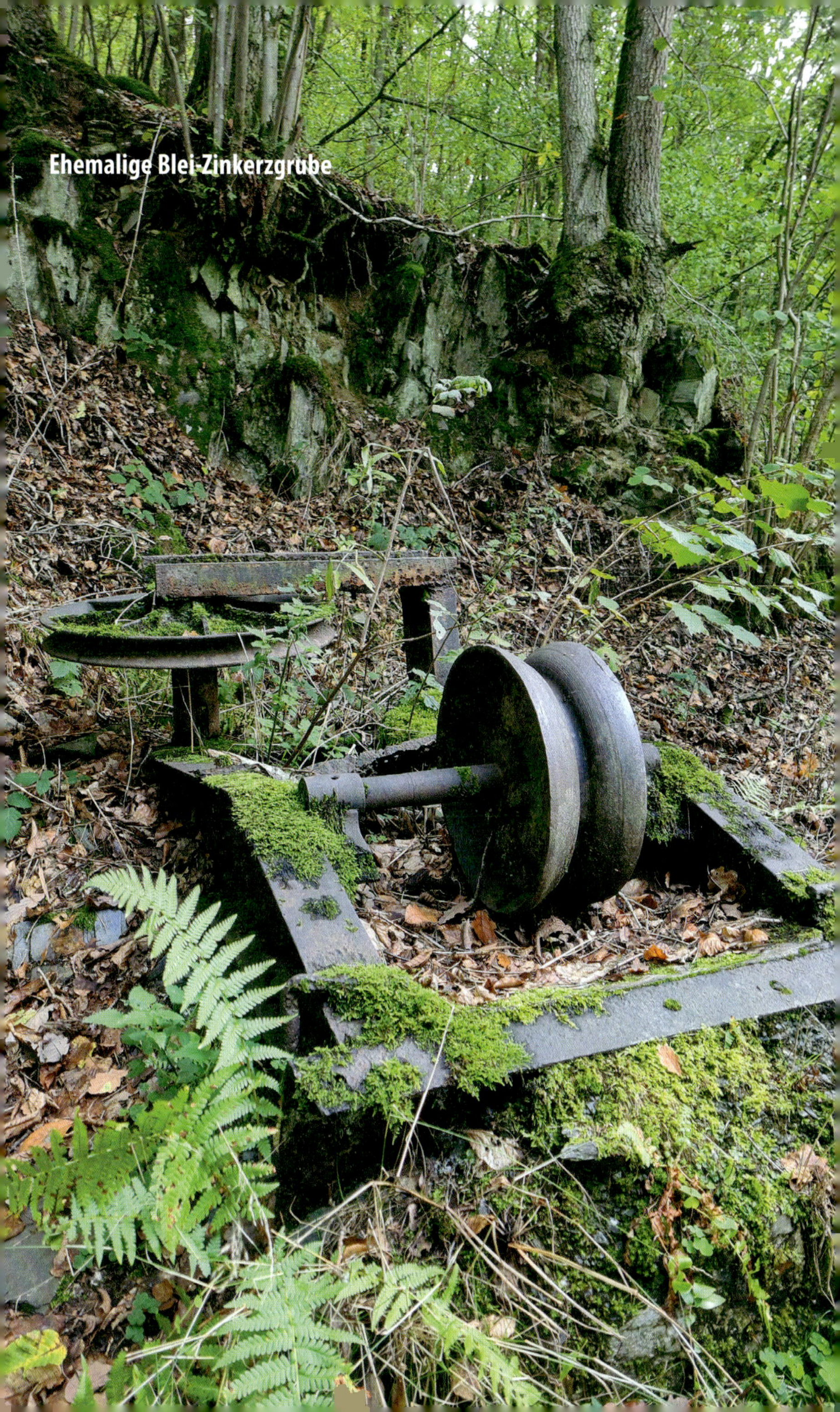
Ehemalige Blei-Zinkerzgrube

noch mal in die Vergangenheit abschweifen. Zwischendurch können wir auf unserem bergauf führenden Waldweg immer wieder auf die Schmidtburg hinüberschauen.

Es ist eine so spannende Runde, bei der wir zu guter Letzt in einem Felsen rechts noch die Schutzpatronin der Bergleute antreffen. Eine Holzfigur lässt uns daran denken, dass die Zeiten damals wohl nicht einfach waren. Nach 9,6 Kilometern kommen wir nach einem Anstieg am Parkplatz an. Die Felsen haben in dieser geschichtsträchtigen Runde Priorität. Wir laufen an und auf ihnen, wir sehen sie in der Ferne und in der Nähe, sie sind überall und wir sind überwältigt von den Eindrücken.

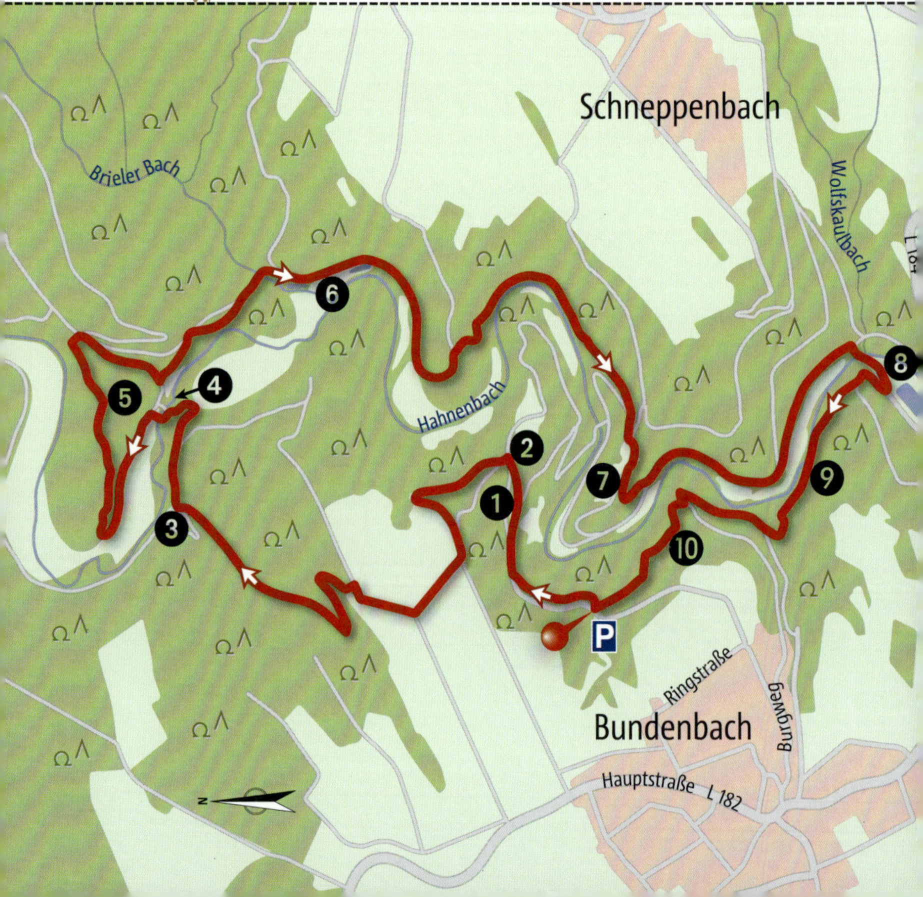

Alles auf einen Blick

WIE & WANN:
Waldwege, hoher Pfadanteil, etwas Asphalt. Beste Wanderzeit: März bis Oktober.

HIN & WEG:
Auto: Parkplatz am Besucherbergwerk Herrenberg, Layebrecherweg, 55626 Bundenbach (GPS: 49.846754, 7.385201)
ÖPNV: Keine Anbindung an die Strecke

ESSEN & ENTSPANNEN:
Bergmannsschänke am Besucherbergwerk Herrenberg ❶
55626 Bundenbach, Tel. (0 65 44) 92 72
Hotel Forellenhof ❽ Reinhardtsmühle 1,
55626 Bundenbach-Rudolfshaus, Tel. (0 65 44) 3 73, www.hotel-forellenhof.de

ENTDECKEN & ERLEBEN:
Besucherbergwerk Herrenberg ❶ siehe ESSEN & ENTSPANNEN, www.sgoerner.de/bundenbach/herrenberg.html
Keltensiedlung Altburg ❷ www.sgoerner.de/bundenbach/keltensiedlung.html
Schieferhalde Sinsenbach ❸
Hahnenbach ❹ **Hellkirche** ❺

Entspannung ✱✱✱✱✱ (3 von 5)
Genuss ✱✱✱✱✱ (4 von 5)
Romantik ✱✱✱✱✱ (4 von 5)

Wassererlebnispfad Hahnenbach ❻
Schmidtburg ❼ www.sgoerner.de/bundenbach/schmidtburg.html
Felstunnel ❾ **Ehemalige Blei-Zinkerzgrube Friedrichsfeld** ❿

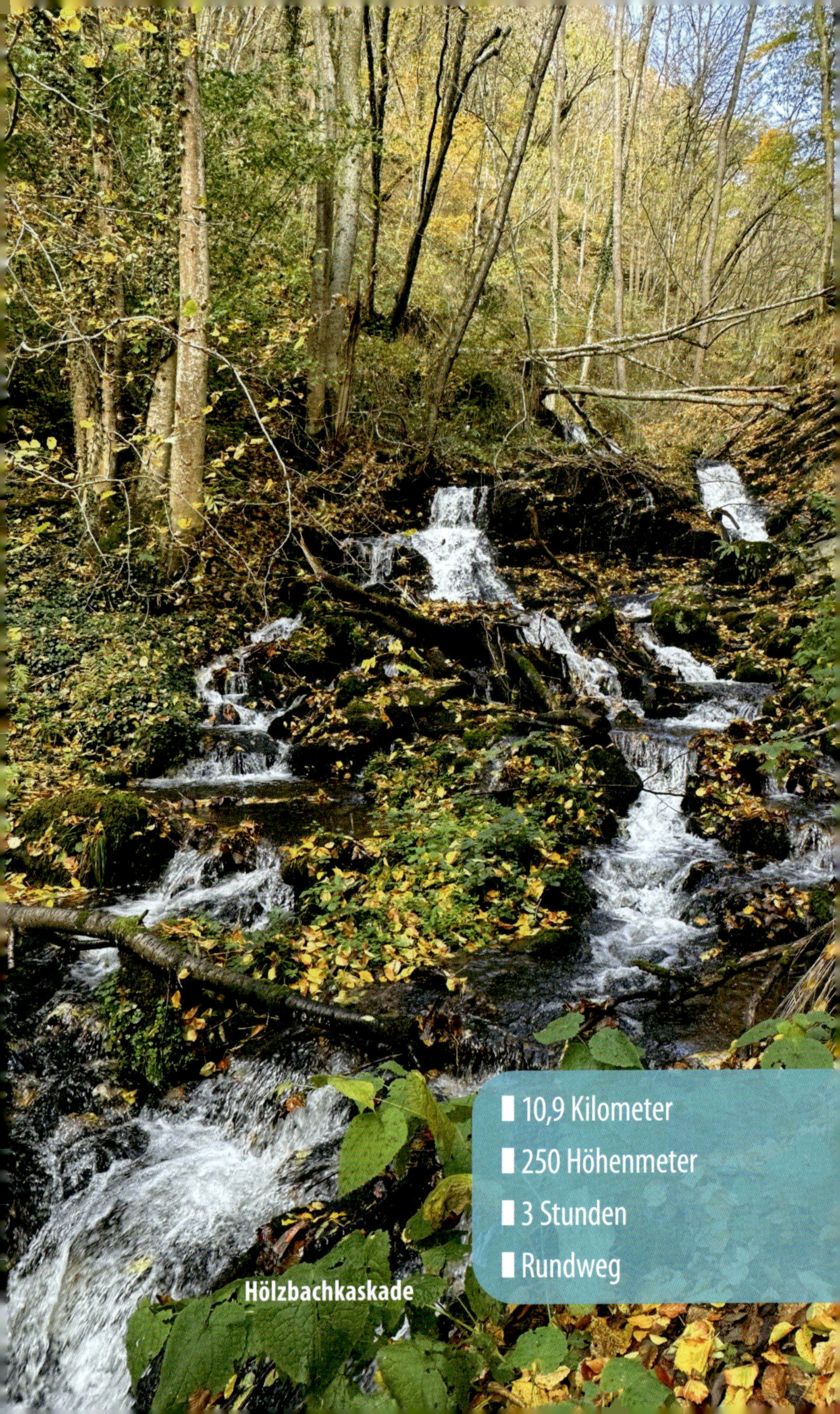

Hölzbachkaskade

- 10,9 Kilometer
- 250 Höhenmeter
- 3 Stunden
- Rundweg

Der Wasserreichtum des Hunsrücks speist mit seinen vielen Bächen große Teile von Rhein und Mosel. Zweien dieser wundervollen Bäche statten wir bei dieser Tour rund um Hunolstein einen längeren Besuch ab.

Der Startpunkt ist das hölzerne Portal der **Traumschleife Hunolsteiner Klammtour** am **Bauernhofcafé Hunolsteiner Hof.** Sanft bewegen wir uns auf einem Wiesenweg abwärts auf den Wald zu. Schon hier genießt der aufmerksame Wanderer den Blick in das **Tal der Dhron.** Ein einsamer, krummer Baum auf einer großen Wiese zeigt, dass an diesem Ort wohl manchmal raue Lüftchen wehen. Es ist auch jetzt etwas zugig. Nach etwa 300 Metern biegen wir auf einen asphaltierten Weg und gehen schließlich an einer Benjeshecke, die eigentlich ein aufgehäufter Totholzstreifen ist, nach links. Wenden wir unseren Blick nach rechts, entdecken wir bereits die aufeinandergeschichteten Felsen mit der Hunolsteiner Burgruine.

Der Weg beschreibt nun eine Rechtskurve, wir folgen ihm leicht bergab und begegnen alsbald dem **Hunsrückhöhenweg.** Dieser wurde als einer der ersten Wanderwege vom Hunsrückverein bereits vor vielen Jahren eingerichtet. Wir laufen direkt auf den **Hunolstein** mit der gleichnamigen **Burgruine** (1) zu. Ein Gang über die mehr als 60 Treppen hinauf ist empfehlenswert, der Blick über die Hunsrücklandschaft und das Dhrontal, den es zu erhaschen gilt, lässt unser Herz hüpfen.

Nun erreichen wir den Ort, biegen aber gute 50 Meter hinter dem Burgparkplatz erst einmal nach

Bachromantik

Auszeit rund um Hunolstein

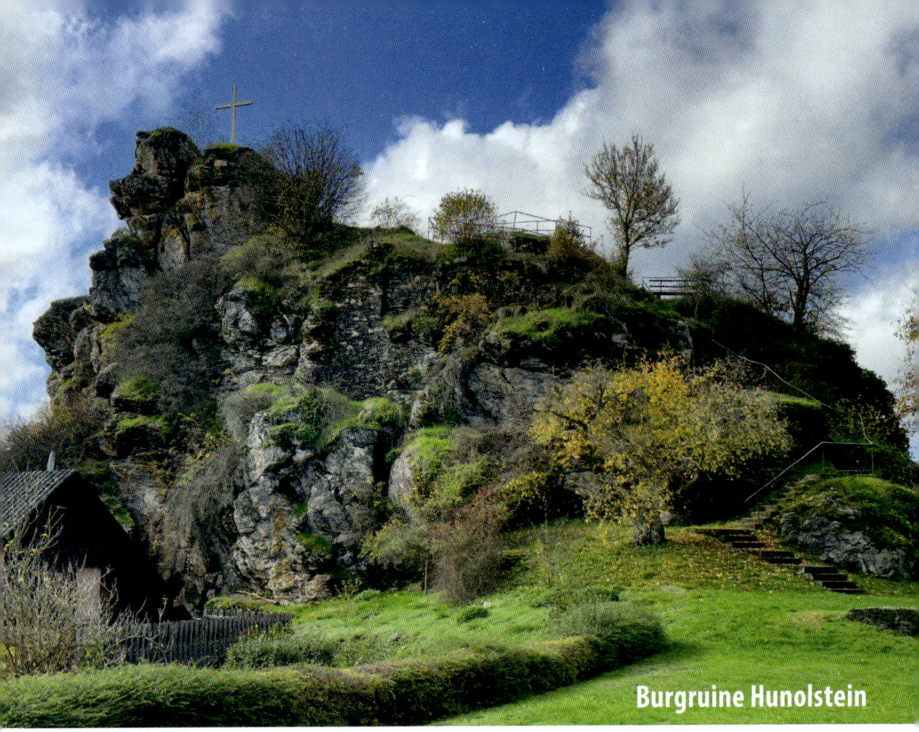

Burgruine Hunolstein

Um 1190 wurde die **Burg Hunolstein** errichtet, mit der Oberburg auf dem imposanten Quarzitfelsen. Zerstört wurde sie nach Überlieferungen im Pfälzischen Erbfolgekrieg Ludwigs XIV. um 1689. Seit 1979 werden Maßnahmen zum Erhalt der Ruine durchgeführt.

links ab, um auf einem Wiesenweg an alten Gärten entlangzuwandern. Es gibt wahrlich verführerische Gärten, doch das Folgende ist noch beeindruckender. Überraschend treffen wir auf einen riesigen **Quarzitkoloss** ② am Ortsrand, der schräg über die Wiese ragt. Wir werden ein Stück durch den Ort geleitet, an der großen **Kirche St. Johannes der Täufer** vorbei und gehen am Ortsende nach links auf einem leicht geschotterten Weg weiter. Ein Saatgut-Schrank an einem Garten voller Kräuter lässt unsere Aufmerksamkeit kurz vom Weg abkommen. An der nächsten Gabelung wählen wir die rechte Variante und befinden uns auf einem Wiesenweg, der uns zu einer **Aussichtsbank** ③ mit einem märchenhaften Blick auf die **Walholzkirche** im Tal führt. Wir folgen dem Wiesenweg bergab und betreten kurze Zeit später den Wald.

Felsig ist der Weg, die Schieferstückchen schauen neugierig aus dem Boden und empfehlen uns leise, achtsam zu laufen. Nach dem Wald folgt eine Wiese, hinter der wir durch eine scharfe Rechtskurve wandern. Wir hören schon einen Bach von unten rauschen, können ihn aber noch nicht sehen. Viel zu dicht ist der Wald. Auf toten Bäumen machen es sich Baumpilze gemütlich.

Über mächtige Wurzeln und Felsplatten geht es, und auch die Bäume rechts und links von uns klammern sich an solchen Felsen fest. Bald erreichen wir einen Grillplatz, hinter dem unser Weg schmaler wird, um dann eine scharfe Linkskurve zu beschreiben. Wir wandern immer leicht bergab, können so die Gedanken umherziehen lassen und die Geräusche des Waldes aufsaugen. Das schon zuvor vernommene Rauschen wird allmählich lauter. Wir passieren eine Weide, auf der Schafe gemütlich das grüne Gras mümmeln. Kurz dahinter gelangen wir auf einen asphaltierten Weg und entdecken endlich den Verursacher des Rauschens. Es ist der **Wahlholzerbach,** dem wir nun folgen, bis er kurze Zeit später in die **Dhron** fließt. Über eine große Brücke mit Eisengeländer überqueren wir die Dhron und erreichen die **Reinhardsmühle 4.**

*Ein Vorläufer der **Reinhardsmühle** ist schon 1396 beurkundet. Die heutige Mühle wurde als zweite Mühle an der Matheiser Brücke um 1788 errichtet. Sie gehörte zur Burg Hunolstein, ging 1898 an die Familie Reinhard, die die Mühle bis 1956 betrieb.*

Nachdem wir die Mühle passiert haben, wandern wir nach links auf einen Waldweg. Der folgende Wegabschnitt ist wohl einer der schönsten auf der Strecke. Wir gehen auf einem reizvollen Waldweg. Im Herbst liegen die Blätter der Bäume kunterbunt herum, und links fließt sie: Die Dhron hat es in unsere Herzen geschafft. Sie fließt daher, wie viele Bäche, aber sie macht es besonders. Mit Rabatz bahnt sie sich ihren Weg durch das Tal, umschmeichelt dabei Felsblöcke

Für die Seele

Das reißende Wasser der Dhron oder das lieblich plätschernde Wasser des Hölzbachs – beide sind wohlig beruhigend auf ihre Art.

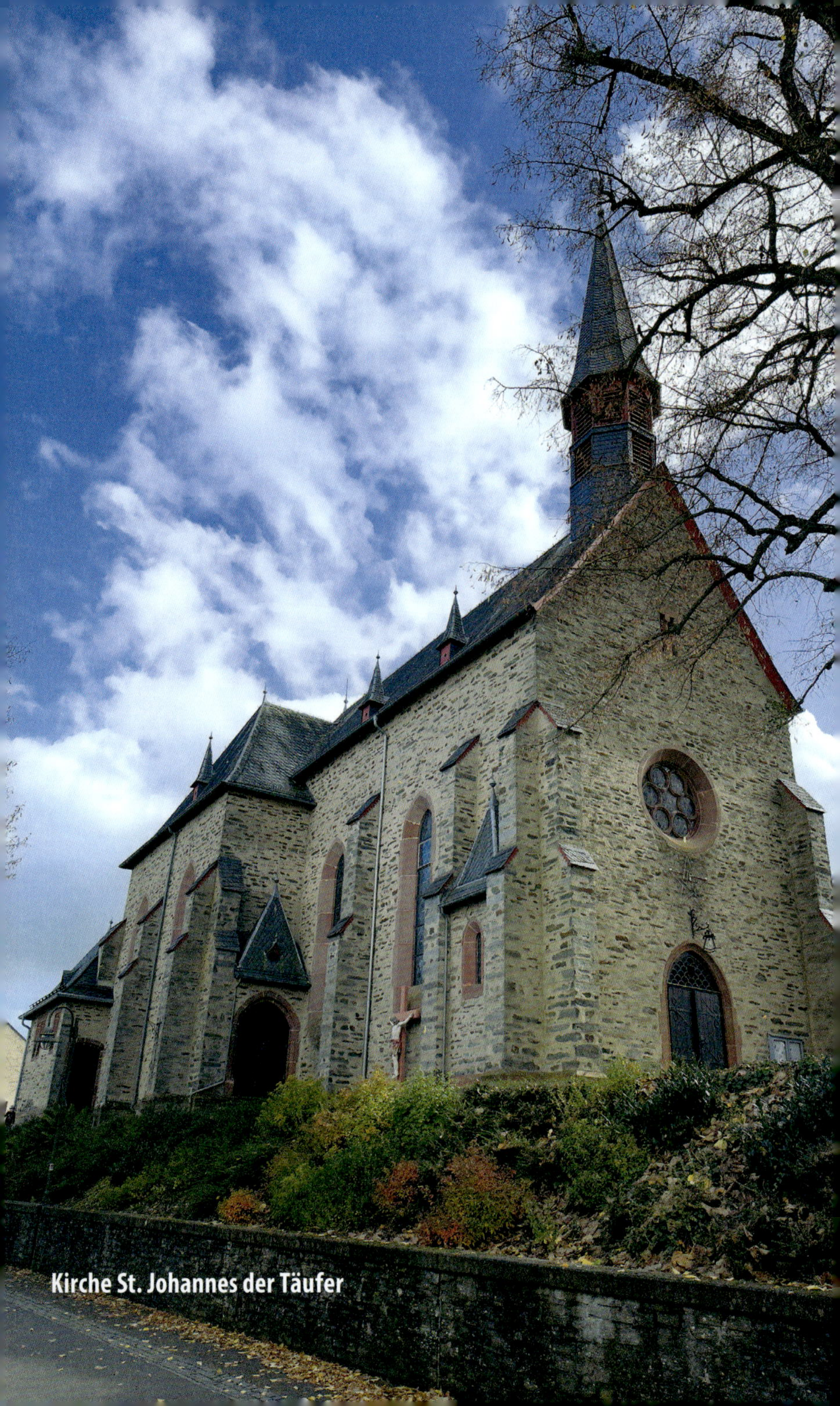

Kirche St. Johannes der Täufer

und Bäume, mal gurgelt sie leise, mal schreit sie laut. Es ist schattig hier, im weiteren Verlauf laden Ruhebänke am **Kopusfelsen** 5 und entlang der Dhron zum Verweilen ein. Wir hatten es nicht leicht, wieder von ihr loszukommen, aber schließlich biegen wir etwa 700 Meter hinter dem Kopusfelsen nach rechts ab und betreten den Teil, der der Traumschleife einen Teil seines Namens gab.

Die **Hölzbachklamm** 6 ist eine etwa 800 Meter lange Passage bergauf, die abwechslungsreich und zum Teil seilgesichert am Hölzbach entlangführt. Das Wasser fließt mit etwas weniger Trara der Dhron im Tal entgegen und ist dennoch märchenhaft. Über viele kleinere Kaskaden fällt das Wasser abwärts, gewaltig im Ganzen, leise und fast unscheinbar im Kleinen. Der Zauber des Wassers zeigt sich hier in voller Schönheit. Mittendrin treffen wir auf eine Bank, an der es leichtfällt, Energie zu tanken. Oben angelangt überqueren wir den Hölzbach über eine Brücke, gehen nach links und wandern ein Stückchen oberhalb des Hölzbaches zurück.

Auf einem nun etwas breiteren Weg schlendern wir weiter und sehen rechts von uns wieder klotzige Felsformationen, auf denen sich auch größere Bäume

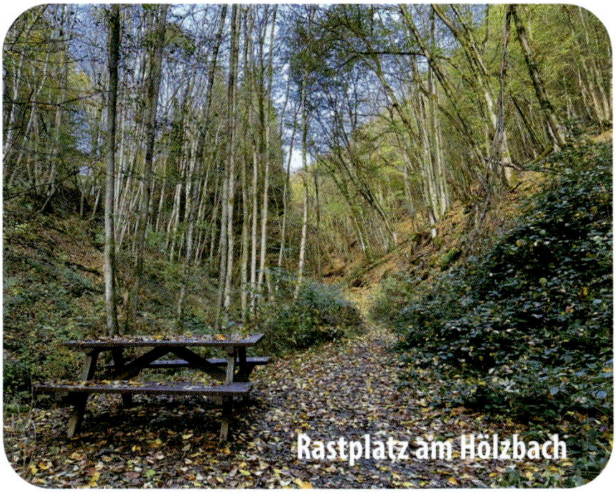

Rastplatz am Hölzbach

festhalten. Etwa 880 Meter hinter der letzten Brücke queren wir einen breiteren Weg und genießen den Augenblick. Die Eindrücke der letzten Kilometer schwirren in unseren Köpfen herum und lassen uns der Natur noch näherkommen: eine Liebe, die nie vergeht …

Am Anfang eines Waldes biegen wir links ab – links hinten ein wundervoller Rastplatz unter mächtigen Bäumen, vor uns eine große Wiese. Es ist die **Herrenwiese 7,** eine Aue zwischen dem Kesselberg und dem Blocksberg. Einst gehörte diese Wiese zum unmittelbaren Burgbereich, genauer: den Herren von Hunolstein. Wir müssen aufpassen, dass wir hier nicht unseren Tagesplan aus den Augen verlieren. Wer Ruhe und die schönen Dinge liebt, wird hier zum Verweilen verführt.

Schließlich queren wir die Herrenwiese und einen Bach, der durch sie hindurchfließt, und schlendern gegenüber von der tiefsten Stelle der Tour wieder hinauf.

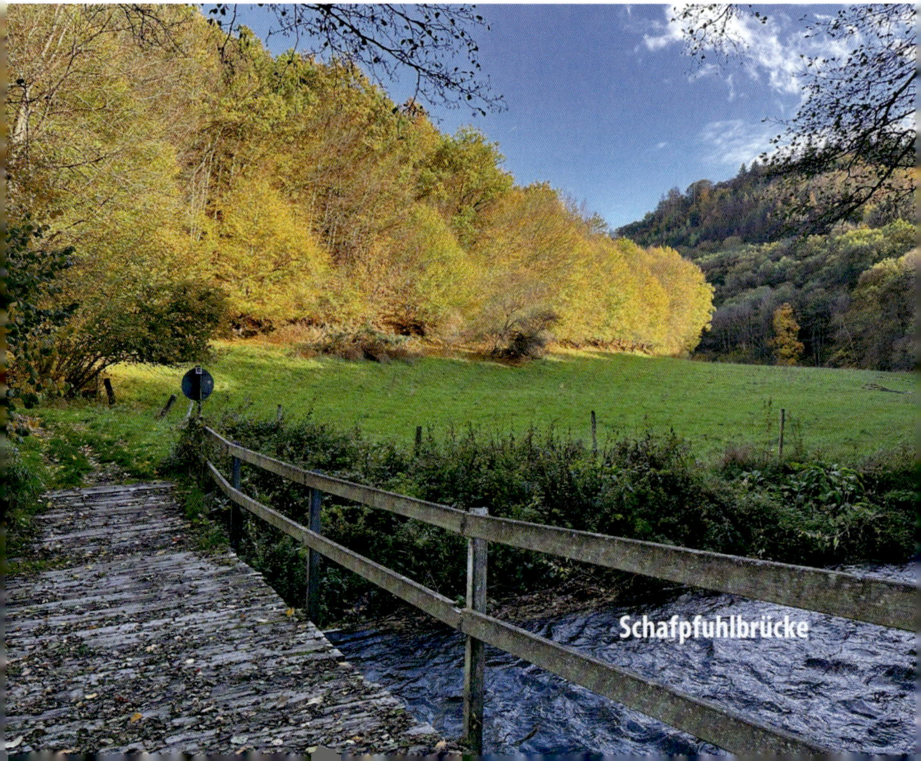
Schafpfuhlbrücke

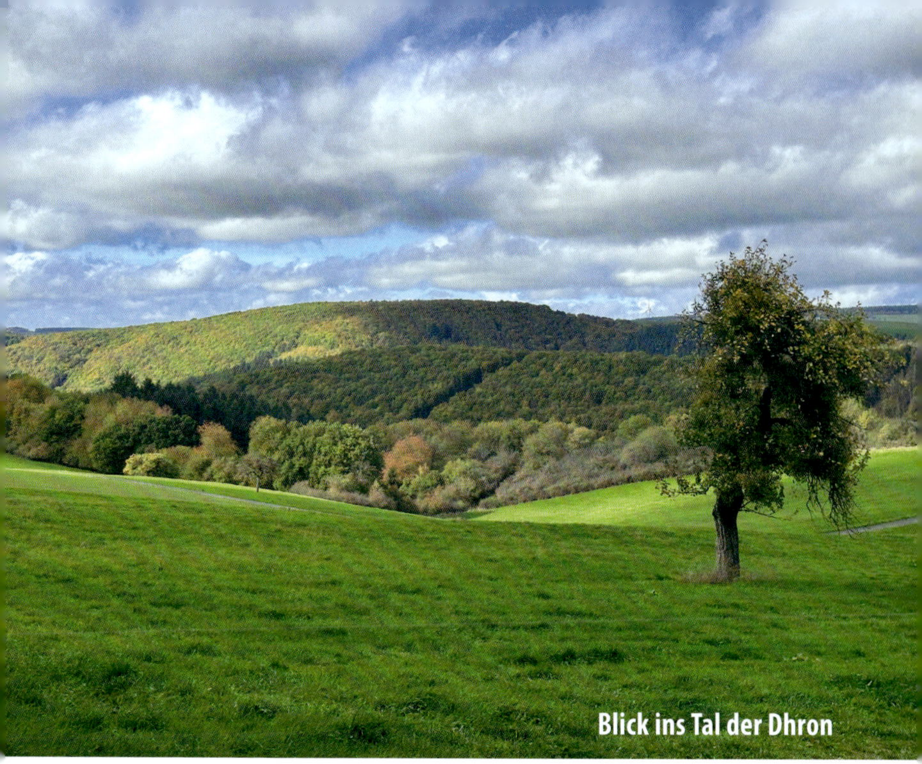

Blick ins Tal der Dhron

Am Waldrand biegen wir rechts ab, wandern hinunter zu unserer Freundin, der Dhron, und ein kleines Stückchen an ihr entlang. Sie kommt uns jetzt entgegen, wir sehen und hören noch mal ihre Kraft und überqueren sie über die **Schafpfuhlbrücke** (8), die Gräfendhron und Hunolstein verbindet, wie wir auf einer Informationstafel lesen. Sie besteht aus uralten Holzdielen und nummerierten Nägeln. Schon im 14. Jahrhundert wurden an dieser breiten Stelle des Baches die Schafe vor dem Scheren gewaschen.

Hinter der Brücke gehen wir nach links bergauf, oberhalb der Dhron, und halten uns an einer Gabelung wieder links. Nach etwa 500 Metern biegen wir scharf rechts ab und sind nach kurzer Zeit an einer Wiese angelangt. An dieser stapfen wir weiter bergauf, den Waldrand zu unserer Rechten. Fast oben angelangt, passieren wir eine hölzerne Schutzhütte und wandern weiter zwischen den Feldern entlang. Die schönen Ausblicke in die Hunsrücker Wälder lassen

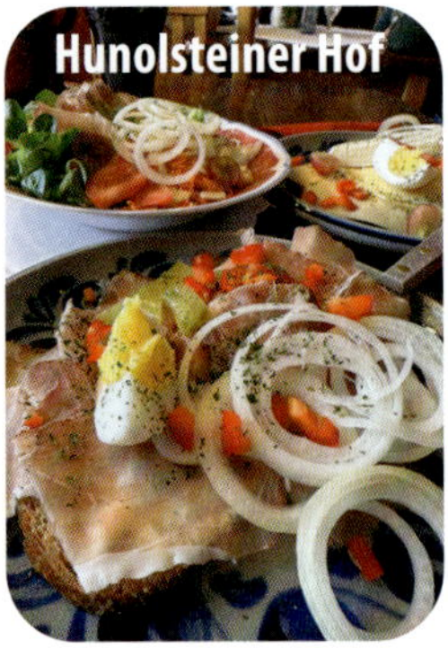

uns den etwas schotterigen Weg vergessen. Umso mehr genießen wir dann den darauffolgenden weichen Wiesenweg. Es ist eine Wohltat für die Fußsohlen und für den Geist, denn so langsam merken wir, dass wir uns dem Ziel nähern.

Wir blicken auf eine unglaublich abwechslungsreiche Tour zurück, in der wir eine neue Freundin gefunden haben: die Dhron! An einer Rinderwiese biegen wir links ab und finden uns am **Bauernhofcafé Hunolsteiner Hof 9** wieder. Hier können wir den selbst gebackenen Kuchen und eine gute Tasse Kaffee oder die Hunsrücker Schmieren mit rohem Schinken und Käse genießen.

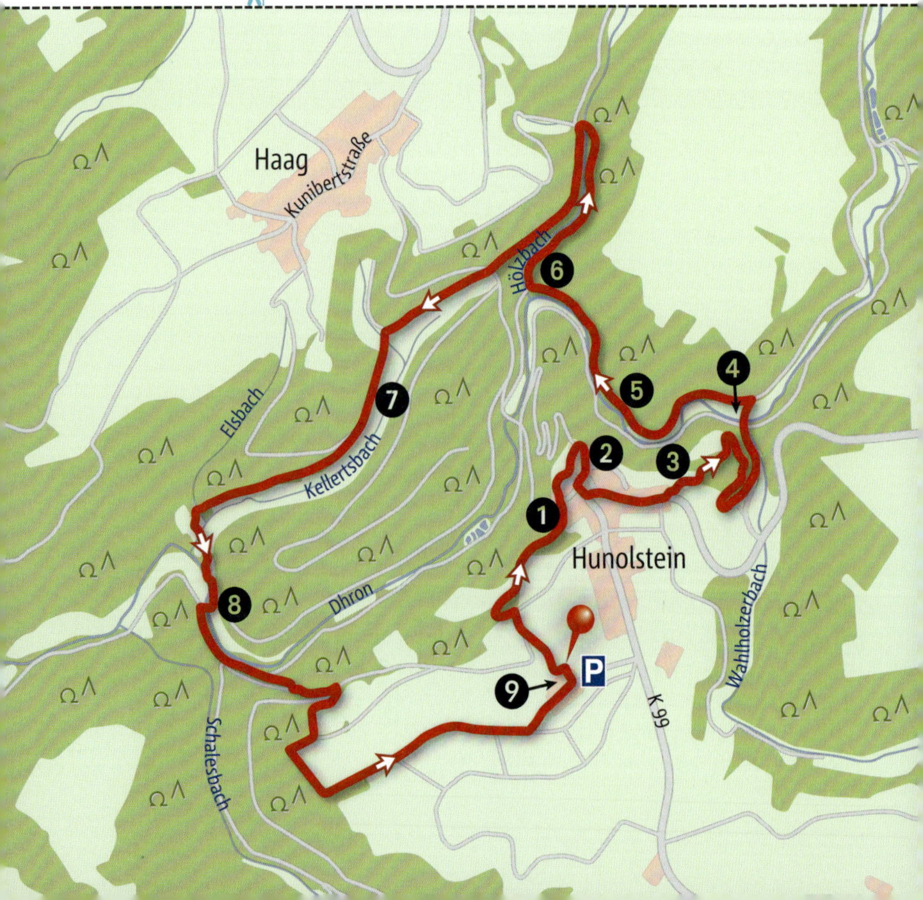

Alles auf einen Blick

WIE & WANN:
Schmale Pfade, zum Teil seilgesichert, Forstwege, wenig Asphalt. Beste Wanderzeit: März bis November.

HIN & WEG:
Auto: Parkplatz am Bauernhofcafé Hunolsteiner Hof, Hunolstein 2, 54497 Morbach (GPS: 49.79319, 7.04571)
ÖPNV: Keine Anbindung an die Strecke

ESSEN & ENTSPANNEN:
Bauernhofcafé Hunolsteiner Hof ❾
Hunolstein 2, 54497 Morbach, Tel. (0 65 33) 33 80, www.hunolsteiner-hof.de

ENTDECKEN & ERLEBEN:
Burgruine Hunolstein ❶
Quarzitkoloss ❷
Aussichtsbank Walholzkirche ❸
Reinhardsmühle ❹
Kopusfelsen ❺
Hölzbachklamm ❻
Herrenwiese ❼
Schafpfuhlbrücke ❽

Entspannung ✱✱✱✱✱
Genuss ✱✱✱✱
Romantik ✱✱✱✱

Masdascher Burgherrenweg

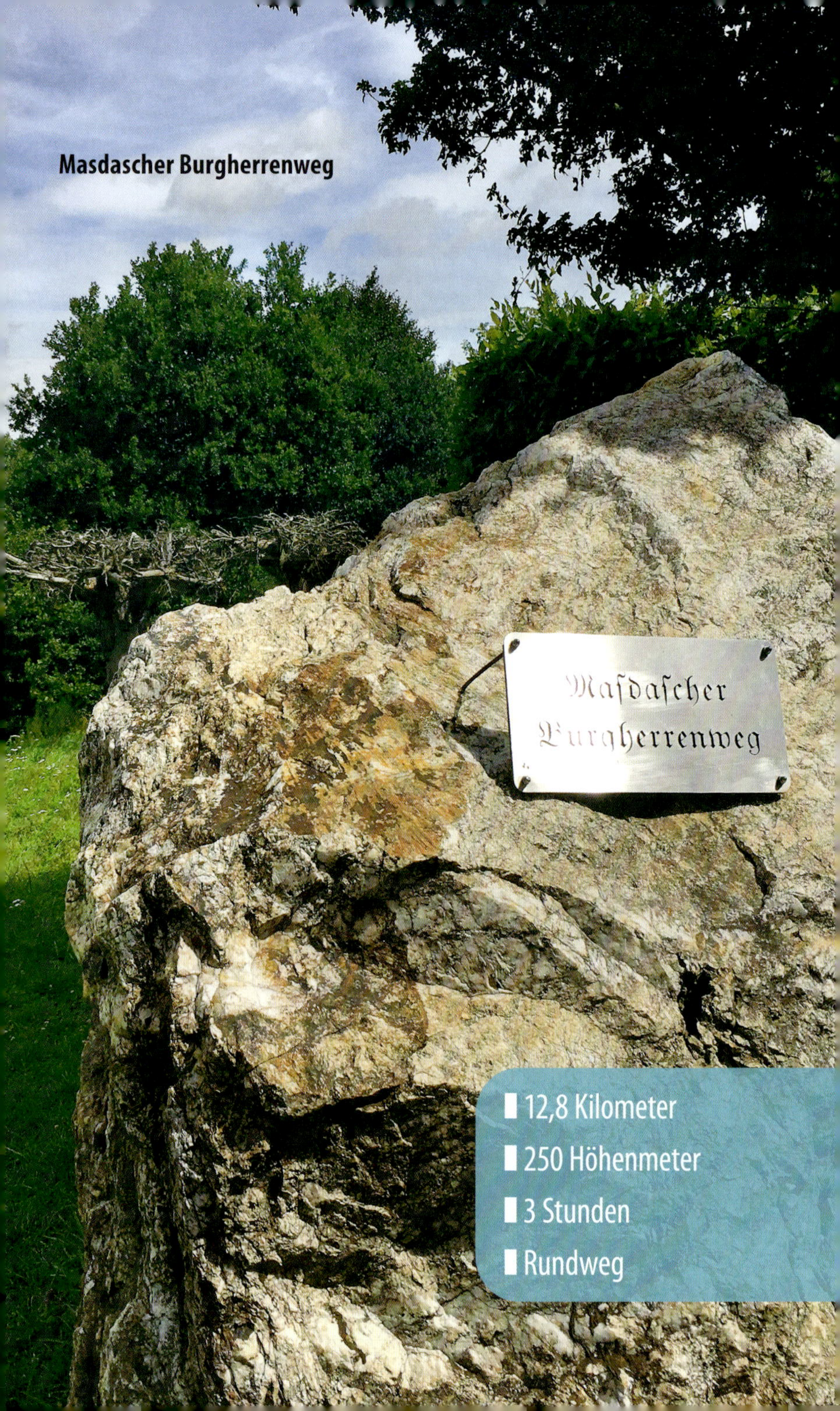

- 12,8 Kilometer
- 250 Höhenmeter
- 3 Stunden
- Rundweg

Ein Wanderweg mit einer Dramaturgie, wie sie schöner nicht sein könnte. Die **Traumschleife Masdascher Burgherrenweg** ist eine Schatztruhe voller Entdeckungen. 2018 wurde sie von den Lesern des „Wandermagazins" zu Deutschlands schönster Rundtour gewählt – und das zu Recht!

Vom Parkplatz gehen wir zur Grillhütte, dann nach links am Abenteuerspielplatz vorbei und hinter diesem rechts. Der Weg führt zwischen einer Wiese, auf der oft lustige, schwarz-weiße Rinder zu sehen sind, und dem Wald hindurch. Nach knapp 350 Metern stapfen wir rechts eine Wiese hinauf, zweigen am Wald angekommen links ab, aber nicht, ohne die Infotafel zu beachten, die uns etwas über den Gemeindewald von Mastershausen verrät. Den Ort **Mastershausen** können wir auf dem ersten Kilometer, auf dem er sich links von uns befindet, noch einige Male aus der Ferne bestaunen. Er schmiegt sich in die hügelige Landschaft ein wie ein Blatt in die Wellen eines Sees. An dem Rastplatz **Zu den Fuchslöchern,** an dem überlange Bänke und ein ebenso langer Tisch auf die hungrigen Wanderer warten, biegen wir rechts in den Wald.

Nun wird es traumhaft, denn wir schlendern leicht bergab über weichen Waldboden durch hohe Nadelbäume hindurch. Wir folgen dem lila Zeichen der Traumschleife, schlängeln uns durch einen Mischwald und überqueren einen etwas größeren Forstweg. Kurze Zeit später stehen wir am **Aussichtspunkt Windwurf ①.**

*1990 wütete hier Orkan Wiebke und 2010 sorgte schließlich der Orkan Xynthia für diesen **Windwurf** und die Aussicht. Die Fichtenbestände waren dem Sturm nicht gewachsen und werden durch Douglasien ersetzt, die mit dem Schieferboden besser zurechtkommen.*

Plätscherbäche

Wandertraum bei Mastershausen

Auf einem geschotterten Weg nähern wir uns dem Bachtal und das Rauschen des Baches wird immer lauter. Es gibt aber auch ruhige Monate hier, denn bei Trockenheit versiegen die Geräusche der Bäche. Rechts und links von uns wachsen große Ginsterbüsche. Wir wandern nun links hinab auf einem Singletrail. Wer aufmerksam voranschreitet, entdeckt die Schieferfelsen am Weg und unter den Füßen. Immer wieder macht der Weg Spitzkehren und wir müssen auf die Wegmarkierungen achten. Unterwegs genießen wir vom **Aussichtspunkt Im Dolsberg** **2** auf einer **Sinnesbank** die Natur um uns und den Blick ins Tal.

Ein paar Wanderaugenblicke später stapfen wir schon wieder an einer Spitzkehre links hinab, hier kann es bei feuchtem Wetter rutschig sein. Der Pfad ist schmal, wir gehen behutsam über Wurzeln und Felsen. Neben uns entdecken wir kleine Birken, Brombeeren und eine Menge Totholz. Nach einiger Zeit werden wir zuerst über den Masterhausener und dann über den Wohnrother Bach geführt. Von einer der kleinen Holzbrücken bewundern wir im Wasser einen

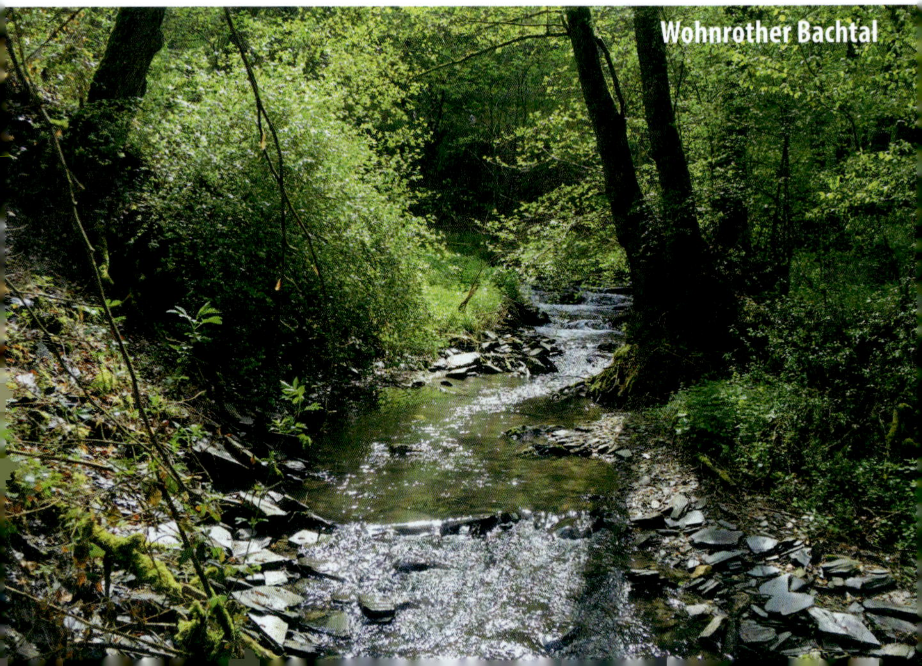
Wohnrother Bachtal

Stuhl und einen Tisch – wenn es gute Zeiten sind, sitzt dort sogar eine Figur. Damit haben wir das **Wohnrother Bachtal** erreicht. Wir passieren den Rastplatz **Katzenloch,** an dem eine lange Bank im schattigen Bachtal zum Rasten einlädt. Die **Schiefergrube Balduin** ③ verführt uns zum Eintauchen in eine längst vergangene Zeit. Vor etwas mehr als 100 Jahren wurden hier im Jahr mehr als 40.000 Dachschieferplatten hergestellt. Da die Qualität aber nicht die beste war, wurde die Grube 1922 stillgelegt.

Wir folgen dem Wohnrother Bach flussabwärts und treffen, wie auf so vielen Touren im Hunsrück, auf den beliebten Fernwanderweg Saar-Hunsrück-Steig. Unser Weg biegt bald nach links ab und leitet uns auf einer Holzbrücke mit einem einseitigen Geländer wieder über den Bach. Es folgt einer der schönsten Streckenabschnitte. Der Bach fließt neben uns her, wir können die Wildheit des Tals erkennen. Mittlerweile bemooste Bäume liegen kreuz und quer. Der Weg ist schmal, zum Teil haben wir einen felsigen Untergrund. Da, wo kein richtiger Weg mehr zu finden ist, wurden Baumscheiben in den Untergrund „gepflanzt" und mit einem Drahtgeflecht überspannt. Somit sind unsere Füße vor dem Ausrutschen sicher. Bald erreichen wir die **Bucher Mühle** ④.

Wildromantisch geht es weiter, mal über Wurzelwerk, mal durch eng stehende Bäume hindurch, hier können wir so richtig die Seele baumeln lassen. Achtsam setzen wir jeden Schritt und immer, wenn der

*Sehr viele Mühlen wurden seinerzeit in die Bachtäler gebaut, um die Kraft des Wassers zu nutzen. Die **Bucher Mühle** war bis 1946 in Betrieb, viel mehr weiß man heute nicht über sie. Die Ruine ist noch deutlich zu erkennen, genau wie das Wehr.*

Für die Seele

Die Füße in den mal kleinen, mal größeren Bächen im Wohnrother und Masdascher Bachtal im Sommer zu kühlen, ist eine wahre Wonne.

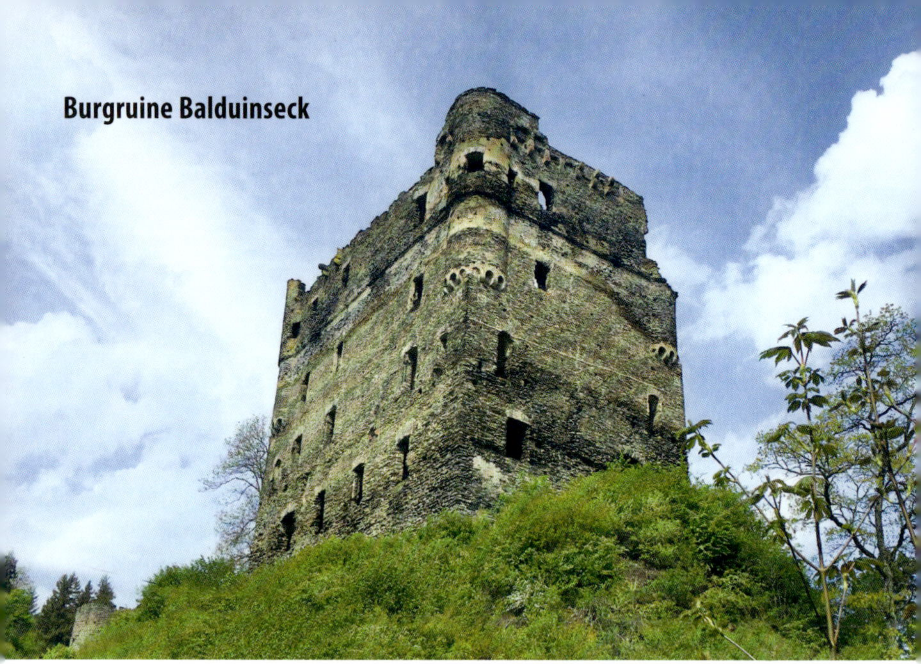

Burgruine Balduinseck

Fuß wieder den Boden berührt, tanken wir die Kraft der Natur. So erreichen wir den **Rastplatz Mohre Mühle,** der auch **Am Wendelinus** genannt wird. Von der namensgebenden Mühle, die 1901 abbrannte, ist nur wenig erhalten. Über eine lange Holzbrücke queren wir den Bach und wandern an ihm entlang. Wir passieren die Schweitzermühle und sehen bald darauf die Treppen rechts hinauf zum **Hexentürmchen.** Ihnen folgen wir aber nicht, sondern gehen weiter geradeaus auf dem spannenden Weg und entdecken zügig die trutzig im Tal liegende **Burgruine Balduinseck ⑤,** deren Besuch sehr zu empfehlen ist.

Zwischen dem **Schumbach** und der Ruine wandern wir bis zur Mündung des Baches in den **Masdascher Bach.** Wir unterqueren die Landstraße und genießen ein Stückchen Wohlfühlwald. Der Pfad schlängelt sich durch die Bäume. Es ist eine dieser Passagen, die das Herz hüpfen lassen.

Kurze Zeit später stoßen wir auf eine Bank direkt am Bach, wer kann da schon widerstehen? Der Weg führt uns auf einem schmalen Pfad in Serpentinen aufwärts und wir erreichen an der Stelle, wo der Bach einen Knick macht, einen weiteren Rastplatz, einen wahren Sehnsuchtsort: So etwas Schönes finden wir nicht auf jedem Weg!

Über Felsentreppen geht es hinauf zum **Rastplatz In der Au.** Auf einem etwas breiteren Waldweg kommen wir zur hübschen **Kaspers Mühle 6.** Sie ist eine der jüngeren Mühlen und durfte bis 1956 ihren Mahlbetrieb aufrechterhalten. Wir entfernen uns vom Bach, gehen durch dunklen Nadelwald und kommen an **Kochhan's Grawe** vorbei. Hier überqueren wir einen kleinen Bach und steigen beständig weiter auf. Mehrere Rastplätze, darunter **Herges Garten,** laden zum Verweilen ein. Wir befinden uns jetzt wieder oberhalb des Tals und unsere Blicke reichen bis nach Sosberg. Ein zusätzlicher Abstecher von jeweils 2 Kilometern hin und zurück bietet sich ab dieser Stelle an: Er leitet uns zur schönsten Hängeseilbrücke Deutschlands, der Geierlay, die man gesehen haben muss.

Der Weg ist nun kurzzeitig asphaltiert und führt uns auf dem Geierlay-Radweg entlang, kurz darauf

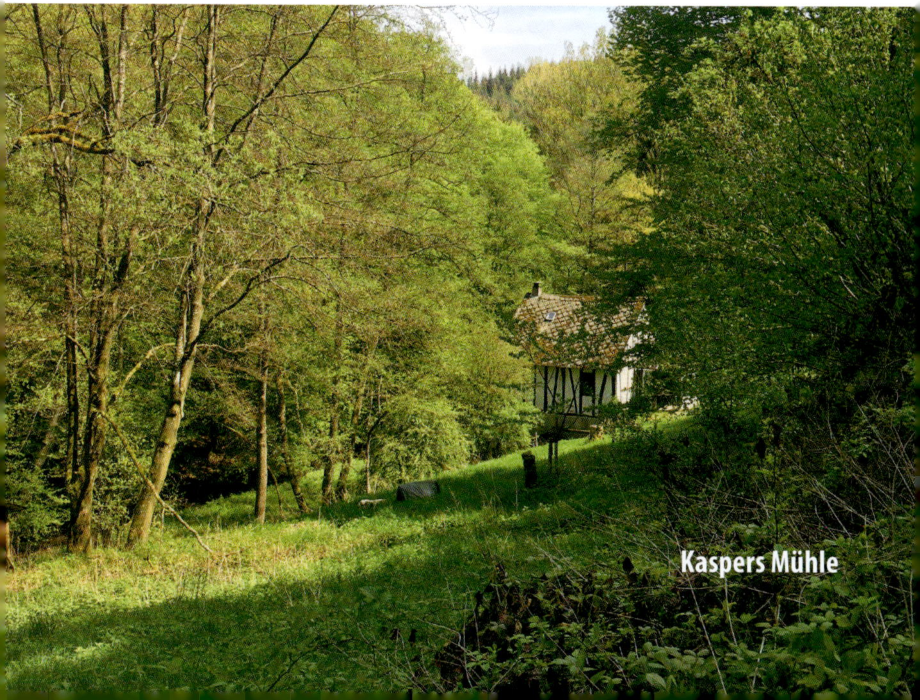

Kaspers Mühle

biegen wir aber rechts auf einen Wiesenweg ab. Einen Linksknick und viele Büsche später verschwindet der Weg im Wald, um uns wieder ins Tal zu schicken. Über Wurzeln dürfen wir klettern, durch zwei sich stützende Bäume wandeln wir hindurch, um kurze Zeit später den **Burgberg 7** zu erreichen. Eine Schutzhütte in Dreiecksform und eine Sinnesbank finden sich hier oben. Der Blick über das Tal gibt uns ein unfassbar gutes Gefühl der Freiheit.

Von nun an geht es erst mal über Serpentinen anständig hinab. Durch Eichen hindurch führt der Weg, neben uns immer wieder schroffe Felsformationen. Vorbei an einer hohlen Buche, gelangen wir zum Rastplatz am Burgberg mit einer kleinen Bank. Eine steile Passage mit Sicherungsseilen folgt. Bei Feuchtigkeit ist es hier sehr rutschig auf den Felsen. Mitten im Hang entdecken wir einen **römischen Brunnen 8**, dessen Funktion nicht abschließend geklärt ist. Sicher ist aber, dass er zur Wasserversorgung des befestigten

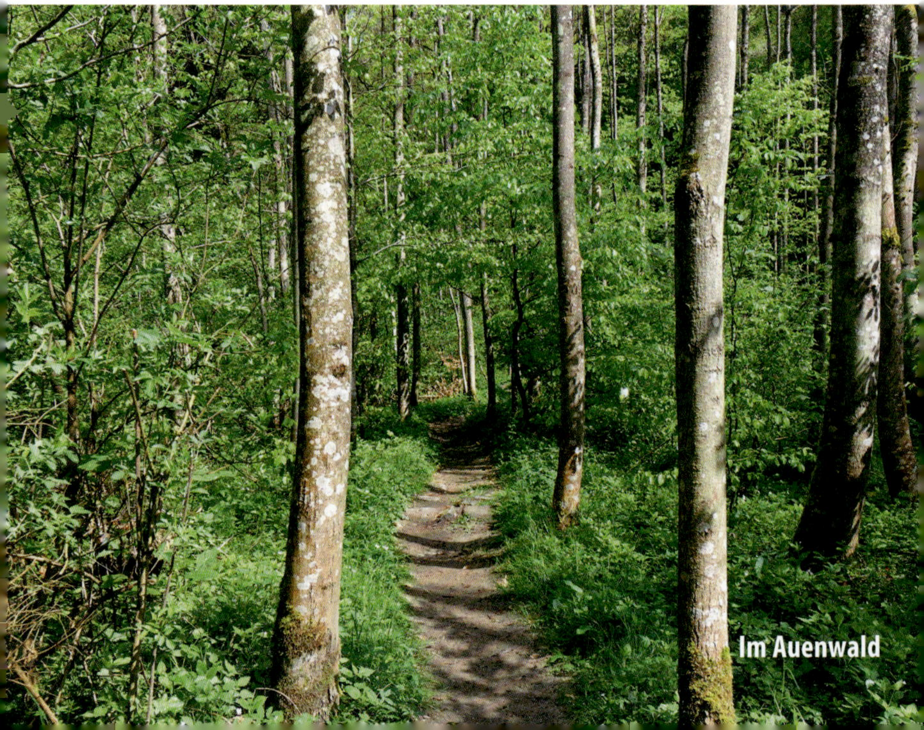

Im Auenwald

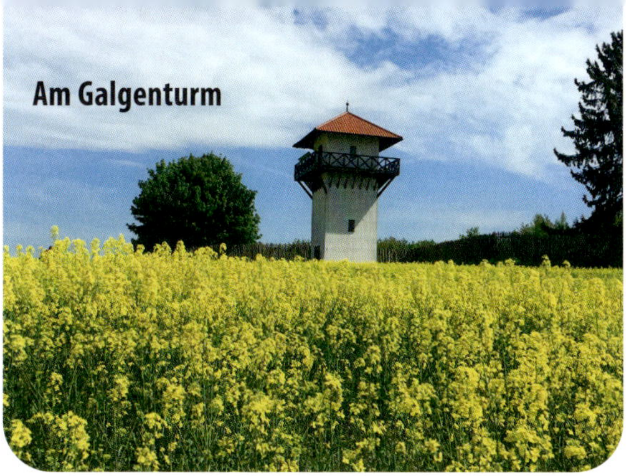

Burgberges genutzt wurde. Weiter geht es bergab durch einen schönen Buchenwald. Wir kommen zum **Mörsdorfer Bach,** spazieren an ihm entlang. Wieder verzückt uns der Weg, über Felsen geht es auf und ab, immer dem Bach nach bis zum **Rastplatz Am Herzenauer Hannes,** an dem der Weg sich gabelt. Wir wandern links hinauf am **Sosberger Bach** entlang. Nach der Überquerung des Baches verlassen wir den Saar-Hunsrück-Steig nach links. Leicht bergan wandern wir an wilder Natur vorbei: Totholz, Baumpilze und Zuflüsse zum Bach sehen wir. Wir überqueren den Bach zweimal, lesen auf Infotafeln über die **Sosberger Bauernmühle** und die **Eltzer Mühle** und erreichen nach einer Waldpassage die **Grube Apollo** ⑨.

Unmittelbar neben der Grube beginnt für uns der **Zickzackpfad** hinauf. Wie vermutlich früher die Frauen kommen wir oben etwas außer Atem an und entdecken die Infotafel zum **Luftschacht** der Grube Apollo. Nach dem Anstieg biegen wir rechts auf einen Wiesenweg ab, der uns in einen wundervollen Laubwald mit dem **Rastplatz In der Geierlay** führt. Leicht bergauf folgen wir dem Weg durch dichten Wald und erreichen den Rastplatz Zum Winterberg. Über Wiesen geht es weiter. Wir queren zwei Straßen und befinden uns **Am Galgenturm** ⑩. Dieser kann bestiegen werden und die Aussicht vom ohnehin höchsten Punkt der Wanderung zeigt uns noch einmal die Schönheit dieses Landstrichs. Hier oben streicht uns der Wind um die Nase und weckt wieder das Gefühl von Freiheit.

*Von 1891 bis 1941 wurde in der **Grube Apollo** Erz abgebaut. In der Hauptzeit von 1909 bis 1920 wurden 110 Tonnen Erz gefördert. Über den **Zickzackpfad** wurden die Bergbauarbeiter von ihren Frauen während des Arbeitstages mit Essen versorgt.*

Vorbei an einer imposanten **alten Eiche,** die schon über 500 Jahre hier ausharrt, wandern wir links über Wiesen zum Wäldchen **An der Sielkaul.** Über einen Pfad geht es durch das Wäldchen hindurch, ein letztes Mal spazieren wir über Wiesen an einem Damwildgehege entlang bis zum **Hallgarten ⑪.** Von hier sehen wir zwar schon den Parkplatz, gönnen uns aber noch die Gerüche und die vielen Insekten im wundervoll angelegten Wildgarten. Nach der Überquerung des Mautzbaches geht es schließlich durch ein Feuchtgebiet über Bohlen zurück zum Startpunkt. Erfrischende knapp 13 Kilometer liegen hinter uns und mit vielen Eindrücken von Freiheit und Ruhe kehren wir nach Hause zurück.

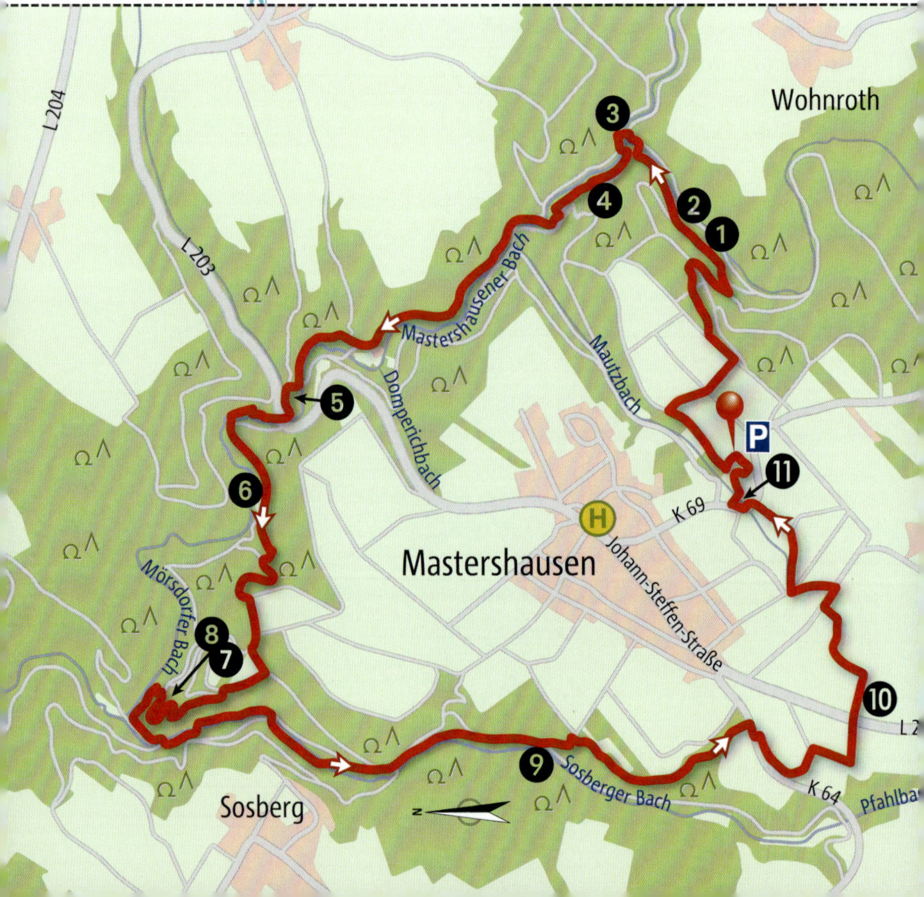

Alles auf einen Blick

WIE & WANN:
Schmale Pfade, Feldwege, wenig Asphalt. Beste Wanderzeit: April bis Oktober.

HIN & WEG:
Auto: Wanderparkplatz an der Grillhütte, K 69, 56869 Mastershausen (GPS: 50.05983, 7.35967)
ÖPNV: Bus 630 von Kastellaun bis Haltestelle Bürgerhalle, Mastershausen, von Johann-Steffen-Straße links in Im Eck, rechts in Zum Mautzbach, dann dem Straßenverlauf folgen bis zur Grillhütte (ca. 800 Meter Fußweg)

ESSEN & ENTSPANNEN:
Keine Einkehrmöglichkeit an der Strecke. Bitte Rucksackverpflegung mitnehmen.

ENTDECKEN & ERLEBEN:
Aussichtspunkt Windwurf ❶
Aussichtspunkt und Sinnesbank Im Dolsberg ❷
Schiefergrube Balduin ❸
Ruine Bucher Mühle ❹
Burgruine Balduinseck ❺
Kaspers Mühle ❻
Burgberg ❼
Römischer Brunnen ❽
Grube Apollo ❾
Am Galgenturm ❿
Hallgarten ⓫

Entspannung ✱✱✱✱✱
Genuss ✱✱✱✱✱
Romantik ✱✱✱✱✱

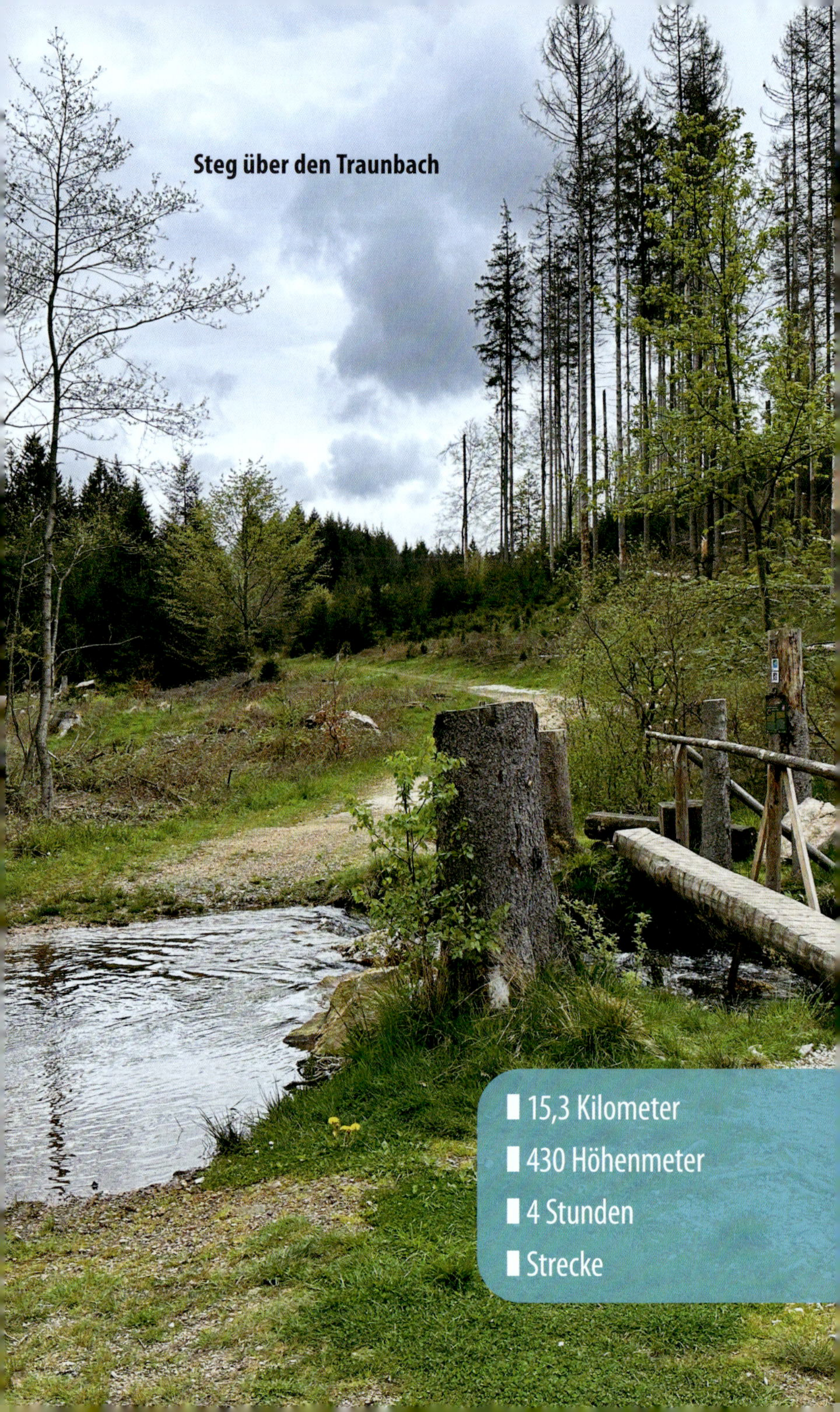

Steg über den Traunbach

- 15,3 Kilometer
- 430 Höhenmeter
- 4 Stunden
- Strecke

Wir sind unterwegs auf dem **Saar-Hunsrück-Steig** im Nationalpark Hunsrück-Hochwald und werden auf etwa 15 Kilometern wundervolle grüne und wilde Kilometer erleben.

Nahe **Börfink** an der **Rasthütte Ochsenstall** starten wir unseren Weg. Die Schilder mit dem grün-blauen Saar-Hunsrück-Steig-Logo werden uns den Weg weisen. Zwischen der Rasthütte und einem **Gebetsstock** mit einer Marienstatue wandern wir auf einem Wiesenpfad leicht bergan. Knapp 30 Meter hinter der Überquerung der K 49 biegen wir im Wald nach rechts ab. Parallel zu einem asphaltierten Weg rechts von uns bewegen wir uns zwischen frisch ergrünten Buchen auf einem idyllischen Waldweg leicht bergan. Auf dem mit Wurzeln durchzogenen Weg müssen wir aufpassen, dass wir nicht stolpern, da wir kaum unsere Augen vom wunderschönen Wald um uns abwenden können. Mit uns verläuft auf diesem Teil auch die **Traumschleife Börfinker Ochsentour.**

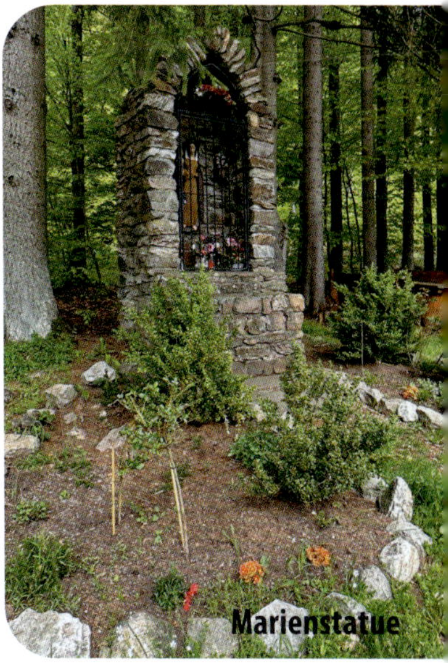
Marienstatue

An einer Abzweigung nach etwa 200 Metern gehen wir auf dem traumhaften Weg geradeaus, hinein in eine lang gezogene Linkskurve. Nach weiteren 600 Metern treten wir aus dem Wald hinaus, biegen nach rechts auf einen breiten Weg und treffen auf einen der Rettungspunkte, die in regelmäßigen Abständen auf den Wanderwegen vorzufinden sind.

Wildnis erleben

Im Nationalpark Hunsrück-Hochwald

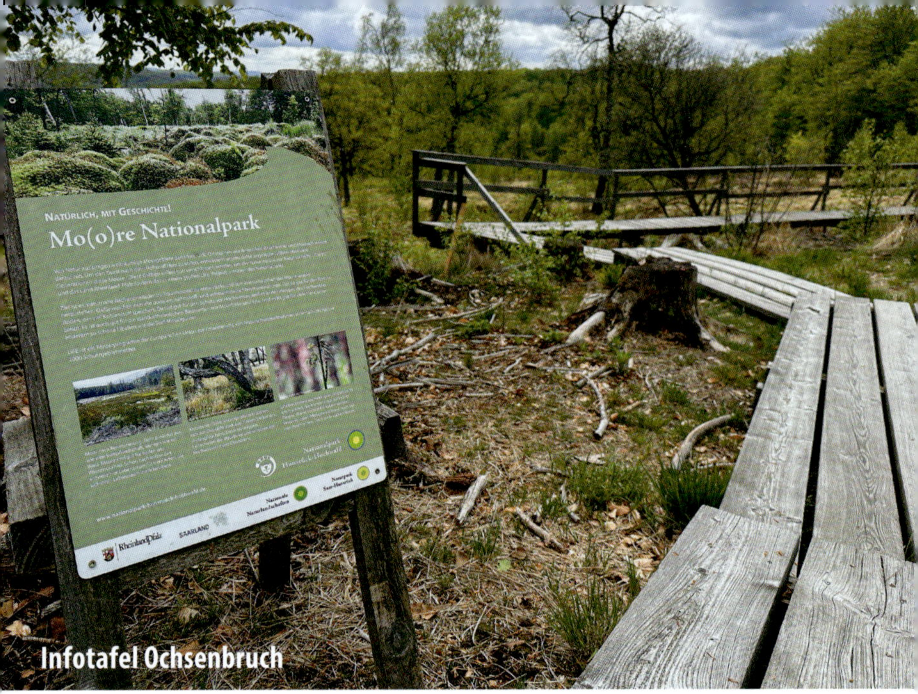

Infotafel Ochsenbruch

Der **Nationalpark Hunsrück-Hochwald** ist der 16. und derzeit jüngste Nationalpark Deutschlands. 2015 wurde er eröffnet und ist etwa 10.000 Hektar groß. Charakteristisch sind die Buchenwälder, Blockschutthalden und Brüche (Moore).

Ein Wegweiser zeigt uns, dass hier die **Nationalpark-Radroute** entlangführt, wir dürfen also mit Radfahrern rechnen. Wir laufen an der folgenden asphaltierten Straße nach links, überqueren ein klares Bächlein, einen Zufluss zum Ochsenfloß, und zweigen nach etwa 100 Metern an einer massiven hölzernen Bank rechts ab. Erneut finden wir uns in einem beschützenden Buchenwald wieder, der den **Nationalpark Hunsrück-Hochwald** ausmacht.

Im wilden Wald biegen wir etwa 100 Meter weiter nach links ab; der ehemals geradeaus führende Weg ist ohnehin nur noch schwer zu erkennen. Leicht bergauf gehend erreichen wir nach etwa 400 Metern den **Ochsenbruch ①,** ein Moor, das wir auf Holzstegen durchwandern.

Mittendrin liegt etwas erhöht eine **Raststelle ②,** von der man einen wundervollen Blick in den Nationalpark hat. Nach etwa 200 Metern befinden wir uns wieder in einem einsamen Buchenwald, biegen an einem Hinweisschild, das uns über die Verlegung des Saar-Hunsrück-Steiges wegen Schneebruch und Unpassierbarkeit des Weges unterrichtet, nach rechts ab und flanieren über weichen, dumpf klingenden Waldboden. Etwa 50 Meter dahinter halten wir uns rechts, der breitere Weg geradeaus ist unpassierbar. Waldvögel schreien laut auf und fliehen in die Baumkronen der Buchen, während wir den Weg bergab wandern.

Nach 800 Metern durch ein feuchtes, wildes Waldgebiet erreichen wir einen breiteren Weg und zweigen links auf ihn ab. 50 Meter weiter geht es nach rechts wieder in den Wald und wir laufen auf einem Waldweg auf ein Rauschen zu. Nachdem wir einen kleinen Bach überquert haben, biegen wir nach 100 Metern an einer Gabelung rechts ab. Nun erreichen wir einen idyllischen Zufluss des **Traunbachs,** den wir später noch treffen. Von links fällt das klare Wasser über kleinere Felsen und moosbedeckte Stämme herab, Farne wachsen am Rand des Baches: eine Idylle, die ihresgleichen sucht.

Aber das Bächlein ist nicht nur wunderschön, 100 Meter weiter finden wir an ihm nach einem kleinen Abstecher nach rechts die **Hirsch-Tränke ③.** Hier können sich durstige Wanderer mit bachwassergekühlten Getränken stärken und an einer Bank mit Tisch ausruhen. Zurück auf dem Hauptweg genießen wir den schmucken Waldpfad. An der folgenden Kreuzung biegen wir rechts ab und überqueren den mittlerweile stattlichen Bach. An der nach etwa 100 Metern folgenden Gabelung schlendern wir nach links, und über Wurzelwerk und Steine wandeln wir durch den hellgrün schim-

*Einst gab es im Hunsrück viele **Moore.** Später hat der Holzhandel dafür gesorgt, dass Flächen entwässert wurden, um Bäume anzupflanzen. Die so verschwundenen Moore sollen nun zurückkehren, um Lebensräume für viele bedrohte Tiere und Pflanzen zu bieten.*

Für die Seele

Wir stehen auf dem höchsten Berg in Rheinland-Pfalz auf der Aussichtsplattform Windklang und genießen die Aussicht über die Hunsrückhöhen.

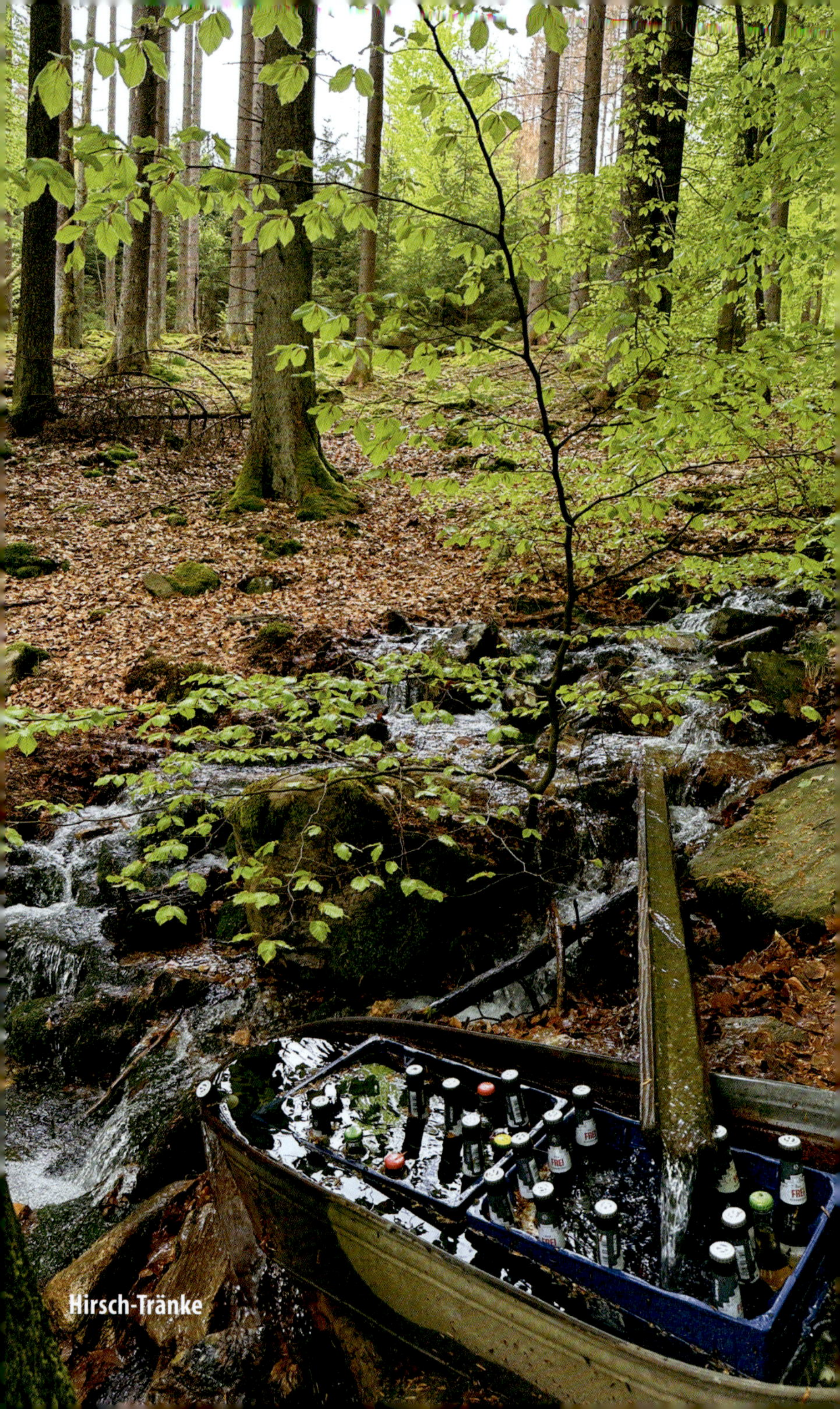

Hirsch-Tränke

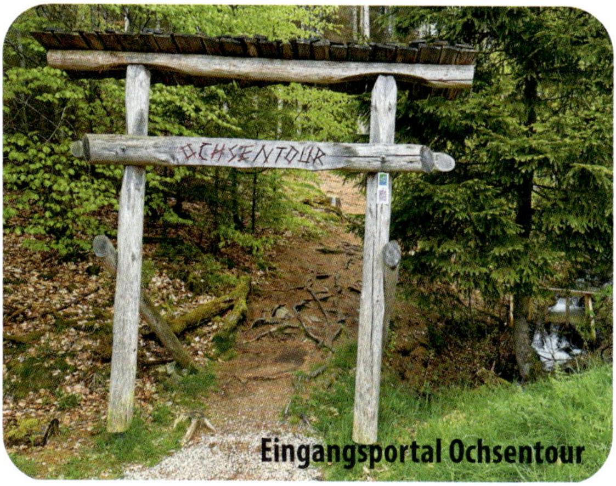

Eingangsportal Ochsentour

mernden Buchenwald. Nachdem wir zwischen zwei Baumwurzeln hindurchgegangen sind, entdecken wir zu beiden Seiten bemoosten Waldboden, Zapfen liegen herum, es mutet an wie in einem Märchen. Am **Eingangsportal der Traumschleife Börfinker Ochsentour,** etwa 400 Meter weiter, verlassen wir den Wald und finden uns auf einem Wanderparkplatz wieder.

Nach der Lektüre einer Informationstafel zum **Kommandobunker Börfink 4,** auch **Bunker Erwin** genannt, überqueren wir die K 49 und kommen sogleich an einer Schranke vorbei in den an dieser Stelle dezimierten Wald. Hoch oben abgeknickte Bäume entdecken wir rechts von uns, links verläuft die eben überquerte Straße, dahinter entdecken wir das Gelände des ehemaligen geheimen NATO-Bunkers.

Etwa 100 Meter weiter überqueren wir auf einem schmalen Steg den Traunbach, an einem Abzweig, an dem die Traumschleife nach rechts verläuft, gehen wir weiter geradeaus. Wir wandern nun etwa 1 Kilometer rechts oberhalb des Traunbachs entlang, erst durch einen Mischwald, später auf einer Wiese. Die Schilder des Saar-Hunsrück-Steigs zeigen uns zuverlässig den Weg.

Eine Gabelung lassen wir ungeachtet und gelangen so, über eine Wiese nach rechts abbiegend, zur Straße,

*Der **Bunker Erwin** wurde zwischen 1960 und 1963 erbaut. Von ihm aus erfolgte in der Zeit des Kalten Krieges die Luftraumüberwachung der Bundesrepublik Deutschland und später die Gesamtverteidigung Mitteleuropas. Die unterirdische Fläche beträgt etwa 15.000 Quadratmeter.*

die wir nach 300 Metern kreuzen. Nahe **Thranenweier,** dessen Häuser wir schon eine ganze Weile links von uns sehen, kommen wir auf einen Wanderparkplatz, der gleichzeitig ein **Ranger-Treffpunkt 5** ist. Eine wasserlose Toilette, eine Raststelle und diverse Informationstafeln, die sowohl in normalen Schriftzeichen als auch mit Brailleschrift versehen sind, entdecken wir hier – sie berichten unter anderem von einem barrierefreien Wanderweg bei Thranenweier.

Nach der Querung des Parkplatzes gehen wir ein weiteres Mal über den Traunbach, halten uns links, um auf einem asphaltierten Weg an dem Weiher vorbeizulaufen, biegen danach rechts ab und wandern 300 Meter bis zum Eingang in den **Riedbruch 6.** Das Hangmoor am Südhang des Erbeskopfes durchschreiten wir auf Stegen, erfahren einiges Wissenswertes zu Flora und Fauna und befinden uns, nachdem wir die Stege nach rechts verlassen haben und an dem Ort Thranenweier vorbeigegangen sind, etwa 400 Meter später im Aufstieg zum höchsten Berg von Rheinland-Pfalz.

Wir biegen an der Gabelung nach rechts ab, spazieren durch einen Mischwald, vorrangig sind aber auch hier die Buchen zu sehen. Verschiedene Vögel pfeifen uns auf dem bergauf führenden breiten Weg ihr Lied,

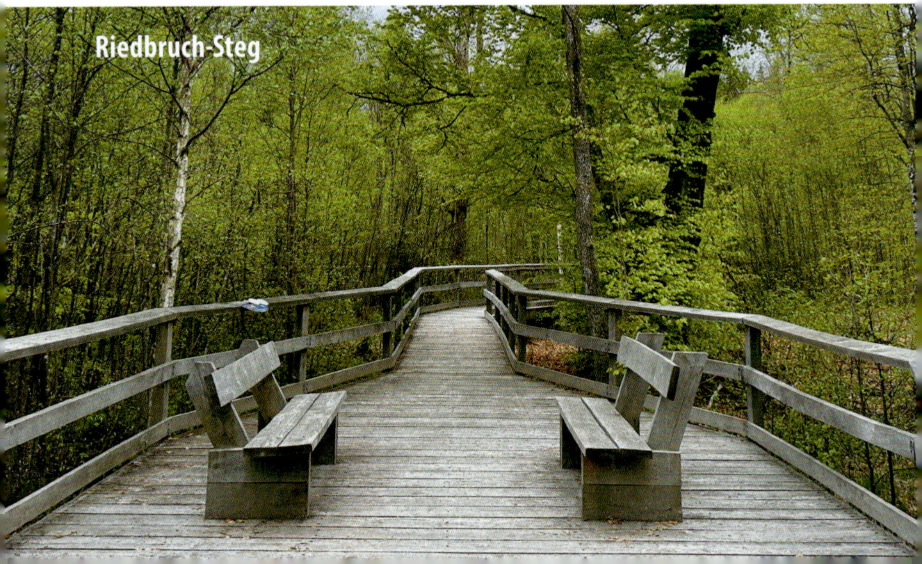

Riedbruch-Steg

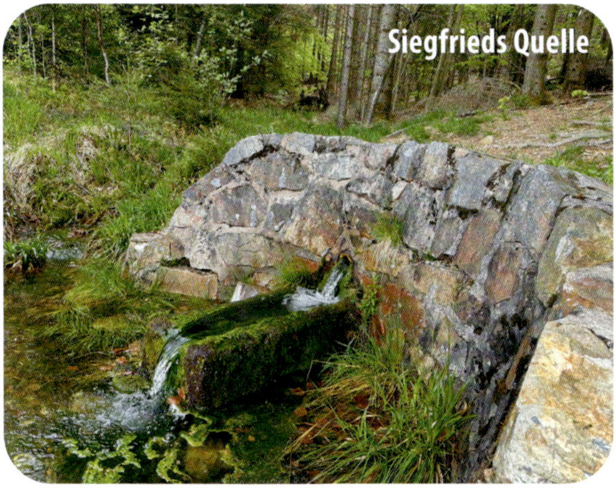

eine Holzbank lädt zum Verweilen ein, kleine Bäche trudeln aus den bemoosten Gesteinen hervor, entwurzelte Bäume liegen herum, und wir wandern immer weiter geradeaus moderat bergauf. Nach etwa 2 Kilometern kommen wir an eine Wegespinne und überqueren erneut die Nationalpark-Radroute, die hier auf der **Pfaffenstraße** ⑦ verläuft. Seit der Kelten- und Römerzeit war diese ein Handels- und Heeresweg. Eine überdachte Raststelle rechts des Weges lassen wir ungenutzt. Geradeaus passieren wir die Wegespinne und verpassen kurze Zeit später nicht den Abzweig nach links in den Wald. Über Wurzeln und querliegende Bäume geht es leicht bergab, vorbei am Rastplatz bis zur **Siegfrieds Quelle** ⑧, die den **Hohltriefbach** speist.

Nach dem Überqueren eines breiteren Weges geht es für uns wieder in den Wald hinein, nahezu querfeldein stapfen wir hinauf. Unsere Schilder nicht aus den Augen verlierend, queren wir einen asphaltierten Weg und begeben uns auf den nächsten Singletrail. Etwa 400 Meter weiter biegen wir rechts auf einen breiteren Weg ab, wandern etwa 600 Meter bis zu einer Kreuzung und hier geradeaus. Nach weiteren 700 Metern zweigen wir nach rechts auf einen schmalen Waldpfad ab. Gemeinsam mit der **Traumschleife Gipfel-**

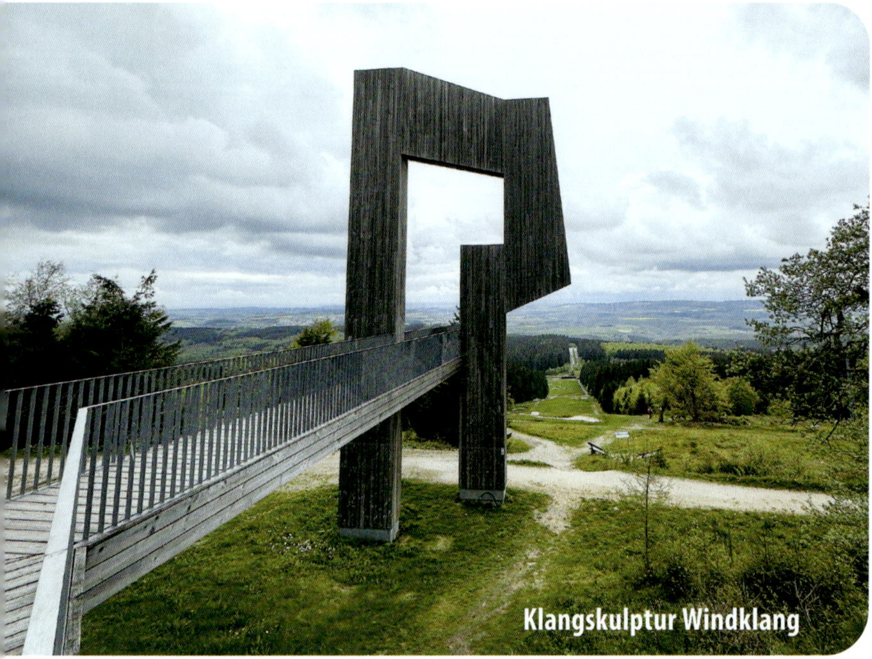

Klangskulptur Windklang

rauschen laufen wir nun steil bergauf. Über Serpentinen schlängeln wir uns hinauf zum **Springenkopf** ⑨. Auf einer Bank haben wir, schon fast oben angelangt, eine wundervolle Aussicht in den weiten Hunsrück. An der Kuppe des Berges folgen wir unseren Schildern nach rechts und wandern schließlich leicht bergab bis zum **Saar-Schlesien-Weg,** auf den wir links abbiegen. An der folgenden Gabelung gehen wir links und biegen nach 300 Metern an einer Kreuzung rechts ab. Hier kommen wir am **Gottlob** vorbei, an dem vor vielen Jahren die Markthändler erleichtert Selbiges sagten, denn sie hatten an dieser Stelle den steilen Anstieg zwischen Thalfang und Birkenfeld gemeistert.

Von hier ist es nicht mehr weit bis zum **Erbeskopf.** Nach etwa 1 Kilometer gelangen wir zum **Skulpturenweg** und an den 1901 erbauten **hölzernen Kaiser-Wilhelm-Aussichtsturm** des höchsten Berges von Rhein-

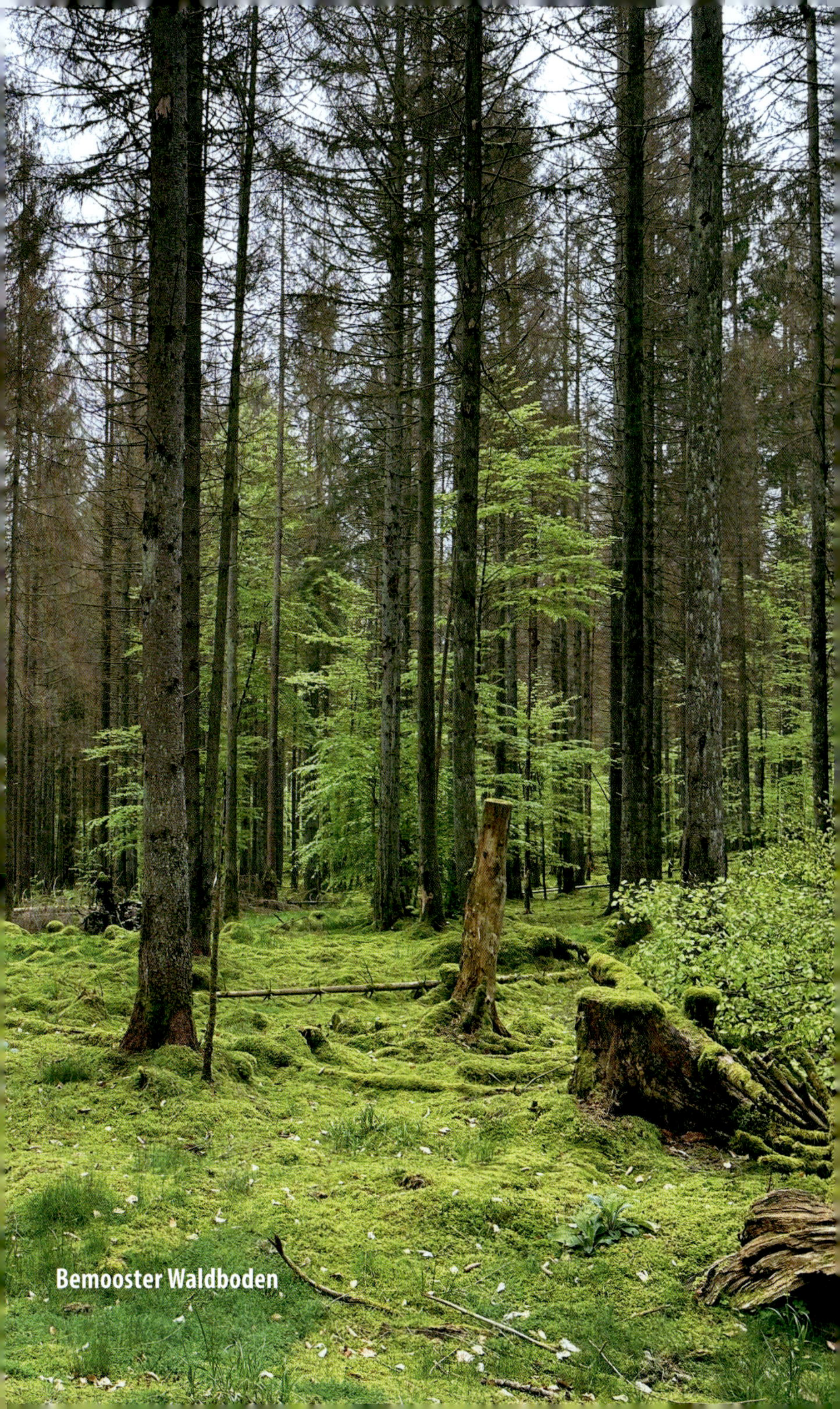
Bemooster Waldboden

land-Pfalz. Nach links biegen wir auf dem Plateau ab, um zur **durchschreitbaren Klangskulptur Windklang** ⑩ zu gelangen. Diese ziert seit 2011 den Gipfel und offenbart uns eine wundervolle Sicht über den Hunsrück bis in die Eifel.

Durch ein Wäldchen wandern wir zu guter Letzt hinab zum **Café Hunsrückhaus** ⑪, vorbei an den **Skipisten** des Winters und den **Bikepisten** und der **Rodelbahn** des Sommers, entdecken auch den **Waldseilgarten** – und genießen im **Nationalpark-Tor Hunsrückhaus** unseren wohlverdienten Kaffee und einen leckeren Kuchen. Hier lässt sich bestens auf die Busverbindung zurück zum Ausgangspunkt warten.

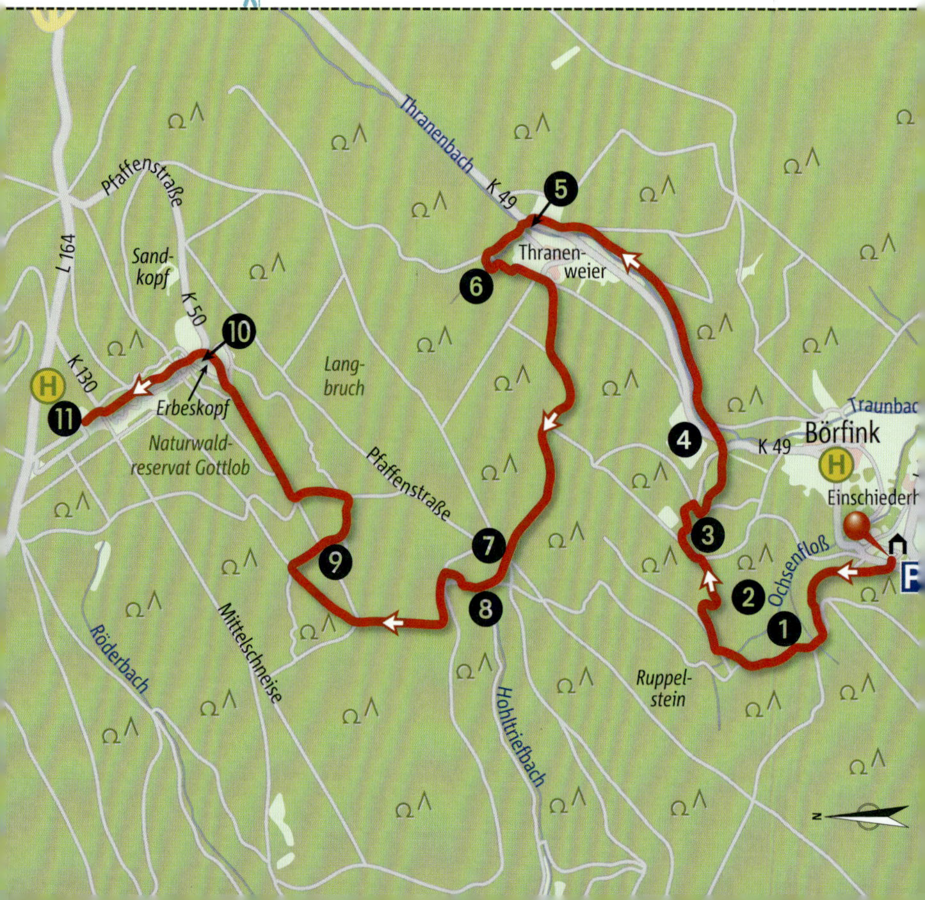

Alles auf einen Blick

WIE & WANN:
Breitere Waldwege, schmale Pfade, Holzstege, wenig Asphalt. Beste Wanderzeit: April bis Oktober.

HIN & WEG:
Auto: Parken am Ochsenstall Börfink, Abzweigung von L 165 zu K 49, 54422 Börfink (GPS: 49.685363, 7.070002)
ÖPNV: Rufbus 822 von Baumholder bis Haltestelle Lindenweg, Börfink, von dort westwärts entlang der Hauptstraße K 49 zurück zum Ochsenstall (ca. 950 Meter Fußweg); Rückkehr zum Ausgangspunkt: Bus 890 von Hunsrück/Erbeskopf, Deuselbach bis Haltestelle Ferienpark, Oberhambach, dort Umstieg in Rufbus 822 bis Haltestelle Lindenweg, Börfink (Fahrtzeit ca. 1 Stunde). Achtung: Der Rufbus 822 fährt nach Bedarf und muss mindestens 1 Stunde vor regulärer Abfahrt telefonisch, Tel. (0 61 32) 78 96 16, angefordert werden.

ESSEN & ENTSPANNEN:
Café Hunsrückhaus ⓫ Nationalpark-Tor Erbeskopf, 54426 Hilscheid, Tel. (0 67 82) 80 99 78 52, www.cafe-hunsrueckhaus.de

ENTDECKEN & ERLEBEN:
Ochsenbruch ❶
Raststelle im Ochsenbruch ❷
Hirsch-Tränke ❸
Kommandobunker Börfink ❹
Ranger-Treffpunkt Thranenweier ❺
Riedbruch ❻ Pfaffenstraße ❼
Siegfrieds Quelle ❽ Springenkopf ❾
Durchschreitbare Klangskulptur Windklang ❿

Entspannung ✱✱✱✱✱
Genuss ✱✱✱✱✱
Romantik ✱✱✱✱✱

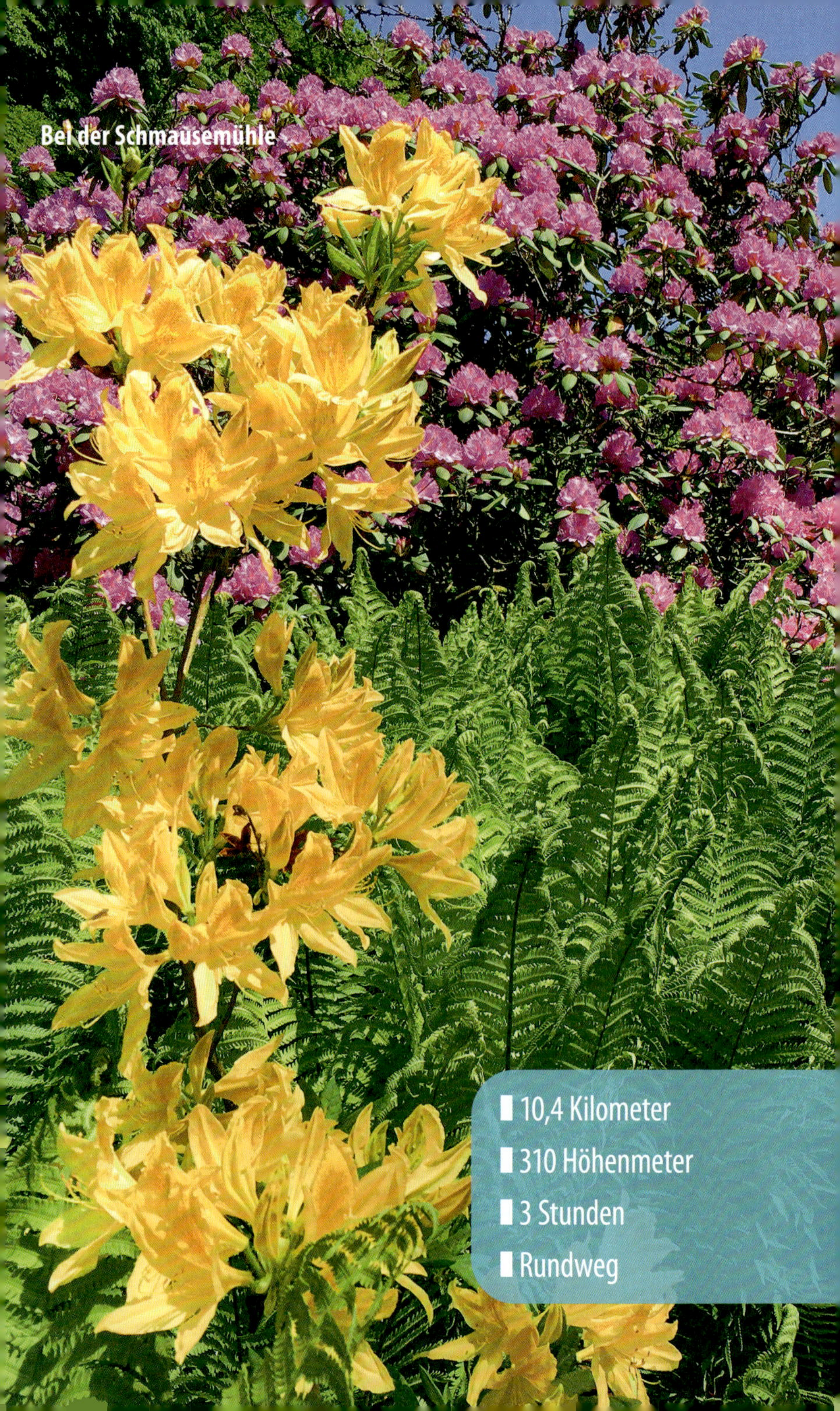
Bei der Schmausemühle
10,4 Kilometer
310 Höhenmeter
3 Stunden
Rundweg

Das sagenumwobene Baybachtal werden wir bei dieser Wanderung erleben, und wer einmal hier war, der wird wohl wiederkommen, denn diese Schatztruhe an Naturerlebnissen öffnet zu jeder Jahreszeit seinen Deckel.

Auf dem etwas außerhalb des Ortes Heyweiler liegenden **Wanderparkplatz** startet unsere circa 10 Kilometer lange Rundtour, die mit den Markierungen der **Traumschleife Baybachklamm** bestens ausgeschildert ist. Wir betreten den Wald durch ein hölzernes Tor und bewegen uns in der vorgeschlagenen Laufrichtung, die uns insgesamt im Uhrzeigersinn führt, sodass wir nach links einschwenken. Unter fröhlichem Vogelgezwitscher führt uns ein kleiner Waldweg über neugierig hervorlugende Wurzeln bergab. Sobald wir in den Wald eintreten, bemerken wir die kühle frische Luft, die uns hier empfängt. Voller Freude erblicken wir nach wenigen Metern eine in den Felsen gestellte Sinnesbank. Auf dieser ließe es sich vorzüglich pausieren, wenn wir nicht gerade erst losgegangen wären. Die Zeit, den Blick über das vor uns liegende Tal schweifen zu lassen, nehmen wir uns dennoch.

Nachdem wir unsere Sinne geschärft haben, wandeln wir weiter. Eine seilgesicherte Passage, die unsere ganze Aufmerksamkeit erfordert, führt uns auf schmalem Pfad über Felsen steil hinab. Auf der einen Seite begleiten uns moosbekleidete Felsen, auf der anderen Seite geht es steil abwärts. Hier könnten sich Fuchs und Hase „Gute Nacht“ sagen, wenn nicht gerade Hochsai-

Frischekur

Die Traumschleife Baybachklamm

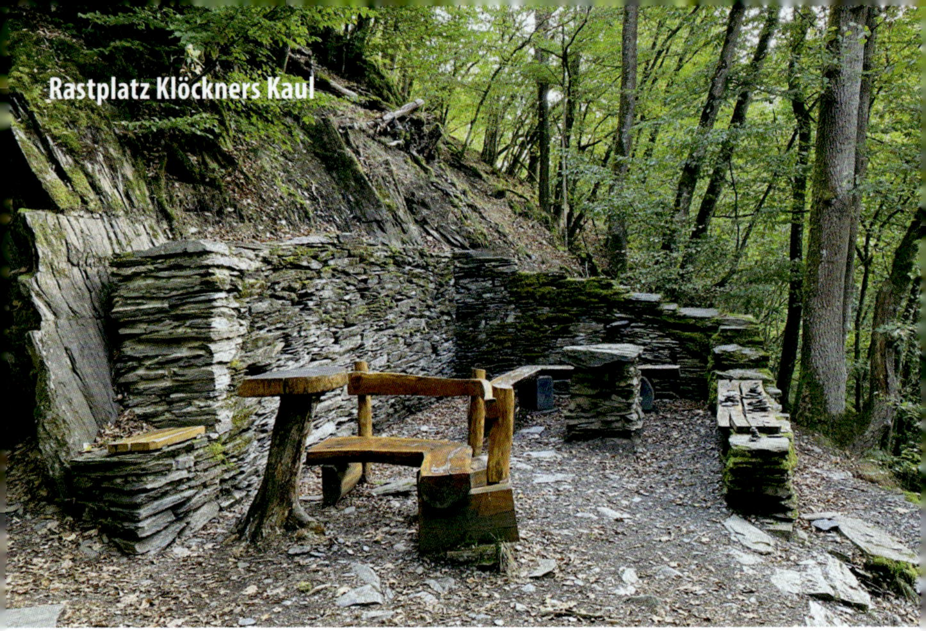

son für Wanderer ist. Wir laufen diese Strecke gern am frühen Morgen, wenn noch niemand unterwegs ist; der Wald erwacht aus seiner Nachtruhe und wir können die beruhigende Stimmung einfangen.

In der Talsohle biegen wir rechts auf einen geschotterten Forstweg ab, den wir an der nächsten Abzweigung nach links verlassen, dem Hinweisschild Richtung **Steffenshof** folgend. Am kleinen **Buchbach** **1** angelangt, empfängt uns eine Sitzgruppe. In den urwüchsigen Bäumen hören wir einen Specht nach Nahrung suchen. In Serpentinen wandern wir nun bergauf, immer den Schildern der Traumschleife nach. Einmal dürfen wir auf einem hölzernen Geländer felsige Stufen erklimmen. Wenn langsam die Sonne aufgeht, ist es hier unten im Tal idyllisch ruhig und beruhigend. Wir bleiben stehen und genießen die aufsteigenden Nebelschwaden, die um uns herumtanzen.

Wir entfernen uns immer weiter vom kleinen Buchbach. Auf schmalem Pfad laufen wir weiter bergauf, bis uns, schon fast oben, hinter einer Kreuzung eine Rastbank mit Tisch empfängt, von der wir über Felder in die Weite des Hunsrücks schauen können. Der nun folgende Wiesenweg ist eine schöne Abwechslung zu dem unebenen Untergrund im Wald. Wir passieren bald den **Steffenshof 2**, entdecken eine Schutzhütte und eine Schuhputzstation. Erneut schweift der Blick über die Hunsrückhöhen bis in die Eifel.

Ein Wiesenweg führt uns nun leicht bergab, etwas weiter empfängt uns eine verführerische Baumpforte. Wir treten in den Wald hinein und werden mit einem natürlichen Wurzelweg empfangen. Neben uns entdecken wir große Buchen und schlendern den nun dunkel wirkenden Wald hinab. Hier treffen wir auf ein kleines Bächlein, das wir zweimal überqueren, zuerst auf einem Holzsteg, dann an dessen Mündung in einen anderen Bach über große Steine hinweg. Wir folgen dem zweiten Bach flussabwärts, mal auf seiner rechten, dann auf der linken Seite. Wild liegen hier Bäume neben dem Weg kreuz und quer, wir genießen diese Wildheit unserer schönen Natur. Über spannende Singletrail-Passagen erreichen wir **Klöckners Kaul 3**, an der uns eine Informationstafel den Schieferabbau im Baybachtal näherbringt.

Auf abenteuerlichen Wegen, über Stock und Stein, gelangen wir schließlich ins Baybachtal. Hier unten haben unsere Smartphones keinen Empfang – und das ist wirklich gut so. Einfach genießen ist hier die Devise. Über Wurzeln geht es am **Baybach 4** flussabwärts. Der Bach plätschert lustig glucksend vor sich hin. Er windet sich durch das Tal und führt dafür, dass sein Quellgebiet nicht weit entfernt liegt, schon reichlich Wasser. Mal ist er laut, mal flüstert er uns sein Lied.

***Klöckners Kaul** ist eine der vielen Schiefergruben im Hunsrück. Der Hunsrückschiefer gehört zu den im Devon entstandenen Rheinischen Schiefergebirgen. Aufgrund seiner leicht spaltbaren Struktur wurde er besonders für Dachschiefer genutzt.*

Für die Seele

Das kühle Nass im Tal des Baybachs hat eine heilende Wirkung. Zu jeder Jahreszeit kann man hier die Seele baumeln lassen – und die Beine im Wasser.

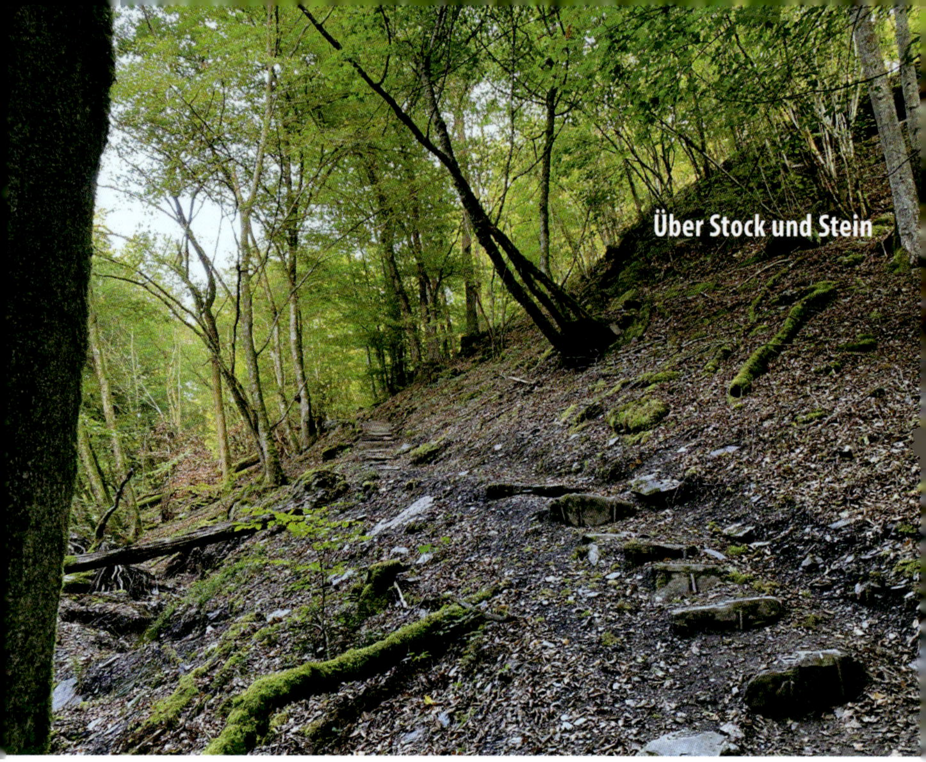

Wildromantisch ist es hier: Manchmal sehen wir gar nicht, wo sich denn der Weg fortsetzen könnte. Aber es gibt ihn. Zum Teil ist er seilgesichert, zum Teil geht er über bemooste Felsen. Eine Informationstafel zeigt uns, dass hier im Tal auch früher schon Menschen den Wald nutzten. Die Abfuhr von Brennholz aus den steilen Wäldern war allerdings so beschwerlich, dass vor Ort Holzkohle hergestellt wurde, die durch ihr geringeres Gewicht einfacher zu transportieren war.

Kein Wunder, denken wir uns, und laufen weiter auf dem schmalen Pfad. Rechts und links von uns sehen wir nun steile Hänge, zwischen denen wir merken, wie klein wir Menschen sind. Wir sind nun in dem namensgebenden Teil der Traumschleife: der **Baybachklamm.** Steil schießt das Gestein nach oben empor, unten braust das Wasser des Baybachs, der bei regnerischem Wetter auch seine durchaus wilde Seite zeigen kann. So erreichen wir das **Restaurant und Hotel Schmausemühle** (5), in das eine Einkehr lohnt.

*Die **Schmausemühle** ist seit 450 Jahren in Familienbesitz und wird seit 1920 als Gaststätte genutzt. Aus den eigenen Forellenteichen kommt der Fisch frisch in die Küche. Im alten Steinbackofen werden Mühlenbrot und Schinkenbraten gebacken.*

Es scheint nun, als verließe unser Weg den Baybach, denn wir überqueren eine Brücke und gehen steil links hinauf. Dies ist aber eine Täuschung – nach nur wenigen Metern treffen wir ihn wieder. Unsere Sinne dürfen indes nicht nur bei dem Bach sein, denn der Weg fordert unsere Aufmerksamkeit. Wir wandern über Schieferfelsen und Wurzelwerk und erreichen alsbald die **Heyweiler Bauernmühle 6**. Wie in einem Märchen steht sie da, verwunschen fast. Wir spazieren rechts an ihr vorbei auf einen Waldweg oberhalb des Baybachs und gelangen kurze Zeit später an eine handwerklich eindrucksvolle Rastbank. In einen umgefallenen Baum wurden Sitze gesägt und das Ganze mit einem Dach versehen; eine Gelegenheit, die schönen erlebten Passagen noch einmal Revue passieren zu lassen.

Es folgt unser Lieblingsteil des Weges. Eine seilgesicherte Passage über große Felsen hinweg erwandern wir freudig, die Wildheit unserer Natur macht uns

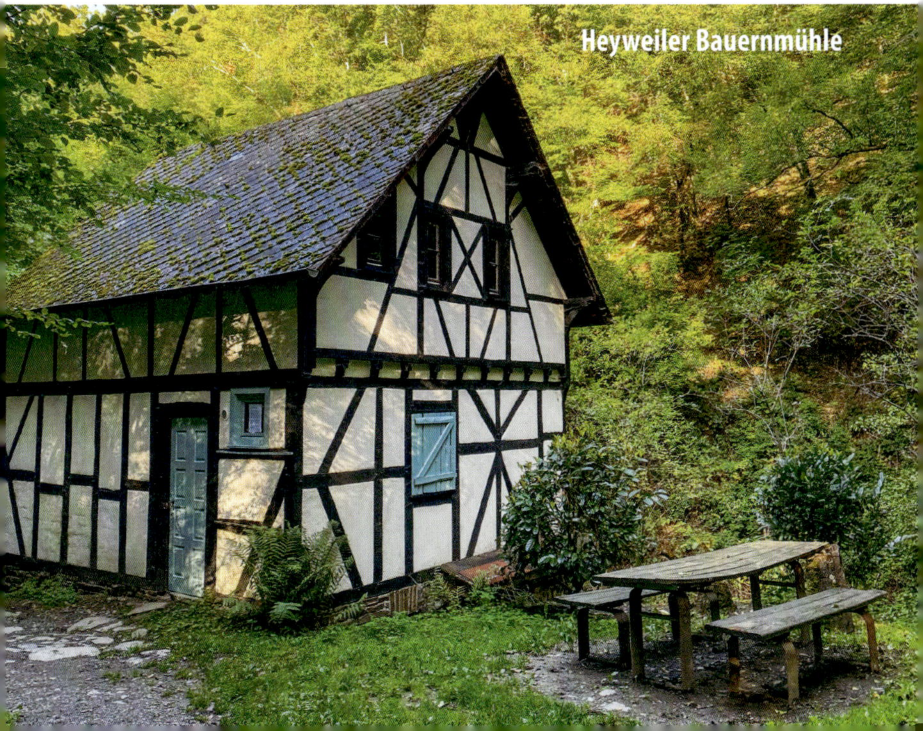

Heyweiler Bauernmühle

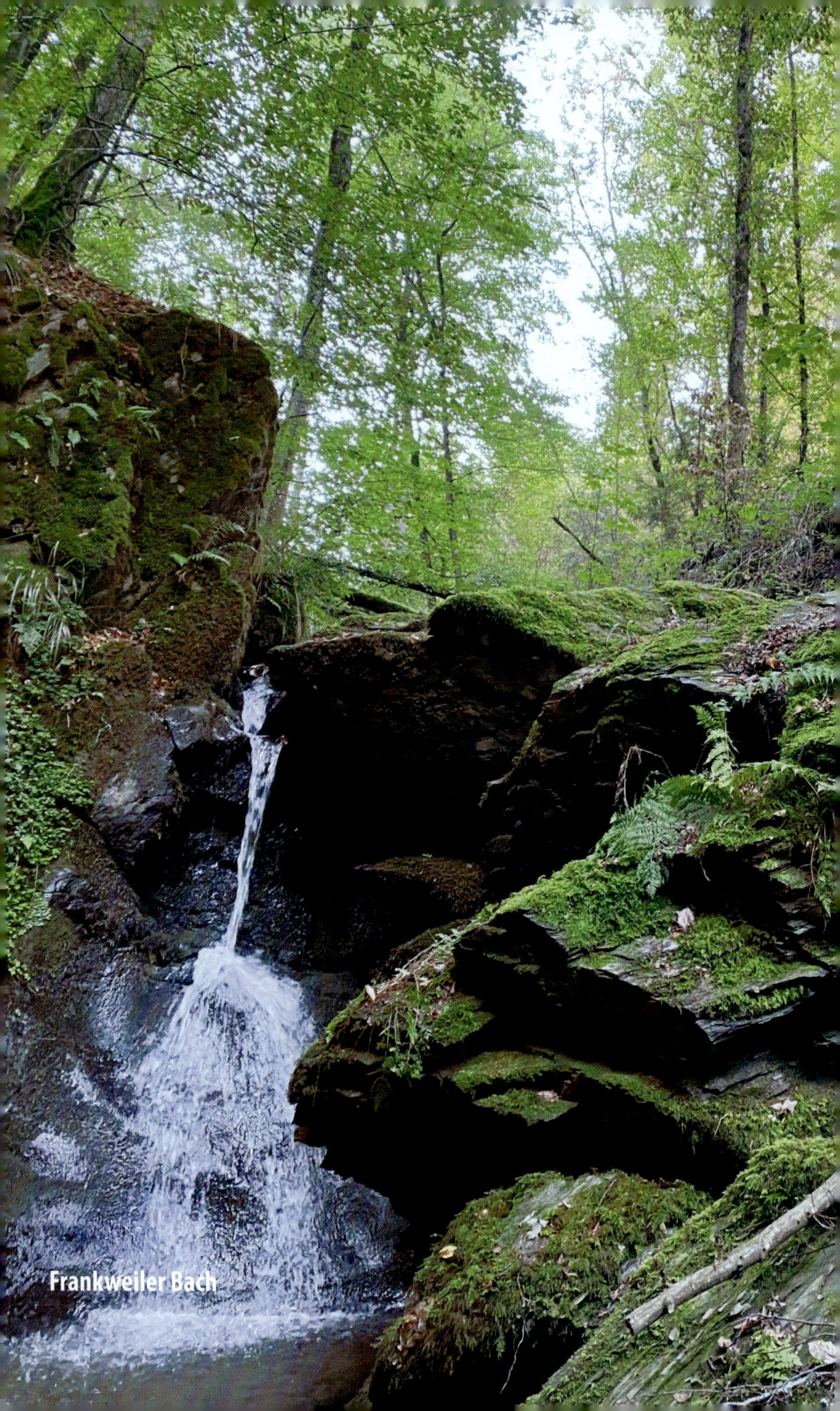

Frankweiler Bach

einfach nur froh. Hier kommt es einem vor, als sei die Welt in Ordnung. Links unter uns bahnt sich der Baybach weiter seinen Weg, die ihn umgebenen Felsen sind ausgewaschen und rund, kleine Wasserfälle lassen auch die Ohren an dem Abenteuer teilhaben. Wir überqueren den Baybach und wandeln dahinter über die **Weinswiese 7**. Auf einer Infotafel lesen wir über ihre Rekultivierung und Pflege. An ihrem Ende überqueren wir erneut den Bach über eine Holzbrücke. Mittlerweile befinden wir uns am **Frankweiler Bach 8**, der bei der letzten Holzbrücke in den Baybach mündet und dem wir nun aufwärts folgen. Über seilgesicherte Passagen geht es den Pfad bergauf, vorbei an einem kleinen Wasserfall und weiteren bewundernswerten Werken der Natur. Angesichts des beständigen Aufstiegs sollten wir unsere Kräfte indes etwas bündeln. Aber die Anstrengung lohnt sich, denn oben angelangt, verzaubern uns die Blicke in das Tal hinab, in dem wir eben noch dem Wasser hinterherschauten. Die tiefgrünen Bäume am gegenüberliegenden Hang geben uns Zuversicht.

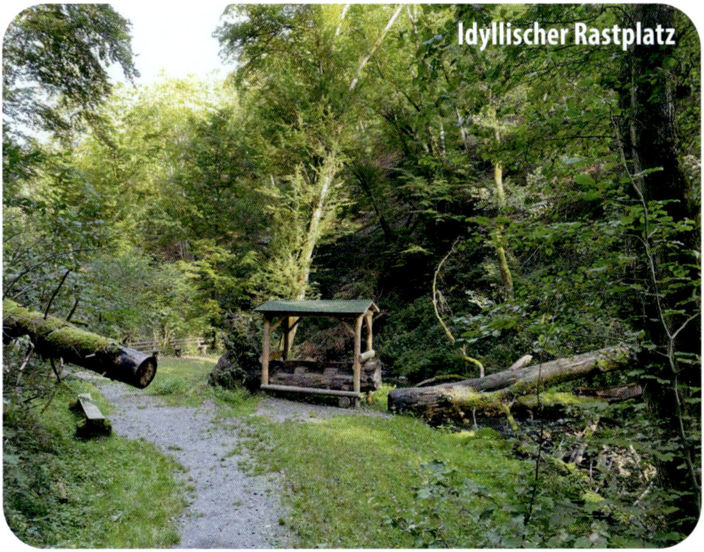
Idyllischer Rastplatz

Ein gutes Stück weiter, nachdem wir einige Male im Wald hinauf- und wieder hinabgeführt wurden, erblicken wir den **Aussichtspunkt Barreterlei 9**, einen herausgehobenen Schieferfelsen mit imposanter Aussicht über das Baybachtal und bis zur Burg Waldeck. Ein letzter, heilender Blick in die Wälder: Es hat gutgetan, die Traumschleife am frühen Morgen zu erwandern. Bei jedem Besuch gibt uns die Auszeit neue Kraft für den Tag. Wieder am **Wanderparkplatz** angelangt, sehen wir auch, wie gut es war, ganz früh zu starten: Jetzt ist er voller Autos, uns aber begegnete kein Mensch in der unverfälschten Natur im Hunsrück, besser geht es nicht.

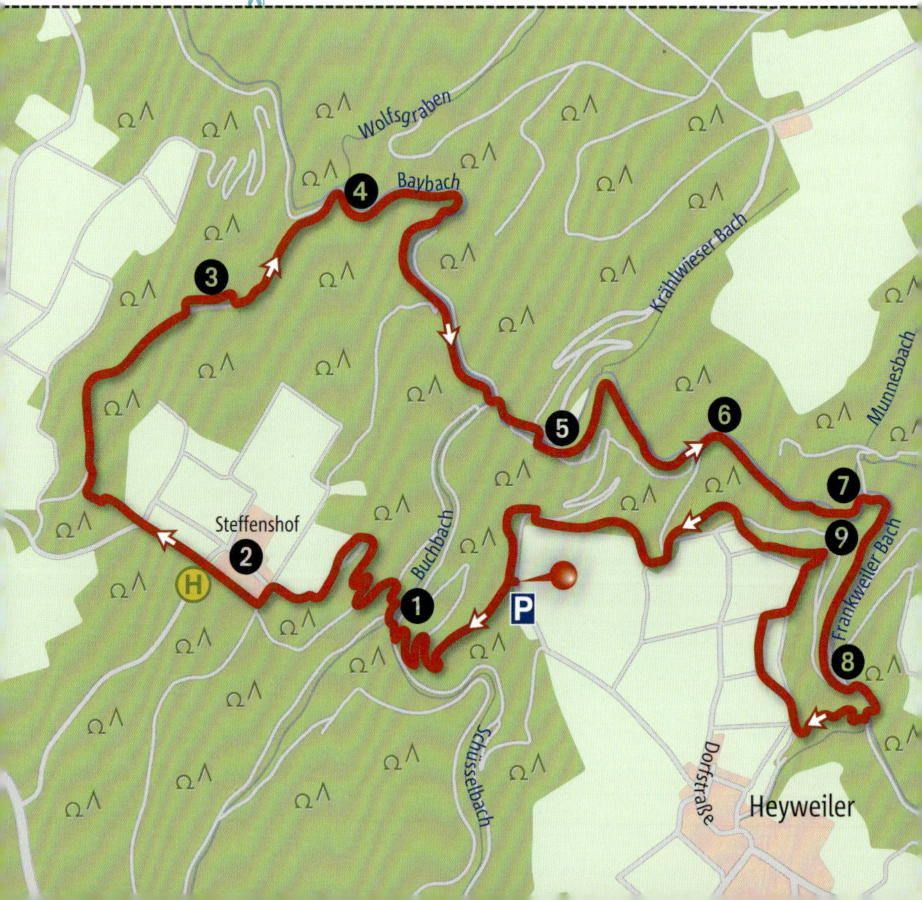

Alles auf einen Blick

WIE & WANN:
Schmale Pfade, teils mit Seilsicherung, geringer Forstwegeanteil, wenig Asphalt. Beste Wanderzeit: April bis Oktober, bei Nässe besteht an den steilen und seilgesicherten Passagen erhöhte Rutschgefahr.

HIN & WEG:
Auto: Wanderparkplatz Heyweiler, Dorfstraße, 56290 Beltheim
(GPS: 50.132915, 7.452735)
ÖPNV: Bus 650 von Simmern oder Kastellaun bis Haltestelle Ort, Steffenshof. Die Tour beginnt und endet dann hier.

ESSEN & ENTSPANNEN:
Restaurant und Hotel Schmausemühle ❺
56283 Gondershausen, Tel. (0 67 45) 2 70, www.schmausemuehle.de

ENTDECKEN & ERLEBEN:
Buchbach ❶
Steffenshof ❷
Klöckners Kaul ❸
Baybach ❹
Heyweiler Bauernmühle ❻
Weinswiese ❼
Frankweiler Bach ❽
Aussichtspunkt Barreterlei ❾

Entspannung ✱✱✱✱✱
Genuss ✱✱✱✱✱
Romantik ✱✱✱✱✱

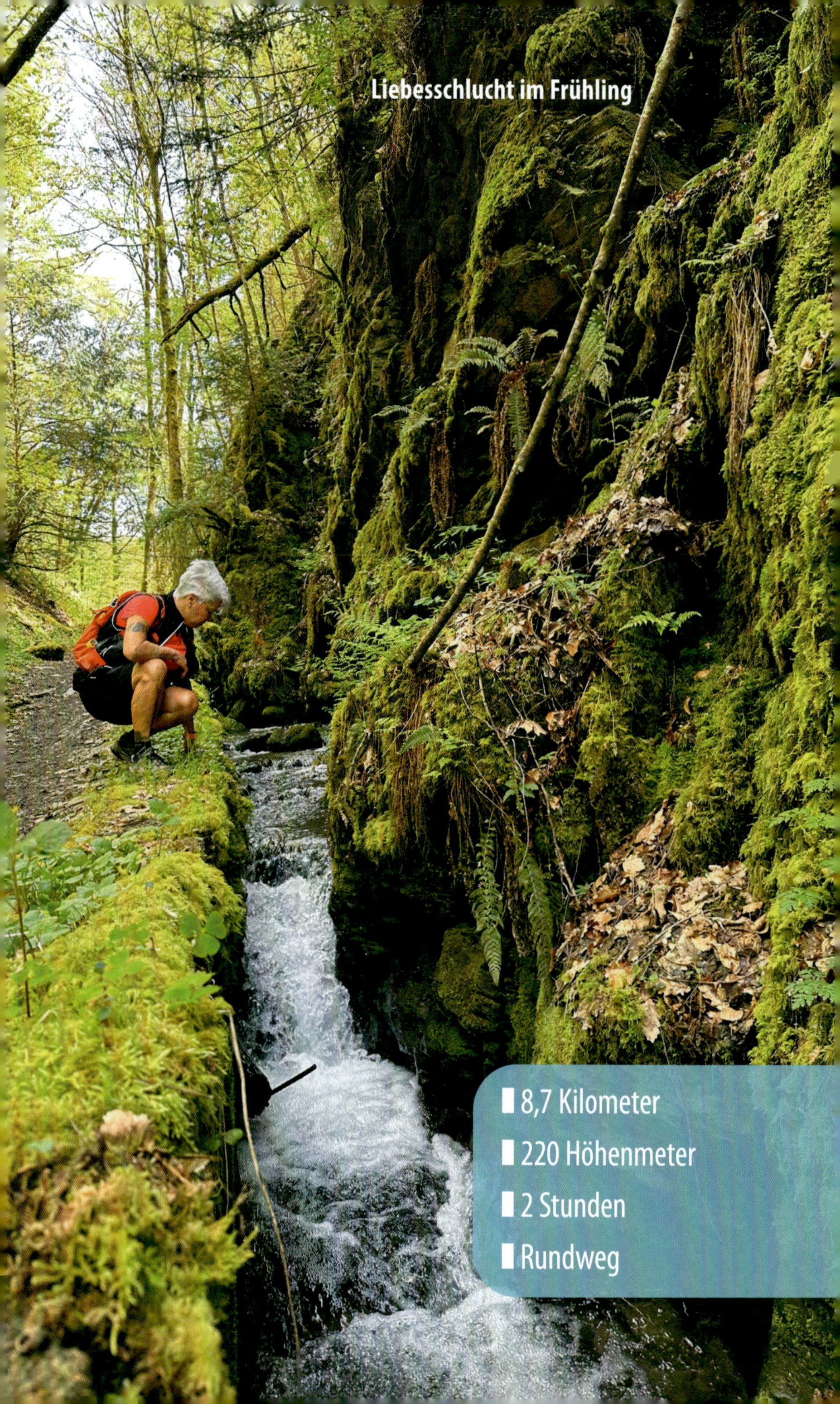
Liebesschlucht im Frühling
8,7 Kilometer
220 Höhenmeter
2 Stunden
Rundweg

Die Wanderung zur Liebeschlucht bei Zell ist eine kleine Runde mit verwunschenen Wegen, die uns mit ihrer Einsamkeit den Alltag vergessen lässt.

Wir starten im wunderschönen Zell an der Mosel am **Schwarze-Katz-Brunnen** ① und bewegen uns zu Beginn in der Stadt. In der Fußgängerzone wandern wir über die **Marktstraße** und bemerken sogleich das Typische der Mosel- und Rheinregion: Sobald wir uns vom Fluss entfernen, laufen wir beständig bergauf. Weiter geht es nach rechts durch die Straßen **Cuxborn** und dann links **Zeller Kehr,** in denen malerische alte Häuser aus dem 18. Jahrhundert zu bewundern sind. Schnell stehen wir vor dem **Viereckigen Turm** ②**,** von dem wir nach links einen großartigen Blick hinauf in die Weinberge werfen können

Kurz dahinter wandelt sich der Weg von Asphalt zu Schotter, und es geht weiter bergan. Der beliebte Collis Steilpfad, ein einfacher Klettersteig zum Collisturm, biegt links ab. Wir bleiben aber auf dem Weg weiter geradeaus, zu unserer Linken begleitet vom kurzen **Zellerbach,** der zur Mosel fließt. Den Trubel der Stadt spüren wir schon hier nicht mehr. Ganz im Gegenteil: Die Vöglein zwitschern, der Wind weht leise durch die Bäume und es riecht hier so beruhigend, eben anders als im geschäftigen Treiben nahe der Mosel. Nach gut 700 Metern biegen wir in einer Spitzkehre rechts ab und folgen dem roten Schild mit der weißen Aufschrift **Liebesschlucht Rundwanderweg.**

Wie ein Urwald mutet der Wald links von uns an, durch den wir weiter bergauf gehen, wieder in Rich-

__Schwarze Katz__ bezeichnet eine Großlage des Weins in Zell. Eine schwarze Katze soll im 19. Jahrhundert ein Weinfass dermaßen verteidigt haben, dass Weinhändler aus Aachen genau dieses mit großem Erfolg verkauften. Seitdem wird diese Katze verehrt.

Der __Viereckige Turm__ war der Hauptturm der mittelalterlichen Stadtbefestigung und bot mit seinen sechs Geschossen genug Platz zur Bewachung des wichtigsten Zuganges, dem östlichen Stadttor. Da er am Zeller Bach steht, wird er auch Bachturm genannt.

Einsame Pfade

Die Liebesschlucht bei Zell

tung der Mosel. Bei den folgenden Gabelungen halten wir uns stets links, der Ausschilderung folgend. Schöne Aussichten auf die traumhafte Mosel erhaschen wir immer wieder, am allerschönsten ist sie etwa 800 Meter hinter der Spitzkehre an der **Marienhöhe ③,** einem Wallfahrtsort, der zu bestimmten Zeiten gut besucht ist, den wir zu früher oder späterer Stunde aber auch allein genießen können. 150 Höhenmeter haben wir schon hinter uns und wir nutzen diesen schönen Ort für eine Stärkung.

Nachdem wir uns an der Marienstatue und einem großen Kreuz links oben im Fels, das als Dank für die Kriegsheimkehrer aufgestellt wurde, satt gesehen haben, wandern wir auf dem mittlerweile schmaleren Pfad weiter durch die wilde Natur. „Lianen" hängen von den Felsen links herab, rechts geht es ebenso wild hinab ins Tal. 400 Meter weiter, wo der Weg einen Linksknick beschreibt, dürfen wir noch einmal die Blicke über den Zeller Hamm schweifen lassen und genießen die **Aussicht auf die Moselschleife ④,** die das Gebiet mit dem Höhenstadtteil Barl auf der anderen Seite des Flusses wie eine Halbinsel erscheinen lässt.

Wir nehmen hier entsprechend der Ausschilderung den mittleren Weg nach links, steigen weiter hinauf und lassen die Mosel hinter uns zurück. Wir wandern zwischen Wald und Weinbergen daher und erblicken rechts unten das wildromantische **Altlayer Bachtal.** Die bewaldeten, dunkelgrünen Hügel erfreuen unser Herz, die Fülle an Grün verwöhnt unsere Augen, auf dem einfachen Weg können wir unseren Gedanken ihren Lauf lassen, der Alltag ist verflogen. Bald haben wir die höchste Stelle der Tour erreicht und finden eine **Infotafel zu Anna Markts Lay ⑤,** einem Naturalientauschplatz der Pestzeit. Dahinter schlendern wir relativ eben weiter, ehe es zum ersten Mal auf der Tour bergab geht.

Mittlerweile haben wir einen frischen Mischwald betreten. Wir queren einen Schotterweg, wandern nun auf einem schmalen Pfad auf Gras und Steinen entlang und hören den Vöglein zu, die sich lieblich unterhalten. Etwa 500 Meter hinter dem Schotterweg kreuzen wir einen Forstweg und folgen an einer Gabelung etwa 100 Meter weiter einem Pfeil, der uns auf einen Weg rechts hinab weist. Nun wird es sehr schmal, wir stapfen über Wurzeln, Schieferplatten und alte Blätter hinweg, neben uns entdecken wir Baumpilze und Löcher in abgestorbenen Bäumen, deren Verursacher Herr Specht im Hintergrund lautstark seine Unzufriedenheit äußert, vermutlich über unsere Anwesenheit. Rechts und links von uns säumen Moosberge unseren traumhaften Pfad.

So geht es hinab bis zur B 421 die aus dem Hunsrück herunterkommt. Wir queren sie und laufen vom Parkplatz ein weiteres Pfädchen hinab. Auf wenigen Serpentinen bewegen wir uns zu einer Forststraße, die wir überschreiten, um etwa 100 Meter weiter rechts auf einen breiteren Weg abzubiegen. Unsere Ohren vernehmen ein erstes leises Plätschern, unsere Augen entdecken alte Schilder, die von den Bäumen fast „aufgefressen“ werden. Nach weiteren 200 Metern beschreibt der Weg eine Spitzkehre, auf einem alten Schild lesen wir, dass

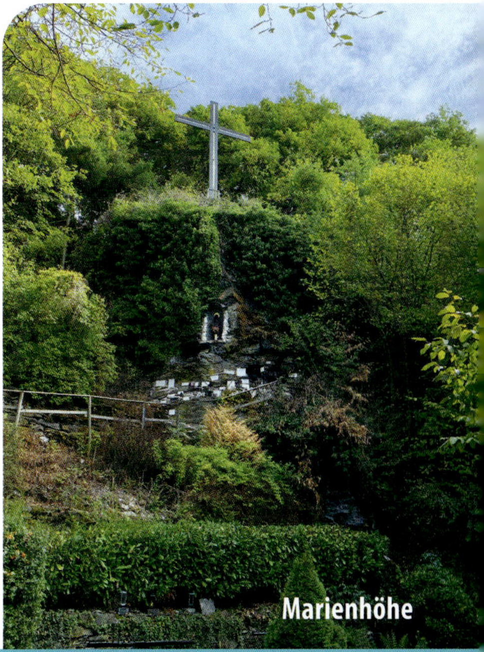

Marienhöhe

Für die Seele

Hoch oben an der Pilgerstätte Marienhöhe spüren wir die erstiegenen Höhenmeter und schöpfen Kraft bei dem Blick auf die märchenhafte Schleife der Mosel.

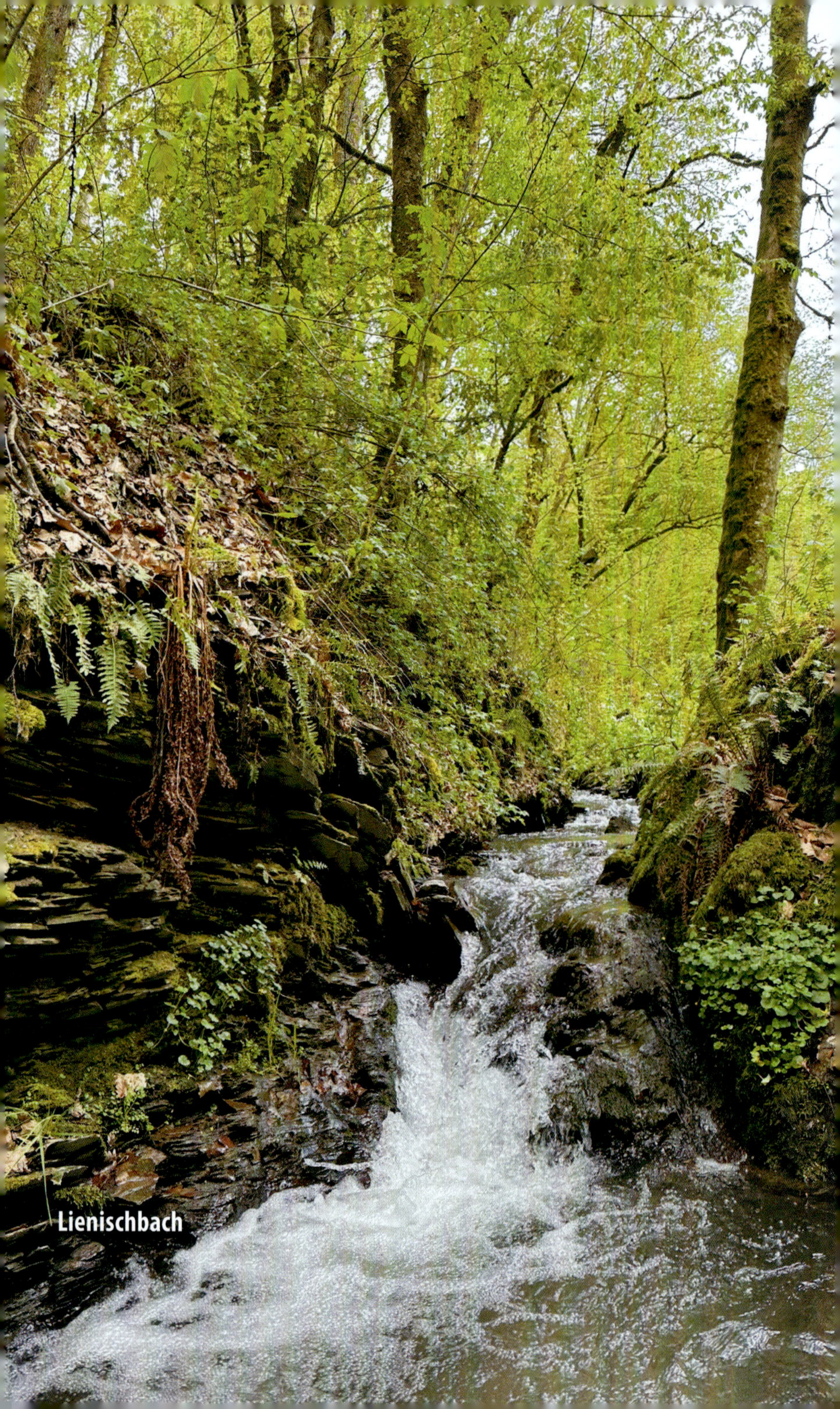
Lienischbach

wohl auch ein Forsthaus in dieser Richtung zu erreichen sei. Wir gelangen an das Bächlein **Lienischbach 6**, gehen rechts von ihm entlang, während wir unten eingezäunte Fischteiche entdecken, die vielleicht zu dem erwähnten Forsthaus gehören, das rechts versteckt im Hang steht. Auch hier erscheint es wild, Bäume liegen kreuz und quer über dem Bächlein. Etwa 300 Meter weiter überqueren wir den Lienischbach und finden uns auf einem Singletrail wieder. Das Wasser des kleinen Bachs plätschert lustig neben uns her, wild mystisch zeigt sich die Landschaft. Wir entdecken alte bemooste Baumstümpfe am Wegesrand, Wurzelballen von umgestürzten großen Bäumen und die noch stehenden Bäume begrenzen unseren Weg.

Nachdem wir ein Wassertretbecken passiert haben, gelangen wir zu einer Metallbrücke, überqueren auf dieser den Lienischbach und kommen in den wildromantischen Teil der **Liebesschlucht 7**. Das Bächlein ist an mancher Stelle eingefasst, verliert aber nur wenig von seiner romantischen Ader. Über große rundgeformte Felsplatten läuft es daher, plätschert mal lieblich, mal schneller in seinem Bachbett hinunter zur Mosel. Links neben dem Bach geht es nahezu senkrecht nach oben, bewachsener Fels hält sich dort wacker.

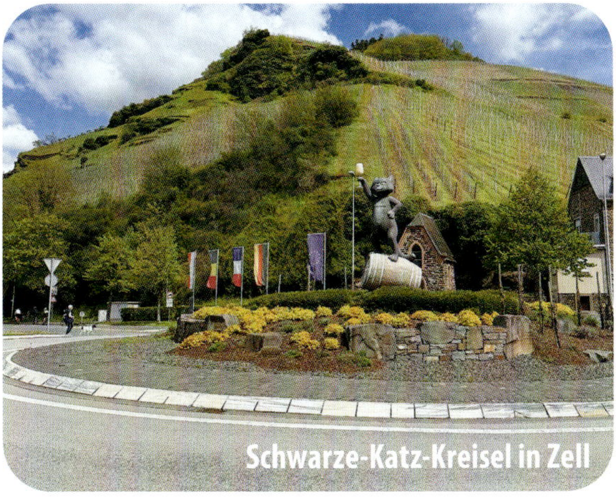

Schwarze-Katz-Kreisel in Zell

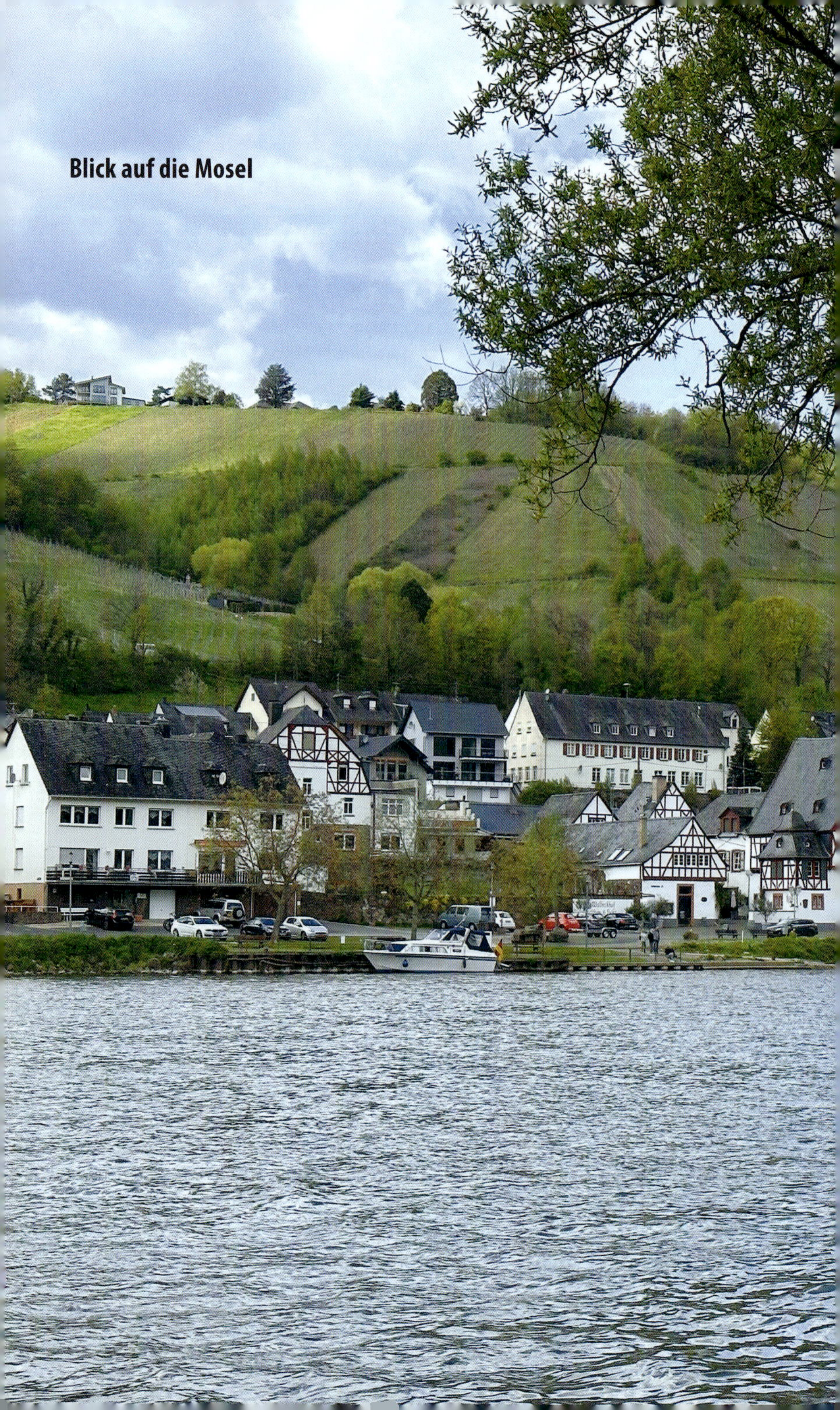

Blick auf die Mosel

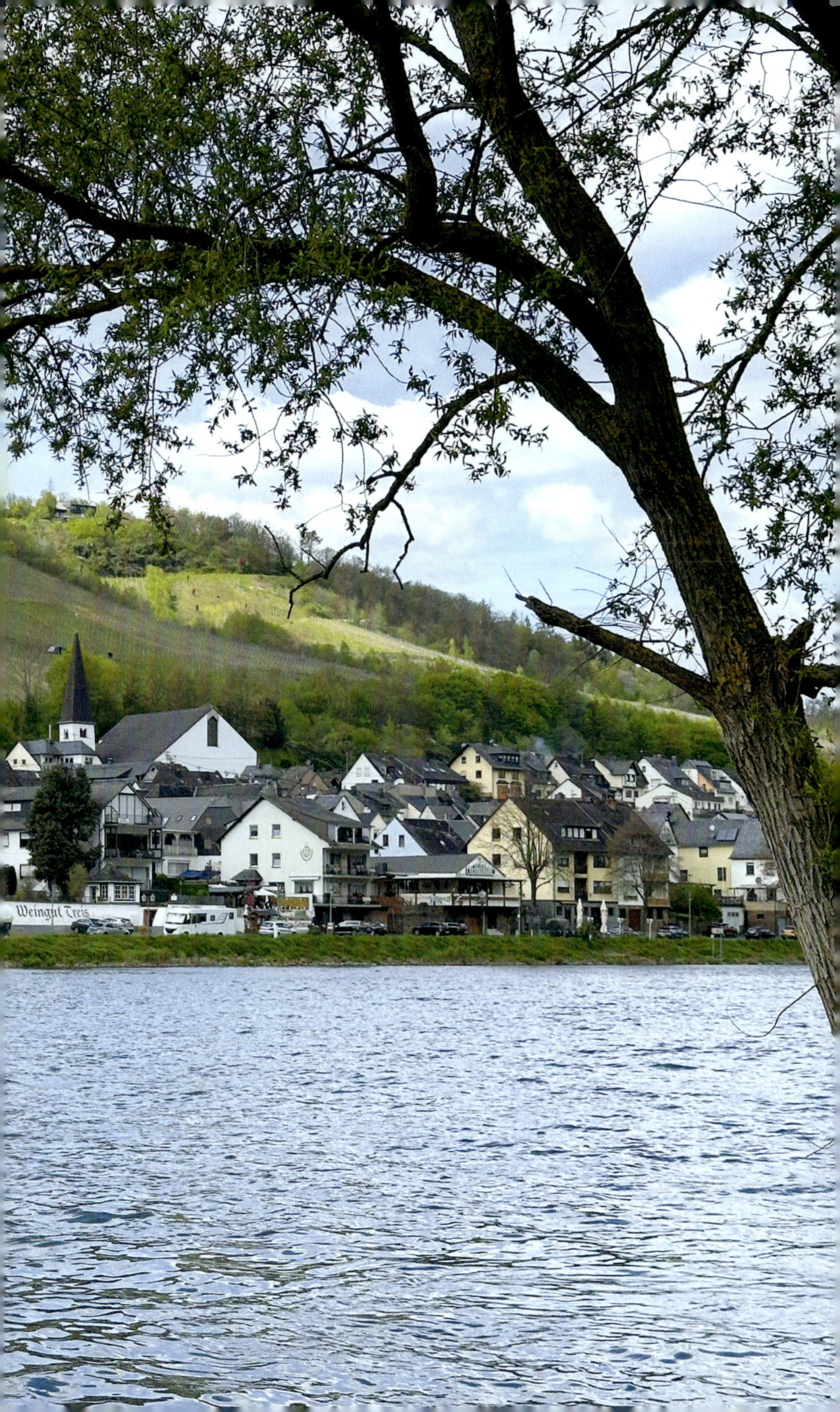
Weingut Treis

Erfrischungstour 20

Der rund 24 Kilometer lange Erlebniswanderweg ***Kanonenbahn*** *zwischen Bullay und Reil gibt Informationen über die ursprüngliche militärstrategische Funktion der Kanonenbahn von Berlin nach Metz und zeigt deren Bedeutung für die Moselregion.*

Rechts geht es etwas weniger steil hinauf, dazwischen noch unser Weg.

Allmählich wird das Tal ein wenig breiter, aber nicht weniger unbändig. Wir stapfen hinauf und hinab, genießen die Wildheit der Natur und gelangen auf der **Willi-Gräbner-Straße** wieder in die Zivilisation zurück. Hier biegen wir nach rechts in die Straße **Notenau** und erreichen 200 Meter später die B 421 in Zell. In der Rechtskurve zur B 241 zweigt nach links über eine Treppe ein Pfad ab, der hinter den Häusern zur Mosel hinunterführt. Über die Uferpromenade auf der **Kanonenbahn** 8 wandern wir nun nur noch flussabwärts zurück zum Ausgangspunkt.

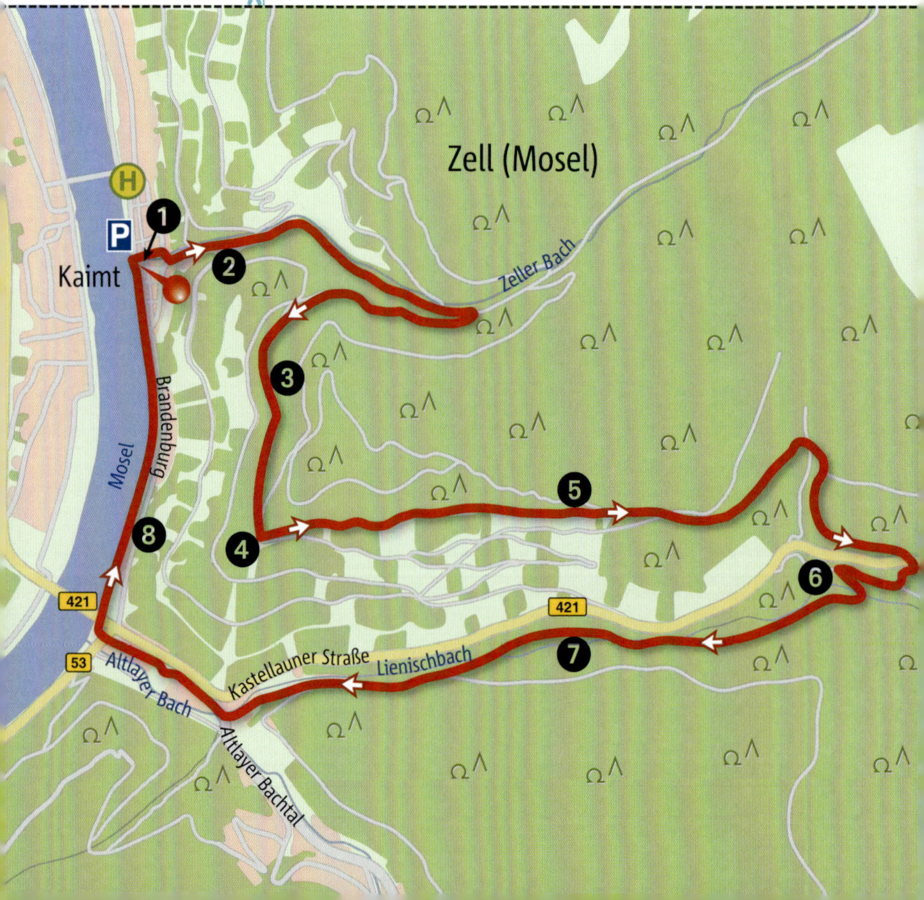

Alles auf einen Blick

WIE & WANN:
Schmale Pfade vor allem im zweiten Teil der Wanderung, Asphalt und breitere Wege zu Beginn und am Ende. Beste Wanderzeit: März bis Oktober, bei feuchtem Wetter besteht Rutschgefahr.

HIN & WEG:
Auto: Parkplatz an der Moselpromenade, 56856 Zell (Mosel) (GPS: 50.02469, 7.18167)
ÖPNV: Bus 720, 721, 750 von Bullay bis Haltestelle Lindenplatz, Zell (Mosel), von dort 230 Meter über die Moselpromenade flussaufwärts bis zum Schwarze-Katz-Brunnen am Marktplatz

ESSEN & ENTSPANNEN:
Diverse Einkehrmöglichkeiten in Zell (Mosel) am Anfang/Ende der Wanderung, zusätzlich Rucksackverpflegung für unterwegs empfehlenswert.

ENTDECKEN & ERLEBEN:
Schwarze-Katz-Brunnen ❶
Viereckiger Turm ❷
Marienhöhe ❸
Aussicht auf die Moselscheife ❹
Infotafel zu Anna Markts Lay ❺
Lienischbach ❻
Liebesschlucht ❼
Kanonenbahn ❽

Entspannung ★★★★☆
Genuss ★★★☆☆
Romantik ★★★★☆

Die GPS-Daten zu jeder Tour gibt es auf
www.droste-verlag.de

Konzeption: Droste Verlag, Düsseldorf
Einbandgestaltung: Britta Rungwerth, Düsseldorf, unter Verwendung von Bildern von © Fotolia.com: Andrey Kuzmin, undrey, dabost, niroworld; © Shutterstock.com/AndreyOzhegov
Fotos: Anita Becker & Claudia Herr, außer: stock.adobe.com: S. 13 (travelpeter), S. 26 (Ian), S. 37 (riebevonsehl), S. 76 (Inka), S. 100 (Igor)
Textlektorat: Carsten Storm, Dresden
Karten: Thorsten David, Bochum
Druck und Bindung: LUC GmbH, Greven

FSC www.fsc.org MIX Papier aus verantwortungsvollen Quellen FSC® C011279

ISBN 978-3-7700-2440-7
www.droste-verlag.de